hänssler

ANDACHTEN

Martin Luther

Christlicher Wegweiser für jeden Tag

Das vorliegende Buch erschien im Korinth-Verlag, Hamburg,
mit dem Titel Christlicher Wegweiser für jeden Tag.

hänssler-Andachten
Bestell-Nr. 392.514

Umschlaggestaltung: Stefanie Stegbauer
Titelfoto: Martin Luther 1533, Gemälde von Lucas Cranach d. Ä.
Artothek Kunstdia-Archiv, 82380 Peissenberg
Satz: Korinth-Verlag, Hamburg
Druck: Ebner Ulm
Printed in Germany

Vorwort

Martin Luther (1483–1546) ist der bedeutendste Reformator. Sein Hauptanliegen, auf Gottes Wort zu hören und danach zu leben, ist ungebrochen aktuell.
Anläßlich Luthers 450. Todestag, dem 18. Februar 1996, erscheint dieser »Christliche Wegweiser« neu.
In dieser Sammlung von Texten zur täglichen Andacht legt der Reformator vollmächtig die Heilige Schrift aus. Luther hat selbst Kraft und Trost aus dem Evangelium, der frohen Botschaft von Jesus Christus, geschöpft. Deshalb sind seine markanten Worte biblischer Verkündigung eine unerschöpfliche Quelle für jeden, der im Wort Gottes Zuspruch und Trost sucht.
Dieses Andachtsbuch berücksichtigt den Gang des Kirchenjahres. Alle Bibeltexte und Lutherworte zu den beweglichen Feiertagen sind nach dem 31. Dezember angefügt. Die Bibelstellen wurden im Wortlauf der unrevidierten Luther-Bibel angegeben. An der Sprache Luthers wurden absichtlich keine Veränderungen vorgenommen.

1. Januar

Tag der Namensgebung des Herrn

Und da acht Tage vergangen waren, ward sein Name genannt Jesus. Lukas 2, 21.

Billig ist sein Name genannt Jesus, das ist auf deutsch: Heiland, denn Heiland heißen wir auf deutsch: der da hilft, erlöset, selig macht und ganz heilsam jedermann ist; denselben nennet die hebräische Sprache „Jesus". Also sprach der Engel Gabriel zu Joseph im Schlaf Matth. 1, 21: Sie wird einen Sohn gebären, den sollst du Jesus heißen; denn er wird sein Volk selig machen von ihren Sünden. Da legt der Engel selbst aus, warum er „Heiland, Jesus" heiße, nämlich, daß er seinem Volk ein Heil und Seligkeit ist. Wie heißt denn unser Name? Ohn Zweifel, wie uns Christus all das Seine gibt, so gibt er uns auch seinen Namen. Darum heißen wir alle Christen nach ihm, alle Jesus nach ihm, alle Heiland nach ihm, und wie er heißet, so heißen wir auch, wie das St. Paulus schreibt Röm. 8, 24: Ihr seid selig worden in der Hoffnung. Siehe, darum ist des christlichen Standes und Ehre kein Maß. Das sind die überflüssigen Reichtümer seiner Güter, die er über uns schüttet, daß unser Herz frei, fröhlich, friedlich und unerschrocken werde und also das Gesetz willig und gerne halte.

2. Januar

Öffne mir die Augen, daß ich sehe die Wunder an deinem Gesetz. Psalm 119, 18.

Das sollst du wissen, daß die Heilige Schrift ein Buch ist, das aller anderen Bücher Weisheit zur Narrheit macht, weil keines vom ewigen Leben lehrt außer ihr allein. Darum sollst du an deinem Sinn und Verstand stracks verzagen, dagegen niederknien und mit rechter Demut und Ernst zu Gott beten, daß er dir durch seinen lieben Sohn wolle seinen heiligen Geist geben, der dich erleuchte, leite und dir Verstand gebe. Zum andern lies mit fleißigem Aufmerken und Nachdenken, was der heilige Geist damit meint, und hüte dich, daß du nicht überdrüssig werdest oder denkest, du habest es einmal oder zweimal genug gelesen, gehört, gesagt und verstehest es alles aus dem Grund. Denn da lernt kein Geistlicher, kein Christ aus. Zum dritten ist Anfechtung der rechte Prüfstein; sie lehrt dich nicht allein wissen und verstehen, sondern auch erfahren, wie recht, wie wahrhaftig, wie süß, wie lieblich, wie mächtig, wie tröstlich Gottes Wort sei, Weisheit über alle Weisheit.

3. Januar

Unser Vater in dem Himmel. Matth. 6, 9.

Ob ich wohl fühle und erfahre, daß ich leider nicht kann mit ganzem Herzen Vater Unser sagen, wie es denn kein Mensch auf Erden völlig sagen kann (sonst wären wir bereits gar selig), so will ich doch versuchen und anfangen, wie ein Kindlein am Vater festzuhalten. Kann ich's nicht genug glauben, so will ich es doch nicht lassen erlogen sein noch nein dazu sagen, und ob ich das Spiel nicht so spielen kann, wie sein Recht ist, daß ich nur nicht das Widerspiel treibe, denn das wäre den Teufel gar aus ihm gemacht, sondern täglich daran lerne buchstabieren, bis ich solch Vater Unser und diese Predigt Christi lerne nachsprechen, ich mache es so gut oder schlecht, als ich kann, Gott gebe, es sei gestammelt oder gestottert oder gelallt, daß ich's nur etwa zuwege bringe.

4. Januar

Dein Name werde geheiligt. Dein Reich komme. Dein Wille geschehe auf Erden wie im Himmel.
Matthäus 6, 9 - 10.

Wenn uns Gott die drei ersten Bitten erhört, seinen Namen in uns heiligt, so setzt er uns in sein Reich und gießt seine Gnade in uns, die uns fromm zu machen anhebt. Dieselbe Gnade hebt bald an, Gottes Willen zu tun; alsdann findet sie einen widerspenstigen Adam. So schreit denn zu Gott die Gnade im Herzen wider denselben Adam und spricht: Dein Wille geschehe, denn der Mensch findet sich mit sich selbst schwer beladen. Wenn dann Gott das Geschrei hört, so will er seiner lieben Gnade zu Hilfe kommen und sein angefangenes Reich mehren und legt sich mit Ernst und Gewalt an den Hauptschalk, den alten Adam, fügt ihm alles Unglück zu, bricht ihm alle seine Vorhaben, blendet und schändet ihn ringsum, das geschieht, wenn er uns allerlei Leiden und Widerwärtigkeit zusendet. Und dazu müssen dienen: böse Zungen, böse, untreue Menschen und, wo die Menschen nicht genug sind, auch die Teufel, auf daß ja unser Wille erwürgt werde mit allen seinen bösen Neigungen und der Wille Gottes also geschehe, daß die Gnade das Reich besitze und nur Gottes Lob und Ehre da bleibe.

5. Januar

Elias war ein Mensch gleichwie wir, und er betete ein Gebet, daß es nicht regnen sollte, und es regnete nicht auf Erden drei Jahre und sechs Monate.

Jakobus 5, 17.

Wohl wahr ist es, daß wir nicht sind Josua, der durch sein Gebet die Sonne am Himmel hieß stillstehen, auch nicht Mose, der durch sein Gebet das Rote Meer zertrennt, auch nicht Elias, der Feuer vom Himmel herabstreut durch sein Gebet. Wir sind aber gleichwohl eben dieselben Leute, denen Gott sein Wort befohlen und durch seinen Geist uns predigen läßt, ja ebensowohl sind wir solche Leute als Moses, Josua, Elias und alle anderen Heiligen. Denn wir desselbigen Gottes Wort und Geist haben, desselbigen Gottes Prediger und Diener und Amtleute sind, des sie gewesen sind, obwohl sie, herrlicher als wir, doch keinen höhern, bessern Gott gehabt als wir, auch nicht besser Fleisch und Blut gehabt als wir. Denn sie sind Menschen gewesen wie wir und eben des Gottes Kreaturen, des wir sind. Und so muß Gott ebensowohl unser Gebet hören als jener Gebet; denn wir sind seiner Kirche Glieder, das ist, seines lieben Sohnes Braut, die er nicht kann verachten, wenn sie ernstlich schreien.

6. Januar

Tag der Erscheinung des Herrn

Sie taten ihre Schätze auf und schenkten ihm Gold, Weihrauch und Myrrhen. Matthäus 2, 11.

Wie sollen wir (wer es vermag) Gold und Gut dahin wenden, daß unsers Herrn Christi Reich erhalten und gemehrt werde und Kindlein im Elend ihre Nahrung haben können? Das ist, wir sollen mit Geld und Gut dazu helfen, daß man fleißige Prediger des Evangeliums, feine Kirchendiener und Schulmeister habe, daß die Armen, die ihre Nahrung Krankheits oder anderer Not halber nicht schaffen können, erhalten werden. Und besonders, daß man junge Knaben, die zum Lernen tüchtig, aufziehe, auf daß unsere Nachkommen auch rechtschaffene Prediger und Kirchendiener haben mögen. Denn wir sollen in solchem Falle tun wie ein kluger, vorsichtiger Gärtner, der immer junge Bäume zeugt, auf daß, wo heuer, über ein Jahr oder zwei ein alter Baum abgeht, bald ein anderer an dessen Statt gesetzt werde, der Frucht bringe. Wer sein Geld so anlegt, der schenkt's und opfert's dem Kindlein Jesu sowohl als die Weisen.

7. Januar

Und siehe, eine Stimme vom Himmel herab sprach: Dies ist mein lieber Sohn, an welchem ich Wohlgefallen habe. Matthäus 3, 17.

So predigt der höchste Prediger vom höchsten und größten Predigtstuhl, vom Himmel herab, und ist die Predigt die höchste Predigt, daß keine höhere in die Welt gekommen ist als die, da der allmächtige, ewige, barmherzige Gott von seinem gleich allmächtigen, lieben Sohn spricht: Dies ist mein lieber Sohn, an dem ich Wohlgefallen habe. Der größte Schüler und Zuhörer dieser Predigt ist der heilige Geist, die dritte Person göttlicher Majestät. Das sind hohe Prediger, Predigt und Zuhörer und können nicht größer sein. Darum schweigen die lieben Engel stille und lassen sich nicht hören, sondern hören selbst dem allerhöchsten Prediger zu, Gott, dem allmächtigen Vater, was er von seinem lieben Sohne predigt, an welchem er ein Wohlgefallen hat. Aber hier möchtest du sagen: Was hilft mir das? Christus ist Gottes Sohn und ohne Sünde. Ich aber bin ein armer Sünder, in Sünden empfangen und geboren; darum wird's um meiner Sünde willen bei meiner Taufe so herrlich nicht zugehen. Nein, so sollst du nicht tun, sondern du mußt mit deiner Taufe in Christi Taufe kommen, also, daß Christi Taufe deine Taufe und deine Taufe Christi Taufe und allerdings e i n e Taufe sei.

8. Januar

Und der Versucher trat zu ihm und sprach: Bist du Gottes Sohn, so sprich, daß diese Steine Brot werden. Matthäus 4, 3.

Sage nun, daß du einen Gott habest, der für dich sorge! Wo ist nun dein himmlischer Vater, der für dich sorgt? Ich meine ja, er lasse (verlasse) dich fein. Iß nun und trink von deinem Glauben! Laß sehen, wie du satt wirst! Wie fein bist du Gottes Sohn, wie väterlich stellt er sich gegen dich, daß er dir nicht eine Rinde vom Brot schickt, läßt dich so arm und dürftig sein. Glaubst du nunmehr, daß du sein Sohn und er dein Vater sei? Mit solchen Gedanken sticht der Teufel wahrlich alle Gotteskinder an, und Christus hat sie gewiß gefühlt; denn er war kein Stock noch Stein, wiewohl er rein und ohne Sünde war und blieb, wie wir nicht bleiben können.

9. Januar

Wenn ihr mich kennetet, so kennetet ihr auch meinen Vater. Johannes 8, 19.

Hebe demnach nicht hinten noch oben an, daß du wolltest den Vater vorher erkennen lernen; da wird nichts daraus. Sondern also tue ihm: Schließ die Augen zu und sage: Ich weiß nichts von Gott noch vom Vater, ich komme denn hieher und höre, was Christus sagt. Denn was sonst außer dieses Mannes Wort, wie hoch es auch sein mag, gepredigt oder erdacht wird, das ist nicht der Vater, sondern bleibt Blindheit, Irrtum und der Teufel selber. Wenn ihr aber mich kennet, so kennet ihr auch den Vater. Denn der Vater hat gesagt, er will durch den Sohn erkannt sein, und nimmt uns aus allen hohen Schulen, aus aller weisen Leute Gesetz, aus aller heiligen Leute Leben, aus aller Religionen Glauben und Lehren und spricht: Wer wissen will, wer ich, Gott der Vater, sei, der höre Christum, den Sohn.

10. Januar

Die Pforte ist enge, und der Weg ist schmal, der zum Leben führt. Matthäus 7, 14.

Ein Christ führt so ein schweres Leben, als ginge er auf einem schmalen Steige, ja auf eitel Schermessern. So ist der Teufel unter uns in der Welt, der schnappt ohne Unterlaß nach uns mit seinem Rachen, daß er uns bringe in Ungeduld, Verzweiflung und Murren wider Gott. Dazu stellt sich die Welt gegen uns und will nicht weichen und uns zum Himmel lassen. So liegt uns unser Fleisch auf dem Halse, daß wir allenthalben bedrängt sind. Und der Weg selbst ist so schmal, daß ohnehin Mühe genug, wenn sonst keine Gefahr noch Hindernis wäre. Doch müssen wir da hindurch oder der Welt und dem Teufel zu Teil werden. Darum denke und richte dich danach; willst du ein Christ sein, so sei es, denn es wird doch nichts anders daraus; du wirst den Weg nicht breiter machen.

11. Januar

Ich achte alles für Kot, auf daß ich Christum gewinne. Philipper 3, 8.

Ich will kurzum nichts anderes sehen noch wissen denn diesen Christum, der soll mir ein solch lieber werter Schatz sein, daß ich um seinetwillen mir nicht allein nichts anderes will gefallen lassen, sondern auch für Kot und Unflat halten. Der soll mir ein solches Licht und Morgenstern sein, daß, wenn ich ihn durch den Glauben ergriffen und gefaßt habe, ich nicht wissen, auch ungern darnach fragen will, ob in der ganzen Welt noch irgendein Gesetz, Sünde, Gerechtigkeit oder Ungerechtigkeit vorhanden sei. Denn wenn gleich alles auf einem Haufen läge, was im Himmel und auf Erden ist, was wäre es doch gegen Jesus Christus, Gottes Sohn, meinen lieben Herrn, gerechnet, welcher mich also geliebt und sich selbst für mich dargegeben hat.

12. Januar

Christus ist des Gesetzes Ende; wer an ihn glaubt, der ist gerecht. Römer 10, 4.

Das Gesetz sagt: Du hast Sünde. Spreche ich: Ja, so bin ich verloren. Spreche ich: Nein, so muß ich einen starken Grund haben, darauf ich stehe, daß ich's widerlegen kann und das Nein erhalten. Wie kann ich's aber sagen? Ist es doch wahr; dazu bezeugt es auch die Schrift, daß ich in Sünden geboren bin. Wo will ich denn das Nein hernehmen? In meinem Busen werde ich's freilich nicht finden, sondern in Christo, da muß ich's holen, dem Gesetz vorwerfen und sprechen: Siehe, der kann Nein sagen wider alles Gesetz, hat auch seinen Grund; denn Er ist rein und ohne Sünde. Das Nein gibt er mir auch, daß, wiewohl ich da müßte sagen, wenn ich mich ansehe, daß ich ein Sünder bin und mit dir nicht rechten kann, sondern fühle, daß nichts Reines an mir ist und ich Gottes Zorn sehe, so habe ich doch das daneben, daß seine Gerechtigkeit mein ist, so bin ich nicht mehr in Sünden.

13. Januar

Gott ist die Liebe, und wer in der Liebe bleibt, der bleibt in Gott und Gott in ihm. 1. Johannes 4, 16.

Das heißt wahrlich hoch angefangen, die Liebe trefflich gepriesen und erhoben und stark ermahnt und gereizt mit dem allerhöchsten und vollkommensten Exempel. Wenn man lange sagt, die Liebe sei die köstlichste und vollkommenste Tugend, so ist es noch nichts gegen das, wenn er sagt, Gott ist selbst die Liebe, daß, wenn jemand wollte Gott malen und treffen, so müßte er ein solch Bild treffen, das eitel Liebe wäre, als sei die göttliche Natur nichts denn ein Feuerofen und Brunst solcher Liebe, die Himmel und Erde füllt, und wieder, wenn man könnte die Liebe malen und bilden, müßte man ein solch Bild machen, das nicht wirklich noch menschlich, ja nicht englisch noch himmlisch, sondern Gott selbst wäre.

14. Januar

Meine Kindlein, lasset uns nicht lieben mit Worten noch mit der Zunge, sondern mit der Tat und mit der Wahrheit. 1. Johannes 3, 18.

Der Apostel redet wider die falschen Brüder und Heuchelchristen, die das Evangelium nur im Maul und auf der Zunge haben und den Schaum davon behalten, daß sie sich lassen dünken, Evangelium und Glauben haben bestehe allein in Worten, daß man viel könne waschen, und wenn sie einmal gehört haben, so sind sie allein der Kunst Meister, und soll's niemand so wohl können wie sie, wissen alle Welt zu richten und zu tadeln, und ist niemand so evangelisch als sie. Aber daß es eine lautere Hülse sei, sieht man daran, daß sie nicht denken, danach zu leben und die Liebe zu beweisen, daß man sehen könnte, daß es ihnen ein Ernst wäre, haben nicht mehr davongebracht, denn daß sie gehört haben, daß man allein durch den Glauben Vergebung der Sünden kriege und selig werde und mit Werken solches nicht erlangen könne. Daher werden sie faul und wollen nun keine Werke tun, gehen immer dahin unter dem Namen des Glaubens und werden ärger denn zuvor und leben also, daß auch die Welt sie strafen muß, geschweige, daß sie vor Gott sollten bestehen können.

15. Januar

Der Glaube, wenn er nicht Werke hat, ist er tot an ihm selber. Zeige mir deinen Glauben mit deinen Werken. Jakobus 2, 17 - 18.

Wie viel sind jetzt derer, die das Evangelium rühmen, die um desselben willen wollten einen Heller willig verlieren oder ihren Geiz und Mutwillen lassen? Ist doch kein Bauer oder Bürger, der um desselben willen sein Korn auf dem Markte einen Pfennig billiger geben wollte, wenn es gleich geraten ist, sondern wer's einen Gulden teurer machen könnte, so täte er's viel lieber, und kein Bürger, könnte er sein Dünnbier für Bier verkaufen, so macht er sich kein Gewissen davon. Desgleichen mit allerlei Handel und Handwerk, da sich jedermann befleißigt, wie er die Leute übervorteile und nur scharre, geize und Schaden tue, Gott gebe, daß das Evangelium und Gewissen bleibe, wo es kann.

16. Januar

Christus ist uns gemacht von Gott zur Weisheit, Gerechtigkeit, Heiligung und Erlösung. 1. Kor. 1, 30

Dieses verstehst du alsdann, wenn du erkennst, daß alle deine Weisheit eine verdammliche Torheit, deine Gerechtigkeit eine verdammliche Ungerechtigkeit, deine Heiligkeit eine verdammliche Unreinigkeit, deine Erlösung eine elende Verdammung ist und also empfindest, daß du vor Gott und allen Kreaturen ein Narr, Sünder, unreiner, verdammter Mensch seiest, und das nicht mit Worten, sondern aus ganzem Herzen, auch mit Werken erzeigest, daß dir kein Trost und Heil bleibe, denn daß dir Christus von Gott gegeben ist, an welchen du glauben und also sein genießen sollst, daß seine Gerechtigkeit dich allein erhalte.

17. Januar

Ich bin nicht gekommen, Frieden zu senden, sondern das Schwert. Ich bin gekommen, den Menschen zu erregen wider seinen Vater und die Tochter wider ihre Mutter und die Schwiegertochter wider ihre Schwiegermutter, und des Menschen Feinde werden seine eigenen Hausgenossen sein.

Matthäus 10, 34 - 36

Aller Streit und Krieg des Alten Testaments sind ein Bild gewesen der Predigt des Evangeliums, das muß und soll Streit, Uneinigkeit, Hader und Rumor anrichten. In solchem Wesen ist gestanden die Christenheit zur Zeit der Apostel und Märtyrer, da sie am besten stand. Es ist ein seliger Unfriede, Aufruhr und Rumor, den Gottes Wort erweckt. Da geht an rechter Glaube, da gehen wieder an die Leiden und Verfolgungen und das rechte Wesen des christlichen Volks.

18. Januar

Zuletzt, meine Brüder, seid stark in dem Herrn und in der Macht seiner Stärke. Epheser 6, 10.

Wollt ihr stark und unüberwindlich sein, so lasset den Herrn Christum eure Stärke sein. Den fasset wohl und übt euch in ihm, daß er euch wohl bekannt sei und ihr sein Wort rein behaltet und mit allem Fleiß lernet, täglich damit umgehet und es ins Herz hineintreibet, also gar, daß aus Gottes Wort und eurem Herzen ein Ding werde und ihr der Sachen so gewiß seid und viel gewisser als eures eigenen Lebens. Wenn ihr das habt, so seid ihr recht stark und fest, daß ihr wohl unumgestoßen und sicher bleiben könnt, es komme der Teufel oder seine Boten.

19. Januar

Laß die Unsern lernen, daß sie im Stande guter Werke sich finden lassen, wo man ihrer bedarf, auf daß sie nicht unfruchtbar seien. Titus 3, 14

Also ist das nicht dein gutes Werk, daß du ein Almosen gibst oder betest, sondern wenn du deinem Nächsten dich ergibst und ihm dienst, wo er dein bedarf und du es vermagst, es sei mit Almosen, Beten, Arbeiten, Fasten, Raten, Trösten, Lehren, Ermahnen, Strafen, Entschuldigen, Kleiden, Speisen, zuletzt auch durch Leiden und Sterben für ihn. Sage mir, wo sind jetzt solche Werke in der Christenheit? Wollte Gott, ich hätte hier eine Stimme wie ein Donnerschlag, daß ich könnte in alle Welt schallen, gute Werke allen Menschen aus dem Herzen, Mund, Ohren und Büchern reißen oder doch einen rechten Beistand dazu geben.

20. Januar

Weil wir wissen, daß der Mensch durch des Gesetzes Werke nicht gerecht wird, sondern durch den Glauben an Jesum Christum, so glauben wir auch an Christum Jesum, auf daß wir gerecht werden durch den Glauben an Christum und nicht durch des Gesetzes Werke. Denn durch des Gesetzes Werke wird kein Fleisch gerecht.

Galater 2, 16

Siehe zu, daß du dich nicht irre machen und vom Glauben auf die Werke führen lässest. Gute Werke muß man tun, aber nicht auf sie, sondern auf Christi Werk die Zuversicht bauen und die Sünde, Tod und Hölle nicht mit unseren Werken antasten, sondern sie von uns weisen auf den rechtfertigenden Heiland, auf den König von Zion, der weiß mit Sünde, Tod und Hölle umzugehen, das ist der Sünden-Töter, der Tod-Würger und der Höllen-Fresser, den laß mit solchen Sachen schaffen und lege deine Werke an deinen Nächsten, daß du damit ein gewisses Zeichen des Glaubens an den Heiland und Sünden-Töter habest.

21. Januar

So wir sagen, wir haben keine Sünde, so verführen wir uns selbst, und die Wahrheit ist nicht in uns.
1. Johannes 1, 8.

Das Reich Christi ist ein sündliches Reich, kein Heiliger wird hier nicht müssen sagen: O allmächtiger Gott, ich bekenne mich einen armen Sünder, rechne du der alten Schuld nicht! Werden alle das Liedlein müssen singen: Vater Unser, vergib uns unsere Schuld, wie wir vergeben unsern Schuldigern. Die andern frommen Heiligen, die ihrer Heiligkeit kein Ende wissen, verstehen hiervon gar nichts und meinen, es sei mit dem Reiche Christi also getan, daß gar keine Sünde da sei, muß alles rein und sauber sein, als hätten's die Tauben erlesen, wollen einen solchen Christen, der gar ohne Sünde und heilig ist, ja wie Christus selbst ist. Noch lange nicht! — Das ist aber ein Christ, der ein Sünder ist und erkennt seine Sünde, verdrießt ihn und ist ihm von Herzen zuwider, daß er Sünde noch fühlt. Findest du aber einen solchen, der spricht: Ich bin ohne alle Sünde, der ist ein Widerchrist, kein wahrer Christ, ja der höllische Teufel.

22. Januar

Jesus sah einen Menschen am Zoll sitzen, der hieß Matthäus, und sprach zu ihm: Folge mir! Und er stand auf und folgte ihm. Matthäus 9, 9.

Das ist ein trefflicher Trost, daß er so Unwürdige und Sünder zu Aposteln erwählt, auf daß dieselben wegen eines so hohen Amtes nicht stolz würden oder daß kein einziger Sünder in Christo ein Mißtrauen setzen oder an ihm verzweifeln möchte. Denn wer sind doch die, welche im höchsten Chor und in dem innersten Rat der Heiligen sitzen? Fürwahr, es sind große ausnehmende Sünder und Zöllner, die ihrer Gerechtigkeit nach billig mitten in der Hölle sitzen sollten. Deswegen hat Petrus nicht Ursache, warum er mich verachten oder sich wider mich rühmen könnte, ob ich gleich ein Sünder bin, denn er hat Ursache zurückzudenken, nämlich daß er in der Gesellschaft der Sünder g e w e s e n und die größten Sünden mit begangen habe.

23. Januar

Wir aber, die wir stark sind, sollen der Schwachen Gebrechlichkeit tragen und nicht Gefallen an uns selber haben. Römer 15, 1.

Ungern will man des andern Gebrechen dulden, sondern ein jeder fordert von dem andern, daß er vollkommen sei. Da denken und reden sie dann nur voneinander, und eines will hier hinaus, das andere da hinaus, daß er Frieden und Ruhe vor dem anderen habe und der Unlust überhoben sei. Wer aber kann, der beurlaubt das andere und stößt es von sich, schmückt sich danach und spricht, er tue es der Gerechtigkeit zuliebe, wolle nicht bei und um sich böse Leute wissen, sondern nur fromme und gute Menschen, wie er ist. Dies Übel regiert am meisten in denen, die etwas voraus zu haben glauben vor anderen und ein ehrbares Leben führen und mehr Gnade haben; die blähen und brüsten sich; was ihnen nicht gleich ist, das muß sinken, das richten sie, das verachten sie, und sie sind das hübsche Kätzlein im Hause.

24. Januar

Ihr Väter, reizet eure Kinder nicht zum Zorn, sondern ziehet sie auf in der Zucht und Vermahnung zum Herrn. Epheser 6, 4.

Die Eltern, ob sie sonst nichts zu tun hätten, mögen an ihren eigenen Kindern Seligkeit erlangen. An denselben, wenn sie sie zum Gottesdienst recht ziehen, haben sie fürwahr beide Hände voll guter Werke für sich. Denn was sind die Hungrigen, Durstigen, Nackten, Gefangenen, Kranken, Fremdlinge gegen deiner eigenen Kinder Seelen? Mit welchen dir Gott aus deinem Hause ein Armenhaus macht und dich ihnen zum Armenvater setzt, daß sie lernen Gott trauen, glauben und fürchten und ihre Hoffnung in Ihn setzen, seinen Namen ehren, nicht schwören noch fluchen, sich kasteien mit Beten, Fasten, Wachen, Arbeiten, des Gottesdienstes und Wortes warten und Ihm feiern den Sabbath, daß sie zeitliche Dinge lernen verachten, Unglück sanft tragen und den Tod nicht fürchten, das Leben nicht lieb haben usw.

25. Januar

Wir rühmen uns Gottes durch unsern Herrn Jesum Christum, durch welchen wir nun die Versöhnung empfangen haben. Römer 5, 11.

Es pflegt der Teufel oft eine geringe Sünde zu erwischen, damit er alle guten Werke, die du jemals dein Leben lang getan hast, also verdunkle, daß du in dir nichts anderes als dieselbe einige Sünde siehst. Das kommt aber daher, wenn du dich mit dem Teufel in eine Disputation begibst. Darum überwindet ein Christ solche bösen Gedanken nimmer ganz, als wenn er sie verachtet. Denn der hoffärtige Geist, der Teufel, kann die Verachtung nicht leiden. Aber dazu gehört der heilige Geist und eine fleißige Übung im Gebet und daß man auch die heilige Schrift treulich lese; denn es ist kein menschliches Werk, die Gedanken zu überwinden und aus dem Sinne zu schlagen.

26. Januar

Abraham baute dasselbst dem Herrn einen Altar, der ihm erschienen war. 1. Mose 12, 7.

Also siehet man, daß der heilige Patriarch, wie elend und fremd er ist, dennoch um der Verheißung willen, so ihm geschehen war, nach einem gewissen Ort und Wohnung denket; denn nun bauet er erstlich dem Herrn, der ihm erschienen war, einen Altar, das ist, er verordnet einen Ort, darinnen die Kirche zusammenkäme, Gottes Wort zu hören, zu beten, Gott zu loben, zu opfern usw. Denn das heißt, einen Altar zu bauen. Abraham hat diesen Ort zum Altar nicht erwählt aus eigenem Rat, sondern es hat ihn der Herr selbst, der ihm da erschienen ist, erwählet; denn der Herr selbst ist der erste Stifter, der sich an dem Ort darum sehen lässet, daß er daselbst will geehret sein und seine Verheißung gerühmet haben. Also, da Jakob an dem Ort, da er schlief, die Engel an der Leiter, die bis gen Himmel reichte, auf und nieder steigen sah, sprach er: Hier ist Gottes Haus und die Pforte des Himmels. Daß also der Herr, der an diesem Ort erstlich ist und da sein Wort hören lässet, denselben auch recht selbst zurichtet und weihet, daß er nicht mehr gemein, sondern heilig sein soll und zum heiligen Gebrauch dienen. Denn durch Gottes Wort wird alles heilig gemacht. Nun wird aber Gottes Wort an diesem Orte nicht verkündiget von einem Menschen, sondern von Gott selbst.

27. Januar

Abraham glaubte dem Herrn, und das rechnete er ihm zur Gerechtigkeit. 1. Mose 15, 6.

So jemand fragen wollte, ob auch Abraham vor dieser Zeit wäre gerecht gewesen, wollte ich antworten: Ja, er wäre gerecht gewesen darum, daß er Gott geglaubt hatte. Es hatte Abraham, da er aus Gottes Befehl sein Vaterland verließ und sich in das Elend wagte, auch wohl einen trefflichen Glauben; es wird aber solches zu tun nicht allen befohlen. Darum wird auch dabei dieses nicht gesagt: Abraham glaubte Gott, und es ward ihm zur Gerechtigkeit gerechnet. Hier aber setzet es der heilige Geist, da er von dem himmlischen Samen redet, auf daß diese Lehre in der Kirche zu allen Zeiten gewiß gemacht werde, nämlich daß alle, die mit Abraham dieser Verheißung glauben, wahrhaftig gerecht sind. Denn diesen Spruch hat der heilige Geist in diesen Text, als darein er eigentlich gehöret, klar und deutlich setzen wollen, daß Gerechtigkeit nichts anderes sei, denn Gottes Verheißungen glauben.

28. Januar

Ich aber will in dein Haus gehen auf deine große Güte und anbeten gegen deinen heiligen Tempel in deiner Furcht. Psalm 5, 8.

In zwei Dingen muß man sich in diesem Leben üben, in der Furcht und in der Hoffnung. Das sind zwei Wasserquellen, die oben und unten fließen, wie Richter 1, 15 geschrieben steht. Die Furcht kommt aus dem Ansehen der Drohungen und furchtbaren Gerichte Gottes, vor dessen Angesicht niemand rein, niemand kein Sünder, niemand unverdammlich ist. Die Hoffnung geht hervor aus dem Ansehen der Verheißung und der freundlichsten Barmherzigkeit Gottes, wie geschrieben steht in Psalm 25,6: Gedenke, Herr, an deine Erbarmungen und Barmherzigkeiten, die von der Welt her gewesen sind. Vor diesem Angesicht aber kann niemand unrein, ungerecht und unselig sein. Innerhalb dieser beiden muß man allezeit bleiben und niemals weder zur Rechten noch zur Linken davon abweichen, gleichsam wie zwischen dem oberen und unteren Mühlstein.

29. Januar

Alle eure Sorge werfet auf ihn, denn er sorget für euch. 1. Petrus 5, 7.

Sorget nichts! Kommt aber etwas, das euch Sorge machen will, wie es denn sein muß, da ihr viel Anstöße haben müßt auf Erden, so stellt euch also: Überwindet euch gar nicht mit eurer Sorge, es sei, welcherlei es wolle, sondern laßt die Sorge und kehrt euch mit Gebet und Flehen zu Gott und bittet ihn um alles, das ihr mit Sorgen wolltet ausrichten, daß er's ausrichte. Und tut das mit Dank, daß ihr einen solchen Gott habt, der für euch sorge und dem ihr all euer Anliegen mögt kühn anheimstellen. Wer sich aber so nicht stellt, wenn ihm etwas kommt, sondern will's zuvor mit Vernunft messen und mit eigenem Rat regieren und nimmt sich der Sorgen an, der mengt sich selbst in viel Jammer, verliert Freude und Friede in Gott und schafft doch nichts, sondern gräbt nur den Sand und senkt sich weiter hinein und kommt nicht heraus, wie wir denn täglich in unserer eigenen und anderer Erfahrungen haben.

30. Januar

Ich vermag alles durch den, der mich mächtig macht, Christus. Philipper 4, 13.

Der Glaube ist ein allmächtig Ding, dessen Kraft unmäßig ist. Aus welcher Beschreibung folgt, daß, wer das ohnmächtige Ding, die Welt, durch das allmächtige Ding, den Glauben, nicht überwindet, den Glauben nicht habe. Dieser Glaube ist nicht ein unnützes, faules, totes Ding, das im Herzen auch eines toten Sünders verborgen liegt wie eine leichte, unnütze Spreu oder tote Fliege zur Winterszeit in einer Ritze steckt, bis so lange die Liebe dazukomme und sie aufwecke und lebendig mache, sondern, wo es anders ein rechtschaffener, wahrer Glaube ist, so ist es ein gewisses Vertrauen und eine starke, feste Zuversicht des Herzens, dadurch man Christum ergreift. Das ist Kunst über alle Künste und allein des heiligen Geistes Werk, den gottesfürchtigen und rechten Christen bekannt.

31. Januar

Wer sich läßt dünken, er stehe, mag wohl zusehen, daß er nicht falle. 1. Korinther 10, 12.

Ach, ich weiß leider sehr wohl, daß Ärgernisse müssen kommen, und ist wohl kein Wunder, wenn ein Mensch fällt. Das ist aber ein Wunder, wenn ein Mensch aufsteht vom Falle und danach bleibt, stehen. Petrus ist gefallen, damit er erführe, er sei ein Mensch. Es fallen auch heutzutage wohl Cedern Libanons, die mit ihren Gipfeln an den Himmel langen, ja, es ist auch sogar — welches alle Wunder übertrifft — ein Engel im Himmel und Adam im Paradiese gefallen. Was ist's denn Wunder, wenn das Rohr vom Sturmwind bewegt wird und den glimmenden Docht auslöscht?

1. Februar

Wie ihr angenommen habt den Herrn Christum Jesum, so wandelt in ihm und seid gewurzelt und erbauet in ihm und seid fest im Glauben.

Kolosser 2, 6 - 7

Die sicheren falschen Christen, die viel vom Glauben rühmen, mögen zusehen, daß sie sich nicht betrügen mit solchem falschen, eitlen Ruhm: Ich bin getauft und ein Christ, darum bedarf ich nichts mehr usw. Sondern sie mögen danach trachten, daß ihr Glaube recht gewurzelt und gegründet sei und sich so versuche und beweise, daß er fest stehe und die Stöße und Wetter des Schreckens überwinden könne. Sonst wird sich dein Ruhm und deine Sicherheit bald legen und vergehen wie der Rauch in der Luft und wird nicht gelten, daß du dich willst darauf verlassen und denken, wenn du nur ein Fünklein der Gnade und des Glaubens habest, das sei genug zur Seligkeit, sondern sieh dich wohl vor, wenn du nicht mehr denn solch Fünklein hast und dasselbe so lässest in der Asche liegen, daß nicht der Teufel da sei und einen Kübel voll Wasser darein gieße, daß das den Glauben und alles verlösche.

2. Februar

Tag der Darstellung des Herrn

Dieser wird gesetzt zu einem Fall und Auferstehen vieler in Israel. Lukas 2, 34.

So hat denn das Kindlein Jesus zweierlei Bilder, ein ärgerliches Bild und ein schönes, tröstliches Bild. Einigen ist's ein Fall, wie ein Stock, im Wege gelegt, darüber sie fallen. Andern ist's ein Auferstehen, wie ein Fels am Wege, daran man sich lehnt und aufrichtet. Die stolzen, hoffärtigen und klugen Heiligen laufen mit dem Kopfe wider ihn, prallen zurück, lästern und fluchen ihm; aber die Toren, Narren und armen Sünder stehen an ihm auf und glauben an ihn. Was liegt, das steht an ihm auf; was steht, das fällt an ihm; was verloren und verdorben ist, wird durch ihn selig; was närrisch ist, wird weise; was sündhaft ist, wird gerecht und heilig. — Welche nun dieser Sache durch menschliche Weisheit raten wollen, werden nichts anders ausrichten, als daß sie nicht allein fallen und nimmermehr aufstehen, sondern auch darüber zu scheitern gehen müssen. Denn sie wollen Christum anders machen, als ihn Gott der Vater geordnet und gesetzt hat.

3. Februar

Gott hat den, der von keiner Sünde wußte, für uns zur Sünde gemacht, auf daß wir würden in ihm die Gerechtigkeit, die vor Gott gilt. 2. Kor. 5, 21

Was eure Seele macht, möchte ich gern wissen, ob sie endlich einmal der eigenen Gerechtigkeit überdrüssig worden und sich nach der Gerechtigkeit Jesu Christi sehnen wollte. Es verstehen es heutzutage viele und die am meisten, die aus allen Kräften gerecht und fromm sein wollen, wissen aber nichts von der Gerechtigkeit, die vor Gott gilt und uns in Christo so reichlich geschenkt ist, suchen vielmehr bei sich so lange Gutes zu wirken, bis sie meinen, mit Verdienst und Tugend vor Gott zu bestehen, was doch ganz unmöglich ist. Ihr seid seither in der Meinung und Irrtum gestanden, ich auch; ja, noch jetzt streite ich wider den Irrtum und bin noch nicht völlig Herr. Darum lernet Christum den Gekreuzigten kennen, lernet an euch selbst verzagen und sagen: Herr Jesu, du bist meine Gerechtigkeit, ich aber bin deine Sünde. Hütet euch, so rein zu sein, daß ihr keine Sünder mehr sein wollet. Christus wohnt sonst nirgends als bei Sündern. Darum ist er vom Himmel kommen, allwo er unter Gerechten wohnte, daß er auch unter Sündern wohnen möchte. Diese Liebe betrachtet, so werdet ihr den süßesten Trost und Frieden eurer Seele genießen.

4. Februar

Er hat uns gezeugt nach seinem Willen durch das Wort der Wahrheit, auf daß wir wären Erstlinge seiner Kreaturen. Jakobus 1, 18.

Der ganze Mensch muß in das Evangelium kriechen und allda neu werden, die alte Haut ausziehen, wie die Schlange tut; wenn ihre Haut alt wird, sucht sie ein enges Loch im Felsen; da kriecht sie hindurch und zieht ihre Haut selbst ab und läßt sie draußen vor dem Loche. Also muß der Mensch auch in das Evangelium und Gottes Wort sich begeben und getrost folgen seiner Zusage; er wird nicht trügen. So zieht er ab seine alte Haut, läßt draußen sein Licht, seinen Dünkel, seinen Willen, seine Liebe, seine Lust, sein Reden, sein Wirken und wird also ein ganz anderer, neuer Mensch, der alle Dinge anders ansieht als vorhin, anders richtet, anders urteilt, anders denkt, anders will, anders redet, anders liebt, anders lüstet, anders wirkt und fährt als vorhin.

5. Februar

Ich glaube, darum rede ich; ich werde aber sehr geplagt. Psalm 116, 10.

Glaubst du, so ist es nicht möglich, daß davon dein Herz nicht sollte in Gott lachen, frei, sicher und mutig werden. Dann bricht deine Liebe aus, tut jedermann, was sie kann, predigt und sagt solche Wahrheit, wo sie kann, verwirft alles, was nach dieser Lehre nicht gepredigt und gelebt wird. Siehe, so mag denn der Teufel solches nicht hören noch sehen, will sein Ding vor dir unverworfen haben, hängt an dich alles, was da groß, gelehrt, reich und gewaltig ist, macht dich zu einem Ketzer und tollen Menschen. Siehe, so kommst du denn gleich wie dein Herr Christus um der Wahrheit willen ans Kreuz und mußt aufs äußerste geschändet werden, Leib, Leben, Gut, Ehre und Freunde, alles in die Gefahr setzen, bis daß sie dich von ihm aus diesem Leben treiben ins ewige Leben. Noch mußt du in dem allen fröhlich sein, dasselbige alles gern dulden und für gut halten, ihnen wiederum freundlich sein, allezeit gedenken, daß du zuvor auch, wie sie jetzt sind, vor Gott gewesen bist.

6. Februar

Wie oft habe ich deine Kinder versammeln wollen, wie eine Henne versammelt ihre Küchlein unter ihre Flügel. Matthäus 23, 37.

Siehe, wie die natürliche Gluckhenne tut; es nimmt sich kaum ein Tier seiner Jungen so treulich an. Sie verwandelt ihre natürliche Stimme und nimmt an eine jammernde und klagende Stimme; sie sucht, scharrt und lockt die Küchlein. Wo sie was findet, da ißt sie nicht, sondern läßt es den Küchlein; mit ganzem Ernst und schreit und ruft sie wider den Geier und breitet ihre Flügel so willig aus und läßt die Küchlein unter sich und über sich steigen, mag sie so gar wohl leiden, und ist dir ein feines, liebliches Bild. Also auch Christus hat angenommen eine jammernde Stimme, für uns geklagt und Buße gepredigt, jedermann seine Sünde und Jammer angezeigt, aus ganzem Herzen gesucht in der Schrift, lockt uns hinein und läßt es uns essen und breitet seine Flügel mit aller seiner Gerechtigkeit, Verdienst und Gnade über uns und nimmt uns so freundlich unter sich, erwärmt uns mit seiner natürlichen Hitze, das ist mit seinem heiligen Geiste, der allein durch ihn kommt, streitet für uns wider den Teufel in den Lüften und ist unser Schutz in aller Not.

7. Februar

Abraham hat Gott geglaubt, der da lebendig macht die Toten und ruft dem, das nicht ist, daß es sei.
Römer 4, 17.

Der durch sein Wort Himmel und Erde geschaffen hat und ließ das Licht aus der Finsternis hervorleuchten, der ist mächtig genug, aus Nichts alles, aus dem Tode das Leben, aus der Sünde Gerechtigkeit, aus der Dienstbarkeit des Teufels und der Hölle die herrliche Freiheit der Kinder Gottes hervorzubringen. Wie Gott die Sterne am Himmel, die er geschaffen hat, alle mit Namen ruft, so ruft er Abrahams Samen, der da sein soll wie der Sterne unzähliges und prächtiges Heer, noch ehe derselbe da ist, denn bei ihm ist weder vergangene noch zukünftige Zeit, sondern es ist vor ihm alles gegenwärtig, was uns überlang widerfahren soll. Ich kann machen, spricht er, daß da stehe, was nichts ist, und eitel Freude aus Traurigkeit und allem Herzeleid. Ich kann sagen: Tod und Grab, sei du Leben! Hölle, werde du Himmel und Seligkeit! Gift, sei du köstliche Arznei und Labsal! Teufel und Welt, sei du meinen Christen nützer denn die lieben Engel und frommen Heiligen! Denn ich kann und will meinen Weinberg also bauen und warten, daß er durch allerlei Leiden und Unglück nur besser soll werden.

8. Februar

Die Worte, die ich rede, die sind Geist und sind Leben. Johannes 6, 63.

Es ist leider derer wenig, auch unter denen, die es billig vor andern tun sollten, die zur Schrift oder zu einigem Psalm ihr Leben lang von Herzen sprechen: Du bist mein liebes Buch, du sollst mein eigenes Psalmlein sein. Und ist freilich der größten Plagen eine auf Erden, daß die Heilige Schrift so verachtet ist, auch bei denen, die dazu gesetzt sind. Alle anderen Sachen, Kunst und Bücher, treibt man Tag und Nacht, es ist des Arbeitens und Bemühens kein Ende. Allein die Heilige Schrift läßt man liegen, als bedürfe man ihrer nicht. Und die ihr so viel Ehre tun, daß sie sie einmal lesen, die können es flugs alles, und ist nie eine Kunst noch Buch auf Erden gekommen, das jedermann so bald ausgelernt hat, als die Heilige Schrift. Da es doch ja nicht Leseworte, wie sie meinen, sondern eitel Lebeworte darinnen, die nicht zum Spekulieren und hoch zu dichten, sondern zum Leben und Tun dargesetzt sind.

9. Februar

Ich sprach, da mir's wohlging: Ich werde nimmermehr darnieder liegen; denn, Herr, durch dein Wohlgefallen hast du meinen Berg stark gemacht; aber da du dein Antlitz verbargest, erschrak ich.

Psalm 30, 7 - 8

Wenn uns Gott einen feinen Glauben gegeben und wir dahergehen in starker Zuversicht, daß wir einen gnädigen Gott haben durch Christum, da sind wir im Paradies. Aber ehe wir's uns versehen, kann sich's wenden, daß uns Gott das Herz entfallen läßt, daß wir meinen, er wolle uns den Herrn Christum aus den Herzen reißen, und uns also zugedeckt wird, daß wir an ihm keinen Trost haben können, sondern der Teufel eitel schreckliche Gedanken von ihm den Herzen eingibt, also, daß unser Gewissen fühlt, es habe ihn verloren, und alsdann zappelt und zagt, als sei es eitel Zorn und Ungnade, die wir mit unsern Sünden verdient haben.

10. Februar

Wieviel euer getauft sind, die haben Christum angezogen. Galater 3, 27.

Die Taufe ist ein solches Wasser, da Gottes Sohn darinnen badet, der heilige Geist darüber schwebt, und Gott der Vater darüber predigt, und also ein gnadenreiches Wasser geweiht und geheiligt durch Gott Vater, Sohn und heiligen Geist. Daß Christus unser Kleid sei und für uns als seinem Kleid mittle (d.h. vor Gott als Mittler eintrete), hören wir wohl gern; aber wenn er sein Kleid reinigen will, das leiden wir gar ungern. Wollen wir sein Kleid sein, so müssen wir es wahrlich leiden, daß er's reinige; er mag und will nicht in unreinem Kleide gehen. Darum ist's ein gut Zeichen, wo er viel Leiden schafft, und läßt auch nicht nach, wo sein Kleid ist; er reinigt daran mit allerlei Leiden; tut er's aber nicht, so ist sein Kleid nicht da. Es ziemt sich nicht mit einander getauft sein und in Sünden leben. Wer also in Sünden lebt, der hat die Taufgnade verloren.

11. Februar

Das ist je gewißlich wahr: sterben wir mit, so werden wir mit leben; dulden wir, so werden wir mit herrschen. 2. Timotheus 2, 11 - 12

Willst du nicht sterben, so stirb; willst du nicht gefangen sein, so gib dich gefangen; willst du nicht in die Hölle kommen, so fahre hinein; willst du nicht ein Sünder sein, so werde ein Sünder; willst du des Kreuzes los sein, so nimm es auf dich; willst du den Teufel überwinden, so laß dich von ihm überwinden; willst du einen bösen Menschen zwingen, so laß dich von ihm zwingen. Diese rätselhaften Worte erklärt die Schrift 1. Korinther 3, 18 also: Wer weise werden will, der werde ein Narr. Ein wahrer Christ versteht es gar wohl und hat's in täglicher Erfahrung. Das Schwerste ist: willst du den Teufel überwinden, so laß dich von ihm überwinden. Der Verstand ist etwa dieser: Laß den Teufel mit seinem ganzen Anhang auf dich losstürmen, daß es scheine, als lägest du unten und er siege, so wird doch Christi Kraft, die in der Ohnmacht allmächtig bleibt, die Oberhand behalten.

12. Februar

Ich bin gewiß, daß weder Tod noch Leben, weder Engel noch Fürstentümer noch Gewalten ... mag uns scheiden von der Liebe Gottes, die in Christo Jesu ist, unserm Herrn. Römer 8, 38 - 39

Gott schickt dem Glauben zu, daß er nicht mit geringen Dingen muß zu schaffen haben, sondern solches, das alle Welt nicht leiden mag, als: den Tod, Sünde, Welt und Teufel. Denn alle Welt vermag nicht zu stehen wider den Tod, sondern flieht und erschrickt davor und wird auch von ihm überwunden. Aber der Glaube steht fest und legt sich wider den Tod, der alle Welt frißt, und gewinnt ihm ab und verschlingt den unersättlichen Lebensfresser. Also auch kann alle Welt das Fleisch nicht zwingen noch dämpfen, sondern es regiert über alle Welt, und muß geschehen, was es will, daß alle Welt dadurch fleischlich ist. Aber der Glaube greift es an und wirft's unter sich und führt's im Zaum, daß es dienen muß. Also mag auch kein Mensch der Welt Toben, Verfolgen, Lästern, Haß und Neid ertragen. Jedermann weicht und wird matt; sie liegt oben und gewinnt außer dem Glauben; der spottet ihrer und tritt solches alles mit Füßen und macht eine Freude und Lust daraus.

13. Februar

Ob jemand sündiget, so haben wir einen Fürsprecher bei dem Vater, Jesum Christum, der gerecht ist.

1. Johannes 2, 1.

Das ist des Teufels Art und rechte Farbe, dabei man ihn kennen soll. Ein solcher Bösewicht ist er, daß er kann große Sünden klein machen, daß man sie ja nicht sehen soll, und wieder kleine Sünden groß machen, daß man sich damit beiße, zermartere und sich selbst töte. Darum soll ein Christ lernen, daß er ihm nicht leicht lasse ein böses Gewissen machen, sondern, so er an Christum glaubt und gern wollte fromm sein, streitet wider die Sünde, so viel er kann, versieht es doch, daß er zuweilen stolpert und strauchelt; da laß er ihm solch Stolpern sein gut Gewissen nicht verderben, sondern spreche: Es fahre dahin dieser Irrtum und Stolpern mit andern meiner Gebrechen und Sünden, die ich bringen muß in den Artikel des Glaubens und in die fünfte Bitte: Vergib unsere Schuld . . .

14. Februar

Also werden die Letzten die Ersten und Ersten die Letzten sein. Matthäus 20, 16.

Die Summe dieses Evangeliums ist: Kein Mensch ist so hoch noch wird so hoch kommen, der nicht zu fürchten habe, er werde der allerniedrigste. Wieder: Niemand liegt so gefallen oder mag so tief fallen, dem nicht zu hoffen sei, er möge der Höchste werden, weil hier alle Verdienste aufgehoben sind und allein Gottes Güte gepriesen wird. Damit daß er spricht: der Erste soll der Letzte sein, nimmt er dir alle Vermessenheit und verbietet dir, daß du dich über keine Hure erhebest, und wenn du gleich Abraham, David, Petrus oder Paulus wärest. Damit aber, daß er spricht: Der Letzte soll der Erste sein, wehrt er dir alle Verzweiflung und verbietet dir, daß du dich unter keinen Heiligen werfest, wenn du auch Pilatus, Herodes, Sodom und Gomorrha wärest.

15. Februar

Nehmet euch unter einander auf, gleichwie euch Christus hat aufgenommen zu Gottes Lobe.

Römer 15, 7

Nehmet die unordentlichen, irrenden Brüder auf, und traget sie in Geduld, und machet aus ihren Sünden die euren. Und wenn ihr was Gutes habt, so laßt es ihres sein. Wenn ihr euch für besser haltet, so achtet es keinen Raub, als wenn es nur euer eigen wäre, sondern erniedriget euch und seid wie einer aus ihnen, daß ihr sie traget. Denn das ist eine unglückselige Gerechtigtkeit, die andere neben sich als schlimmer nicht tragen will und die Flucht und Einsamkeit im Sinne hat, der doch mit Geduld, Gebet und Exempel ihnen gegenwärtig nützen sollte. Das heißt, den Zentner des Herrn verbergen und den Mitknechten nicht ihren Teil geben. Wenn ihr denn eine Lilie und Rose seid, so wisset, daß euer Wandel unter den Dornen sein muß, sehet aber zu, daß ihr nicht durch Ungeduld und freches Urteilen oder heimlichen Hochmut selbst ein Dorn seid. Das Reich Christi ist mitten unter seinen Feinden. Was dichtet ihr denn eine Mitte unter den Freunden?

16. Februar

Es ist das Licht noch eine kleine Zeit bei euch; wandelt, dieweil ihr das Licht habet, daß euch die Finsternis nicht überfalle. Johannes 12, 35

Die Predigt des Evangeliums ist keine ewig währende, bleibende Lehre, sondern ist wie ein fahrender Platzregen, der dahinläuft; was er trifft, das trifft er; was fehlt, das fehlt; er kommt aber nicht wieder, bleibt auch nicht stehen, sondern die Sonne und Hitze kommen hernach und lecken ihn auf. Das gibt auch die Erfahrung, daß an keinem Orte der Welt das Evangelium lauter und reiner bleibt über eines Mannes Gedenken, sondern solange die geblieben sind, die es aufgebracht haben, ist es gestanden und hat zugenommen; wenn dieselben dahin waren, so war das Licht auch dahin, folgten bald darauf Rottengeister und falsche Lehrer. Liebe Brüder! Kauft, dieweil der Markt vor der Tür ist, sammelt ein, weil es scheint und gut Wetter ist. Brauchet Gottes Gnade und Wort, weil es da ist. Es ist bei den Juden gewesen; aber hin ist hin, sie haben nun nichts. Paulus brachte es nach Griechenland; aber hin ist hin, nun haben sie den Türken. Rom und Italien haben es auch gehabt; hin ist hin, sie haben nun den Papst. Und ihr Deutschen dürft nicht denken, daß ihr es ewig haben werdet; denn der Undank und die Verachtung wird es nicht lassen bleiben.

17. Februar

Ich habe mehr gearbeitet denn sie alle, nicht aber ich, sondern Gottes Gnade, die mit mir ist.

1. Korinther 15, 10

Was ich getan, habe ich zu deinem Dienst den lieben Christen getan und zu Ehren einem, der droben sitzt, der mir alle Stunde so viel Gutes tut, daß, wenn ich tausendmal so viel und fleißig arbeitete und dolmetschte, dennoch nicht eine Stunde verdient hatte zu leben oder ein gesundes Auge zu haben. Es ist alles seine Gnade und Barmherzigkeit, was ich bin und habe, ja es ist seines teuren Blutes und sauern Schweißes Verdienst, darum soll's auch alles ihm zu Ehren dienen, mit Freuden und von Herzen. Lästern mich die Feinde, wohlan, so loben mich die frommen Christen samt ihrem Herrn Christo, und ich bin allzu reichlich belohnt, wenn mich nur ein einziger Christ für einen treuen Arbeiter erkennt. Ich frage nach jenen nichts, sie sind nicht wert, daß sie meine Arbeit sollen erkennen, und sollte mir im Grunde meines Herzens leid sein, daß sie mich loben. Ihr Lästern ist mein höchster Ruhm und Ehre; ich will doch ein Doktor, ja auch ein ausbündiger Doktor sein, und sie sollen mir den Namen nicht nehmen bis an den Jüngsten Tag. Das weiß ich fürwahr.

18. Februar

Martin Luther gestorben 1546.

Seid nüchtern und wachet; denn euer Widersacher, der Teufel, geht umher wie ein brüllender Löwe und sucht, welchen er verschlinge. 1. Petrus 5, 8

Treue und ernstliche Warnung an fromme, gottesfürchtige Herzen.

Wenn ich noch hundert Jahre sollte leben und hätte nicht allein die vorigen und jetzigen Rotten und Sturmwinde durch Gottes Gnade gelegt, sondern könnte auch künftig alle also legen, so sehe ich doch wohl, daß damit unsern Nachkommen keine Ruhe geschafft wäre, weil der Teufel lebet und regieret. Ihr, unsere Nachkommen, betet auch mit Ernst und treibet Gottes Wort fleißig! Erhaltet das arme Windlicht Gottes! Seid gewappnet und gerüstet, als die alle Stunden warten müssen, wo euch der Teufel etwa eine Scheibe oder Fenster ausstoße, Tür oder Dach aufreiße, das Licht auszulöschen. Darum seid nüchtern und wachet! Er schläft und feiert nicht; auch stirbt er nicht vor dem Jüngsten Tage. Ich und du müssen sterben, und wenn wir tot sind, so bleibet er gleichwohl der, der er allezeit gewesen, und kann sein Stürmen nicht lassen. Christus, unser lieber Herr, der ihm den Kopf zertreten hat, komme und erlöse uns endlich von seinen Stürmen. Amen.

19. Februar

Dies ist mein lieber Sohn, an welchem ich Wohlgefallen habe; den sollt ihr hören. Matthäus 17, 5.

Die heiligen Märtyrer sind ohne Erscheinung der Engel allein durch's Wort gestärkt worden, daß sie um des Namens Christi willen in den Tod gegangen sind; warum halten wir uns nicht auch an dasselbige Wort und sind damit zufrieden? Wir haben klare und schöne, helle Erscheinungen genug, als nämlich die Taufe, das Abendmahl des Herrn, die Schlüssel, das Predigtamt, welches gleich ist, ja weit übertrifft alle Erscheinungen aller Engel, dagegen Abraham nur kleine Tröpflein und Brosamen gehabt hat. Deswegen achte ich der Engel nicht . . . Denn die göttliche Verheißung ist nun in Christo reichlich erfüllt und geoffenbaret. Der hat mir sein Wort gelassen, damit ich mich unterweise und stärke, und darf ich mich des nicht besorgen, daß er so unbeständig und wankelmütig sei, daß er jetzt diese, bald eine andere Lehre daher bringe. Wir haben Gottes Wort, das Abendmahl des Herrn, die Taufe, die Zehn Gebote, den Ehestand, die weltliche Obrigkeit mit ihrer Ordnung und das Haus-Regiment. Daran sollen wir uns genügen lassen und uns darin üben bis an's Ende der Welt.

20. Februar

Selig sind, die da hungert und dürstet nach der Gerechtigkeit; denn sie sollen satt werden.

Matthäus 5, 6

Diesen Hunger und Durst spürt man dabei, wenn ein Mensch gerne Gottes Wort hört und liest. Derselbige hat gewißlich die Hoffnung, daß er in allerlei Anfechtung, Not und Tod durch's Wort werde Labsal und gewissen Trost finden. Die aber, so satt sind, das ist, so Gottes Wort nicht hören noch lesen, sondern es in den Wind schlagen und verachten, die werden endlich so hungern und dürsten, daß sie niemand mehr wird laben mit dem geringsten Tröpflein Wassers, wie es dem reichen Mann in der Hölle ging, der in der Flamme nicht mit dem kleinsten Finger des Lazarus konnte gelabt werden. Es heißt: Glaubt an das Licht, dieweil ihr's habt, daß ihr des Lichtes Kinder seid (Joh. 12, 36). Ebenso: Sehet, daß ihr die Gnade Gottes nicht vergeblich empfanget. Jetzt ist die angenehme Zeit (2. Kor. 6,1).

21. Februar

Christus ist um unserer Sünde willen dahingegeben und um unserer Gerechtigkeit willen auferweckt.
Römer 4, 25

Auf diese und dergleichen Sprüche mußt du mit ganzem Vertrauen dich verlassen, um so viel mehr, als dich dein Gewissen martert. Denn wo du das nicht tust, sondern durch deine Reue und Genugtuung dich vermissest, das Gewissen zu stillen, so wirst du nimmermehr zur Ruhe kommen und mußt zuletzt doch verzweifeln. Denn unsere Sünden, wenn wir sie in unserem Gewissen haben und bei uns bleiben lassen und in unseren Herzen ansehen, so sind sie uns viel zu stark und leben ewiglich. Aber wenn wir sehen, daß sie auf Christo liegen und er sie überwindet durch seine Auferstehung und wir das mutig glauben, so sind sie tot und zunichte geworden; denn auf Christo mochten sie nicht bleiben; sie sind durch sein Auferstehen verschlungen, und siehest jetzt keine Wunden und Schmerzen an ihm, das ist: keiner Sünden Anzeige.

22. Februar

In Christo haben wir die Erlösung durch sein Blut, nämlich die Vergebung der Sünden.

Kolosser 1, 14

Wenn ich Petrum abbilden oder abmalen könnte, wollte ich allenthalben auf ein jedes Härlein auf seinem Haupte schreiben: Vergebung der Sünden. Denn so malen ihn die Evangelisten ab. Kein Stück in der Passion ist mit so vielen Worten beschrieben, als der Fall Petri. Alles, was Christo widerfahren, ist mit kurzen Worten von den Evangelisten angezeigt; Petrum aber zerhauen sie so schändlich, daß sie von seinem Fall nicht Worte genug machen können; sondern der Evangelist Johannes sagt: Die Frucht und der Nutzen des Leidens Christi soll dieser sein, daß ihr darin Vergebung der Sünden habt.

23. Februar

Sehet zu, daß ihr durch die Freiheit dem Fleisch nicht Raum gebet. Galater 5, 13.

Man muß lehren und sagen, daß der alte Sauerteig müsse ausgefegt werden und daß sie nicht Christen seien noch den Glauben haben, wo sie dem Fleisch seinen Mutwillen lassen und vorsätzlich wider das Gewissen in Sünden bleiben und beharren, welches ist um so viel ärger und verdammlicher, so man solches tut unter dem Namen und Deckel des Evangeliums und christlicher Freiheit; denn dadurch wird der Name Christi und des Evangeliums gelästert und verachtet; darum muß solches schlechthin weg und ausgetrieben sein, als damit nicht bestehen kann der Glaube und ein gutes Gewissen.

24. Februar

Ich danke dir, daß du mich demütigest und hilfst mir. Psalm 118, 21.

Das ist ein fröhlicher Vers und singet mit Lust daher: Bist du nicht ein wunderlicher, liebreicher Gott, der du uns so wunderlich und freundlich regierest? Du erhörest uns, wenn du uns erniedrigest. Du machst uns gerecht, wenn du uns zu Sündern machest. Du führest uns gen Himmel, wenn du uns in die Hölle stößest. Du gibst uns Sieg, wenn du uns unterliegen lässest. Du machst uns lebendig, wenn du uns töten lässest. Du tröstest uns, wenn du uns trauern lässest. Du machst uns singen, wenn du uns weinen lässest. Du machst uns stark, wenn wir leiden. Du machst uns weise, wenn du uns zu Narren machst. Du machst uns reich, wenn du uns Armut zuschickst. Du machst uns zu Herren, wenn du uns dienen lässest, und dergleichen unzählige Wunder mehr, die in diesem Verse begriffen sind und von der Christenheit gerühmt werden.

25. Februar

Darum schämt er sich auch nicht, sie Brüder zu heißen, und spricht: Ich will verkündigen deinen Namen meinen Brüdern. Hebräer 2, 11 - 12.

Ob dich deine eigene Unwürdigkeit vor den Kopf stößt, so du beten sollst und denkst: Ach, meiner Sünden ist zu viel, und ich habe Sorge, ich könne nicht Christi Bruder sein, so schlage doch um dich und wehre dich, wie du kannst, daß du solchen Gedanken nicht Raum gebest; denn da stehst du in großer Gefahr der Sünden wider den heiligen Geist, und nur getrost und trotzig gesagt wider solch Eingeben des Teufels: Ich weiß wohl, was ich bin, und darfst mir solches nicht sagen noch lehren; denn es gebührt dir nicht, darob zu richten. Darum hebe dich, du leidiger Lügengeist; ich will und soll dich nicht hören. Hier ist aber mein Herr Christus, Gottes einiger Sohn, für mich gestorben und von den Toten auferstanden und sagt mir, daß aller meiner Sünden vergessen sei und er nun will mein Bruder sein und ich nun wieder sein Bruder sein soll, und will, daß ich solches ohne alles Wanken von Herzen glaube.

26. Februar

Wer ist aber, der die Welt überwindet, ohne (wenn nicht) der da glaubet, daß Jesus Gottes Sohn ist!
1. Johannes 5, 5.

Das heißt der rechte sieghafte Glaube, der da glaubt, daß Jesus Gottes Sohn ist, das ist eine übernatürliche Kraft durch den heiligen Geist in der Christen Herzen gemacht; denn es ist ein solcher gewisser Verstand, der nicht hin und her flattert noch gafft nach seinen eigenen Gedanken, sondern Gott ergreift in diesem Christus als seinen Sohn, vom Himmel gesandt, durch welchen er seinen Willen und Herz offenbart und von Sünden und Tod zu Gnaden und neuem, ewigem Leben hilft. Es ist auch eine solche Zuversicht und Vertrauen, so sich verläßt nicht auf sein eigen Verdienst und Würdigkeit, sondern auf Christum, den Sohn Gottes, und auf seine Gewalt und Macht wider Welt und Teufel streitet. Darum ist auch ein solcher Glaube nicht ein kalter, fauler, lediger und müßiger Gedanke, sondern eine lebendige und tätige Kraft. Wo er ist, da muß solche Frucht, Sieg und Überwindung folgen oder, wenn es nicht folgt, ist auch der Glaube und die neue Geburt nicht da.

27. Februar

Nun wir denn sind gerecht geworden durch den Glauben, so haben wir Frieden mit Gott durch unsern Herrn Jesum Christum. Römer 5, 1

Wenn ich glaube, daß der Herr Christus meine Not, Sünde, Tod und alles Böse überwunden hat, ist es nicht möglich, daß ich könne verzagen und blöde sein, wie sehr mich auch Sünde und Tod drücken. Denn immer ist der Glaube da und sagt: Drücken dich die Sünden, erschreckt dich der Tod, so wirf deine Augen auf Christum; der ist um deinetwillen gestorben und auferstanden und hat alles Unglück überwunden. Was will dir denn schaden? Vor was willst du dich denn fürchten? Also auch wenn anderes Unglück auf dem Halse liegt als Krankheit oder Armut, so wirf die Augen davon und schließe die Vernunft zu und wirf dich auf Christum und halte dich an ihn, so wirst du gestärkt und getröstet werden. So groß ist kein Übel, das dir begegnen mag, das dir schaden und dich verzagt machen könne, so du Christum ansiehst und an ihn glaubst. Darum ist es unmöglich, daß diese Frucht außen bleibe, wo der Glaube ist, daß nicht der Friede auch folge.

28. Februar

Das Reich Gottes steht nicht in Worten, sondern in Kraft. 1. Korinther 4, 20.

Es soll nicht bei den Worten der Auferstehung bleiben und ist Christo darum nicht zu tun, daß man davon hören oder reden kann, sondern daß es soll in unserem Leben empfunden werden. Denn was hilft es einem Toten, ob man ihm viel predigt vom Leben, so er nicht auch davon lebendig wird? Oder einem Sünder von Gerechtigkeit, so er doch in Sünden bleibt? Oder einem Irrenden von der Wahrheit, so er nicht von seinem Irrtum und Finsternis abläßt? Also ist es auch nicht allein vergeblich, sondern auch schädlich und verdammlich, von dem herrlichen und seligen Trost der Auferstehung zu hören, wenn das Herz solches nimmer erfährt, sondern allein der Ton in den Ohren und nur Schaum auf der Zunge daran bleibt und nicht mehr danach folgt als bei denen, die nie etwas davon gehört haben.

29. Februar

So wir aber unsere Sünden bekennen, so ist er treu und gerecht, daß er uns die Sünden vergibt und reinigt uns von aller Untugend. 1. Johannes 1, 9

Darum gehört das Evangelium von Vergebung der Sünde allein für die rechten Christen, die ihre Sünde recht erkennen und fühlen. Die andern rohen Leute, so ihre Sünde nicht erkennen und fühlen, verstehen nicht diesen Artikel von Vergebung der Sünde. Ob sie schon davon predigen hören, so bleibet es doch ihnen zugedeckt. Aber die rechten Christen, so ihre Sünde fühlen, haben den Trost, daß sie glauben Vergebung der Sünde: denn sie sind getauft, hören das Evangelium, haben die Absolution und das heilige Sakrament; demselben Wort glauben sie. Denn Gott hat den Schatz, nämlich Vergebung der Sünde, gelegt in sein Wort und Sakrament und befohlen, daß man demselben glauben soll. Dazu ist die Predigt des Evangelii, die Taufe, Absolution und das Sakrament eingesetzt, daß wir unsern Glauben von Vergebung der Sünde je mehr und mehr stärken sollen.

1. März

Christus ist darum für alle gestorben, auf daß die, so da leben, hinfort nicht sich selbst leben, sondern dem, der für sie gestorben und auferstanden ist. 2. Korinther 5, 15.

Diese liebliche, süße Predigt wird dir nicht helfen, daß du sagst: Christus ist für die Sünder gestorben und auferstanden, darum hoffe ich auch für mich. Ja, recht. Aber so du willst immer in der alten Haut bleiben und diese Predigt nur zum Deckel brauchst deines schändlichen Geizes, Hoffart, Wollust, so steht hier geschrieben: Nimm dich dieses Trostes nur nicht an; denn ob er wohl ist für alle gestorben und auferstanden, so ist er doch dir nicht auferstanden, denn du hast solche Auferstehung noch nicht mit dem Glauben gefaßt. Den Rauch hast du gesehen, aber des Feuers nicht empfunden. Die Worte hast du gehört, aber keine Kraft derselben empfangen.

2. März

Christus hat gemacht die Reinigung unserer Sünden durch sich selbst. Hebräer 1, 3.

Da trifft er das Evangelium recht; denn alles, das von Christo gesagt mag werden, hilft uns nicht, bis daß wir hören, wie es uns allesamt zu gut und nutz gesagt wird. Was wäre es not uns zu predigen, wenn es um seinetwillen allein geschehen wäre? Aber nun gilt es ganz und gar uns und unserer Seligkeit. Darum laßt uns hier mit Freuden zuhören; es sind liebliche Worte über alle Maßen. Der Christus, der so groß ist, ein Erbe aller Dinge, ein Glanz göttlicher Ehren, ein Bild göttlichen Wesens, der da alle Dinge trägt, nicht durch fremde Kraft noch Hilfe, sondern durch sein eigen Tat und Kraft, der hat uns gedienet, seine Liebe ausgeschüttet und eine Reinigung unserer Sünden zugerichtet. Er spricht: unserer, unserer Sünd, nicht seiner Sünd, nicht der Sünden der Ungläubigen; denn wer solches nicht glaubt, dem ist die Reinigung vergebens und nicht zugerichtet.

3. März

Was seid ihr so erschrocken und warum kommen solche Gedanken in eure Herzen? Lukas 24, 38.

Dieser Text ist mit keinem Geld noch Gut zu bezahlen, daß ein betrübtes Herz daraus lernen und schließen kann: Obgleich der Teufel alle Sprüche herführt, die in der Bibel sind, das Herz zu schrecken, wenn er's zu viel macht und nicht auch Trost hernach gibt, so ist es gewiß der Teufel, wenn du auch so scheinbar Christi Gestalt siehst, wie er am Kreuz gehangen oder zur rechten Hand des Vaters sitzt. Denn das mag wohl sein, daß Christus komme und dich ernstlich erschrecke; aber das ist gewißlich nicht seine, sondern deiner Natur Schuld, daß du ihn nicht recht erkennst; das ist aber der Teufel selber, der dich angreift mit Schrecken und läßt nicht ab, bis er dich in Verzweiflung bringe.

4. März

Ich bin ein guter Hirte; ein guter Hirte läßt sein Leben für die Schafe. Johannes 10, 12.

Wenn du diesen Hirten kennst, so kannst du wider Teufel und Tod dich schützen und sagen: Ich habe ja leider Gottes Gebote nicht gehalten; aber ich krieche dieser lieben Henne, meinem lieben Herrn Christo, unter ihre Flügel und glaube, daß er ist mein lieber Hirte, Bischof und Mittler vor Gott, der mich deckt und schützt mit seiner Unschuld und schenkt mir seine Gerechtigkeit; denn was ich nicht gehalten habe, das hat er gehalten, ja, was ich gesündigt habe, das hat er mit seinem Blute bezahlt. Sintemal er ist nicht für sich, sondern für mich gestorben und auferstanden, wie er denn hier spricht: Er lasse sein Leben nicht für sich selbst, sondern für die Schafe. Also bist du denn sicher, und muß dich der Teufel mit seiner Hölle zufrieden lassen; denn er wird freilich Christo nichts anhaben können, der ihn schon überwunden und dich, so du als ein Schäflein an ihn glaubst, schützt und erhält.

5. März

Meinen Frieden gebe ich euch; nicht gebe ich euch, wie die Welt gibt. Euer Herz erschrecke nicht und fürchte sich nicht ! Johannes 14, 27.

Ihr suchet und begehret zwar Frieden, aber verkehrt. Denn ihr suchet ihn, wie die Welt ihn gibt, nicht wie Christus. Wisset ihr auch, daß Gott darum wunderbar in seinem Volk ist, weil er seinen Frieden in die Mitte keines Friedens gestellt hat, das ist, mitten unter alle Versuchungen, wie er spricht: Herrsche mitten unter deinen Feinden! Er hat also nicht einen Frieden, den niemand stört, denn das ist der Welt Friede, sondern einen solchen, der, wenn ihn alles beunruhigt und von allen beunruhigt wird, alles ruhig mit Frieden duldet. Ihr sprecht mit Israel: Friede, Friede, und ist doch nicht Friede. Sprecht vielmehr mit Christo: Kreuz, Kreuz, und ist doch kein Kreuz. Denn so bald ist das Kreuz nicht mehr Kreuz, wenn ihr fröhlich saget: Gebenedeites Kreuz, unter allen ist keines dir zu gleichen!

6. März

Unser Wandel aber ist im Himmel, von dannen wir auch warten des Heilandes Jesu Christi, des Herrn.
Philipper 3, 20.

Hier auf Erden sind wir nicht Bürger, wo wir fest wohnen und ein Himmelreich haben; unsere Bürgerschaft aber ist mit Christo im Himmel, das ist, in jenem Leben, dessen wir warten, und hoffen erlöst zu werden wie jene (Juden) von Babel und dahin zu kommen, daß wir ewig Brüder und Herren bleiben sollen. Weil wir aber in diesem Elend und in unserem Babylon, so lange Gott will, bleiben müssen, so wollen wir tun, wie jenen befohlen ward, daß wir hier mit den Leuten leben, essen und trinken, haushalten, Acker bauen, regieren und uns friedlich mit ihnen halten, auch für sie bitten, bis die Stunde kommt, daß wir von dannen heimfahren sollen. Jeremia 29, 4 - 7.

7. März

Ihr seid gekommen zu dem Blute der Besprengung, das da besser redet als Abels. Hebräer 12, 24.

So rufet das Blut Jesu Christi, unsers einigen Mittlers und Fürsprechers, ohne Aufhören für und für, so daß Gott, der Vater, seines geliebten Sohnes Rufen und Fürbitte für uns ansieht und uns armen, elenden Sündern gnädig ist. Denn er kann an uns keine Sünde sehen, ob wir schon voller Sünde stecken, ja eitel Sünde sind inwendig und auswendig, an Leib und Seele, vom Scheitel an bis auf die Fersen, sondern sieht allein das teure, köstliche Blut seines lieben Sohnes, unsers Herrn, damit wir besprengt sind. Denn dasselbige Blut ist der goldene Gnadenrock, damit wir angezogen sind und darin vor Gott treten, daß er uns nicht anders ansehen kann noch will, denn als wären wir der liebe Sohn selbst, voll Gerechtigkeit, Heiligkeit, Unschuld.

8. März

Welche Christo angehören, die kreuzigen ihr Fleisch samt den Lüsten und Begierden. Galater 5, 24

Lieber Mensch, willst du die rechte Frömmigkeit, die vor Gott gilt, erlangen, so mußt du gänzlich an dir zweifeln und auf Gott allein trauen, mußt dich Christo ganz und gar ergeben und dich seiner annehmen, also daß alles dein sei, was er hat, und was dein ist, sein sei. Denn so hebst du an zu leben in göttlicher Liebe und wirst gar ein anderer Mensch, ganz neu geboren, und kehrt sich alles um, was in dir ist. Da wirst du denn so große Lust haben zur Keuschheit, wie große Lust du zuvor gehabt hast zur Unkeuschheit, und so fortan mit allen Lüsten und Neigungen. Aber darauf müssen wir achthaben, daß wir auch nicht verzweifeln, wenn wir sündliche Neigung noch in uns fühlen und es noch nicht allzu rein mit uns ist, wie wir gerne wollten. Du wirst diesen Kot nicht gar ausfegen, weil wir hier im Fleisch und Blut sind.

9. März

Ich gehe hinweg. Johannes 8, 21.

Das ist erschrecklich, wenn er weggeht, denn er nimmt mit sich das ewige Leben und Seligkeit, und alles, was Gott den Seinen geben will, und läßt dagegen hinter sich den Tod, Teufel, Sünde und alles Unglück. Man sieht solches unter den Juden. Unter den Türken ist er auch weg. Im Papsttum auch. Es ist nicht einer, der eine Seele erretten könnte. Also sind wir mit unserer großen Undankbarkeit auf der Bahn. Und wenn das Häuflein weg ist, das jetzt seufzet, Lust und Liebe zum Evangelio hat, und der Kern ausgeschält ist, so wird man darnach auch Prediger haben, die nicht eine Seele erhalten, lehren, noch trösten werden können. Ist also erschrecklich, wenn er sagt: Ich gehe weg. Denn es geht mit weg Gotteserkenntnis, der Verstand der Taufe und des Abendmahls, daß man nicht weiß, was Gott, was Leben, Gerechtigkeit und Seligkeit ist, oder, wie man von Sünde und Tod los werden soll. Es geht alles mit weg und wird ärger, oder ja so arg, als es vor war.

10. März

Das ist je gewißlich wahr und ein teuer wertes Wort, daß Christus Jesus kommen ist in die Welt, die Sünder selig zu machen. 1. Timotheus 1, 15.

So gedenke nun und rüste dich mit Fleiß, daß du allezeit geschickt seist, nicht allein, wenn du außer der Anfechtung mit deinem Gewissen wohl zufrieden bist, sondern auch, wenn du in höchsten Nöten und Gefahr mit dem Tode kämpfen mußt, wenn dein Gewissen der begangenen Sünden gedenken wird und erschrickt und der Satan mit großer Macht dir unter die Augen geht und gedenkt dich mit der großen Last deiner Sünden gleich als mit einer Sündflut zu überfallen, von Christo abzuschrecken, zu verjagen und in Verzweiflung zu bringen; alsdann gedenke, sage ich, daß Christus sich gegeben habe nicht für erträumte oder gemalte, sondern für wahrhaftige, nicht für kleine geringe, sondern für überaus große und grobe, nicht für eine oder zwei, sondern für alle, nicht für überwundene und getilgte, sondern für unüberwundene und starke, gewaltige Sünden.

11. März

Richtet selbst, ob es vor Gott recht sei, daß wir euch mehr gehorchen denn Gott. Wir können es ja nicht lassen, daß wir nicht reden sollten, was wir gesehen und gehört haben. Apostelgesch. 4, 19-20

Das könnten wir noch wohl leiden, wenn es die Not fordert, daß sie uns unsere zeitlichen Güter, Ehre und Leben und was wir sonst haben, hinraubten, daß wir uns aber das liebe, tröstliche Evangelium, den Glauben und Christum selbst sollten rauben lassen, das ist allzuviel, und das können und sollen und wollen wir nicht leiden. Und es tut mir nur im Herzen sanft und wohl, daß man mich in dieser Sache nur immer halsstarrig, eigensinnig und trotzig nennt. Denn ich bekenne es hier öffentlich, daß ich in dieser Sache steif, trotzig und eigensinnig bin und solchen meinen Eigensinn und harten Kopf, so Gott will, auch behalten will und nicht um ein Haar breit weichen, es gehe, wie es wolle. Die Liebe, die alles duldet, glaubt und alles hofft, die weicht wohl und soll weichen; der Glaube aber soll es nicht tun; denn derselbe kann und mag kurzum gar nichts leiden.

12. März

Er ist um unserer Missetat willen verwundet und um unserer Sünde willen zerschlagen. Jesaja 53, 5

Da siehst du den strengen Zorn und unwandelbaren Ernst Gottes über die Sünde und Sünder, daß er auch seinem eigenen allerliebsten Sohn hat nicht wollen die Sünder losgeben, er täte denn für sie eine schwere Buße. Was will dem Sünder begegnen, wenn das liebste Kind also geschlagen wird? Es muß ein unaussprechlicher Ernst da sein, dem so eine große unermeßliche Person entgegengeht und dafür leidet und stirbt, und wenn du recht tief bedenkst, daß Gottes Sohn selbst leidet, so wirst du wohl erschrecken, und je länger je tiefer. Die Sünde muß ganz getötet sein, oder sie wird dich töten.

13. März

Hinweg mit diesem (Jesu), und gib uns Barrabas los. Lukas 23, 18.

Also soll es gehen, so ist es gegangen und gehet noch allezeit so. Denn das ist der Welt Brauch und Lauf. Je edler der Schatz und das Gut ist, so Gott gibt, je feindlicher ist die Welt und der Teufel solchem Schatz und Gut. Gold ist das geringste Gut, dennoch kann es der Teufel nicht leiden, daß man des Goldes recht brauche. Ordentliche Gewalt und leiblicher Friede ist ein schönes Kleinod, aber der Teufel kann es nicht leiden, sondern richtet immer Mord und Blutvergießen an usw. Kommst du aber auf die hohen Gaben Gottes, als da sind heilige Schrift, Evangelium, göttliche Wahrheit und Christus usw., wenn dieser Schatz in die Welt kommt, welcher ewige Gerechtigkeit und Leben bringt, so soll es also gehen, wie hier der Text sagt: Barrabas soll los, Christus aber gekreuzigt werden. Ehe die Wahrheit sollte unverdammt bleiben, eher müßten alle Teufel zugelassen werden.

14. März

Es steht geschrieben: Ich will zunichte machen die Weisheit der Weisen, und den Verstand der Verständigen will ich verwerfen. 1. Korinther 1, 19

Willst du wissen, was vor Gott recht oder unrecht sei, so ist des heiligen Geistes Schluß und Urteil dieses: Alles, was die Vernunft vor Gott urteilt, das ist Fleisch und taugt nichts. Alles, was den Menschen angeboren und nicht neu geboren ist, das muß vertilgt und getötet werden, daß sich niemand des rühme noch darauf verlasse, was die Welt für Weisheit hält; wovon jedermann sagt, es sei weislich oder vernünftig gehandelt und getan, das ist vor Gott Narrheit. Kurzum was sie macht, das ist unnütz und verdammt, es sei denn, daß es quelle von dem Herrn Christo und sei sein Wort und Geist, also, daß er's uns lehre. Kommt's nicht daher, so ist es gewiß eitel Blindheit und nichts Gutes. (Siehe 23. März.)

15. März

Er hat in den Tagen seines Fleisches Gebet und Flehen mit starkem Geschrei und Tränen geopfert zu dem, der ihm von dem Tode konnte aushelfen, und ist auch erhört, darum daß er Gott in Ehren hatte. Hebräer 5, 7.

Solches Leidens und Gebetes sollen wir uns trösten. Denn gleichwie er leidet, also betet er auch, nicht allein für die, die dazumal entgegen waren und Hände an ihn legten und an das Kreuz schlugen, sondern auch für uns; denn jene sind nur unserer Sünden Knechte und Diener gewesen. Denn wenn deine und meine Sünden Christum nicht hätten an das Kreuz geheftet, sie hätten ihn wohl müssen zufrieden lassen. Weil aber Christus als der rechte Priester und das Lämmlein Gottes da ist, für der ganzen Welt Sünde mit seinem Opfer und Tod zu bezahlen, das macht, daß Juden und Heiden Gewalt wider ihn zu tun bekommen. Derhalben, wenn er für die bittet, die ihn kreuzigen, bittet er für uns, die wir mit unsern Sünden zu seinem Kreuz und Sterben Ursach geben. Derhalben sollen wir das Kreuz, daran Christus gelitten hat, anders nicht ansehen als einen Altar, da Christus sein Leben aufgeopfert und sein priesterliches Amt auch mit dem Beten ausrichtet, daß wir von Sünden ledig und von dem ewigen Tod befreiet würden. Denn wer die Sünde wegnimmt, der nimmt den Tod auch weg.

16. März

Wir wissen, daß das Gesetz geistlich ist.

Römer 7, 14.

Gottes Gebot fordert nicht allein äußerliches Wesen und Schein, sondern greift hinein ins Herz und fordert vollkommenen Gehorsam desselben. Darum richtet es auch den Menschen nicht allein nach dem äußerlichen Wandel und Gebärden, sondern nach dem Grunde seines Herzens; aber solches versteht und achtet die Welt nicht; denn sie weiß nicht mehr als von öffentlichen, äußerlichen Sünden, Mord, Ehebruch, Diebstahl und was die Juristen Sünde heißen und strafen, aber die rechten Knoten und die Wurzeln derselben als Verachtung Gottes, angeborene inwendige Unreinigkeit des Herzens, Ungehorsam gegen Gottes Willen usw. kennt und sieht sie nicht, welche doch in allen Menschen sind und bleiben, die nicht durch Christum geheiligt werden.

17. März

Wahrlich, wahrlich, ich sage euch, so ihr den Vater etwas bitten werdet in meinem Namen, so wird er's euch geben. Johannes 16, 23.

Wenn du nicht eher bitten willst, du weißt denn und empfindest dich würdig und geschickt, so mußt du nimmermehr bitten, denn unser Gebet muß sich nicht gründen auf unsere Würdigkeit, sondern auf die unwandelbare Wahrheit göttlicher Zusage, und wo sich's auf sich selbst oder etwas anderes gründet, so ist es falsch und betrügt dich, ob auch vor großer Andacht das Herz zerbreche und eitel Blutstropfen weinte; denn darum bitten wir, daß wir nicht würdig sind zu bitten, und eben dadurch werden wir würdig zu bitten und erhört zu werden, daß wir glauben, wir sind unwürdig und allein auf die Treue Gottes uns endlich wagen. Darum hüte dich dein Leben lang, daß du dich nimmer würdig und geschickt achtest zu bitten oder zu empfangen, es sei denn, daß du dich findest einen freien Wagehals auf das wahrhaftige und gewisse Zusagen deines gnädigen Gottes. (Siehe 14. Juni.)

18. März

Was dem Gesetz unmöglich war (sintemal es durch das Fleisch geschwächt ward), das tat Gott und sandte seinen Sohn in der Gestalt des sündlichen Fleisches und verdammte die Sünde im Fleisch durch Sünde. Römer 8, 3.

Wenn ich fühle, daß mich die Sünde im Gewissen beißt, so hebe ich meine Augen auf und sehe die eherne Schlange am Kreuze an, meinen lieben Herrn Christum; da finde ich denn eine andere Sünde wider meine Sünde, die mich also anklagt und fressen will. Dieselbige andere Sünde aber ist Christus, mein Herr, der für uns zur Sünde gemacht ist, ob er wohl von keiner Sünde wußte, auf daß wir würden in ihm die Gerechtigkeit, die vor Gott gilt. Dieselbige Sünde ist also mächtig, daß sie meine Sünde verdammt und der ganzen Welt Sünde wegreißt und verzehrt. Also ist meine Sünde verdammt durch jene Sünde, das ist durch den gekreuzigten Christus, daß sie mich nimmermehr verdammen kann. Also finde ich auch den Tod in meinem Fleisch, der mich martert und tötet; ich habe aber noch einen anderen Tod wider diesen Tod, welcher dieses meines Todes Tod ist, ihn auch wieder kreuzigt und hinreißt.

19. März

Ist jemand in Christo, so ist er eine neue Kreatur.
2. Korinther 5, 17.

Ich habe oft gesagt, daß man mit Fleiß unterscheiden müsse zwischen einem frommen Mann und zwischen einem Christen. Wir loben's auch, ein frommer Mann zu sein, und es ist ja nichts löbliches auf Erden, das nicht auch Gottes Gabe ist, sowohl wie Sonne und Mond, Korn und Wein und alle Kreaturen, aber daß man es nicht ineinander menge und braue, sondern lasse einem frommen Manne sein Lob vor der Welt und sage: Ein frommer Mann ist wohl ein trefflicher Mann auf Erden, ist aber noch kein Christ; denn er kann auch ein Türke oder ein Heide sein (wie derer vor Zeiten hochberühmte gewesen sind), wie es denn nicht anders sein kann, unter so viel Bösen muß je zu Zeiten ein Frommer gefunden werden. Aber er sei, wie fromm er auch wolle, so ist und bleibt er solcher Frömmigkeit wegen noch Adams Kind, das ist, ein irdischer Mensch unter Sünde und Tod.

20. März

Ich bin durchs Gesetz dem Gesetz gestorben, auf daß ich Gott lebe. Galater 2, 19.

Solcher lieblichen Namen gibt die Schrift viele unserm Herrn Christo, nennt ihn unser Gesetz, Sünde, Tod, ob er wohl an sich selber nichts anderes ist als Freiheit, Gerechtigkeit, ewiges Leben und Seligkeit. Darum aber ist er worden ein Gesetz wider das Gesetz, eine Sünde wider die Sünde, ein Tod wider den Tod, auf daß er uns von des Gesetzes Fluch erlöste, von Sünde und Tod gerecht und lebendig machte. Also ist denn Christus zugleich Gesetz und Freiheit, Sünde und Gerechtigkeit, Tod und Leben. Denn eben dadurch, daß er sich das Gesetz hat verklagen, die Sünde verdammen und den Tod verschlingen lassen, hat er das Gesetz zugleich weggenommen, die Sünde wieder verdammt, den Tod erwürgt und uns gerecht und selig gemacht. Also ist Christus zugleich ein Gift, daran Gesetz, Sünde und Tod erwürgen müssen, und eine heilsame Arznei, dadurch die Gläubigen nicht allein von allem Unglück frei, sondern auch gerecht, lebendig und selig werden.

21. März

Wir sind Glieder seines Leibes von seinem Fleisch und von seinem Gebein. Epheser 5, 30.

Der Glaube verbindet mich inniger mit Christo, als irgendein Ehemann mit seinem Weibe verbunden sein mag. Darum soll man vom Glauben recht lehren, nämlich so, daß du durch denselben mit Christo so verbunden und vereinigt werdest, daß aus dir und ihm gleichsam e i n e Person werde, welche sich von einander nicht scheiden noch trennen lasse, sondern Christo immerdar anhange und mit aller Freudigkeit getrost sagen möge: Ich bin Christus, nicht persönlich, sondern Christi Gerechtigkeit, Sieg, Leben und alles, was er hat, ist mein eigen. Und Christus sagt auch: Ich bin dieser arme Sünder, das ist: Alle seine Sünde und Tod sind meine Sünde und mein Tod, sintemal er durch den Glauben an mir hängt und ich an ihm, ja lebe in ihm.

22. März

Das Gesetz des Geistes, der da lebendig macht in Christo Jesu, hat mich frei gemacht von dem Gesetz der Sünde und des Todes. Römer 8, 2.

Diese Worte sind voll Trostes, daß du, wenn Gesetz und Gewissen sagen: Du hast gesündigt, antworten kannst: Es ist wahr, ich habe gesündigt. Nun, darum wird dich auch unser Herr Gott strafen und verdammen. Nein, nicht also! Aber Gottes Gesetz sagt's doch, das wird dir freilich nicht lügen. Was geht mich das Gesetz an? Geht dich's nicht an? Wie müßte das kommen? Darum, daß ich ein ander Gesetz habe, welches jenes Gesetz zwingt, daß es wohl schweigen muß, nämlich die Freiheit. Was für eine Freiheit? Christus Freiheit; denn durch Christus bin ich vom Gesetz frei gemacht. Darum auch das Gesetz, das die Gottlosen haben und behalten, ist mir kein Gesetz, sondern die Freiheit ist mein Gesetz, welche das andere Gesetz, das mich verdammen will, bindet. Und wird also das Gesetz, das mich weiland gebunden und gefangen hielt, jetzt wieder gefangen durch die Gnade und Freiheit, welche nun fortan mein Gesetz geworden ist, und sagt zu dem andern Gesetz, das mich verklagt: Du sollst mir diesen nicht binden noch gefangen nehmen, viel weniger aber verdammen, sondern ich will dich gefangen nehmen und dir die Füße binden, daß du diesem nichts tun sollst, welcher Christo lebt und dir allerdings abgestorben ist.

23. März

Gott hat uns berufen von der Finsternis zu seinem wunderbaren Licht. 1. Petrus 2, 9.

Hier siehst du, daß Petrus klar sagt, daß nur ein einziges Licht sei, und schließt, daß alle unsere Vernunft, wie klug sie ist, eitel Finsternis sei. Denn wenn die Vernunft schon kann eins, zwei, drei zählen, auch sehen, was schwarz oder weiß, groß und klein ist und von andern äußerlichen Sachen richten, so kann sie doch nicht sehen, was Glaube ist; da ist sie so starrblind, daß, wenn gleich alle Menschen ihre Klugheit zusammen täten, sie doch keinen einzigen Buchstaben von der göttlichen Weisheit verstehen könnten. Darum redet hier Petrus von einem andern Licht und sagt frei heraus zu uns allen, niemand ausgeschlossen, daß wir alle in der Finsternis und Blindheit seien und auch ewig darin bleiben müssen, wenn uns Gott nicht ruft zu seinem wunderbaren Licht.

24. März

Kann doch ein Bruder niemand erlösen noch Gott jemand versöhnen; denn es kostet zu viel, ihre Seele zu erlösen, daß er's muß lassen anstehen ewiglich. Psalm 49, 8 - 9.

Was können und dürfen wir denn so viel Geschrei und Rühmens machen von dem, was uns unsere Vernunft zum Besten weise und lehre? Daß unsere natürlichen Kräfte noch ganz und unverderbt seien? Daß die Vernunft allewege zum Besten geneigt sei? Ferner, wenn wir tun, was an uns ist, daß wir damit, wie gesagt, so große Dinge ausrichten? Was trage ich unserm Herr Gott, der wider mich erzürnet und, wie Moses sagt, ein verzehrend Feuer ist, solche meine Spreu und Stoppeln vor, ja meine greuliche, schreckliche Sünde und unterstehe mich noch dazu, mit ihm darüber zu zanken und zu hadern, daß er mir dafür Gnade erzeigen und ewiges Leben geben soll? So ich doch höre, daß des Unglücks und Bösen in menschlicher Natur so überschwenglich viel ist, daß die ganze Welt mit allen Kreaturen zu wenig gewesen ist, Gott zu versöhnen, sondern daß Gottes Sohn hat selbst müssen dafür gegeben werden.

25. März

Tag der Verkündigung Mariä

Maria sprach: Siehe, ich bin des Herrn Magd; mir geschehe, wie du gesagt hast. Lukas 1, 38.

Niemals würde die heilige Jungfrau den Sohn Gottes empfangen haben, wenn sie nicht der Verkündigung des Engels geglaubt hätte, daß es so geschehen werde, so daß sie sagte: Mir geschehe, wie du gesagt hast, — wie Elisabeth sie preist: Selig bist du, die du geglaubet hast, denn es wird vollendet werden, was dir gesagt ist von dem Herrn. Wunderbar, daß dies jungfräuliche Herz dies Unglaubliche glauben konnte, daß sie aus sich, das heißt ohne Mann Mutter werden soll und zwar eines solchen großen Königs, der der Sohn des Allerhöchsten ist, und sie selber verachtet und gar elend, wie konnte sie das verstehen? Aber der heilige Geist hat sie überschattet. „Siehe, ich bin des Herrn Magd." Ich gebe dir meinen Willen drein! Sobald sie das gesagt hat, ist sie Mutter geworden, und es ist etwas Außergewöhnlicheres mit ihr geschehen als mit allen andern Frauen. Jene Kraft des Glaubens, die den Worten des Engels glauben konnte, ist kein geringeres Wunder als die Menschwerdung des Wortes selber.

26. März

Enthaltet euch von den fleischlichen Lüsten, welche wider die Seele streiten. 1. Petrus 2, 11.

Wenn der Mensch durch den Glauben gleich gerecht worden ist, so ist er doch noch nicht gar ledig von bösen Lüsten. Darum hat der Geist täglich zu schaffen, daß er das Fleisch zähme und dämpfe, und muß sich ohne Unterlaß damit schlagen und acht haben, daß er den Glauben nicht abstoße. Darum betrügen sich die selbst, die da sprechen, sie haben den Glauben, und meinen, damit sei es genug und habe keine Gefahr, wenn sie gleich des Fleisches Lüste vollbringen. Wo der Glaube rechtschaffen ist, da muß er den Leib angreifen und im Zaum halten, daß er nicht tue, was ihm gelüstet; doch muß man auch den Leib nicht schwächen und verderben. Gut ist's, daß man faste, aber das heißt recht fasten, daß man dem Leibe nicht mehr Futter gibt, denn das ihm not ist, die Gesundheit zu erhalten, und lasse ihn arbeiten und wachen, daß der alte Esel nicht zu mutwillig werde und auf's Eis tanzen gehe und breche ein Bein, sondern gehe im Zaum und folge dem Geist.

27. März

Es ist uns auch verkündigt gleichwie jenen, aber das Wort der Predigt half jenen nichts, da nicht glaubten die, so es hörten. Hebräer 4, 2.

Wenn ich höre, daß Jesus Christus gestorben ist, meine Sünde hinweggenommen und mir den Himmel erworben hat, so höre ich das Evangelium. Das Wort ist bald vergangen, wenn man's predigt; aber wenn es ins Herz fällt und mit dem Glauben gefaßt wird, so kann es nimmer abfallen. Diese Wahrheit kann keine Kreatur umstoßen; der Höllen Grund vermag nichts dawider. Und wenn ich auch schon dem Teufel im Rachen steckte, kann ich das Wort ergreifen, so muß ich wieder heraus und muß bleiben, wo das Wort bleibt.

28. März

Es müsse dir gelingen in deinem Schmuck. Zieh einher der Wahrheit zu gut und die Elenden bei Recht zu erhalten, so wird deine rechte Hand Wunder beweisen. Psalm 45, 5.

Darum laßt uns unsere Herzen auftun und unsern Priester Christum in seinem rechten Schmuck anschauen. Vor Augen wirst du keinen Schmuck an ihm finden; denn wie schmählich, elend und jämmerlich er da hängt, siehest du wohl. Aber siehe ihm in das Herz; da wirst du einen solchen Schmuck und Schatz finden, dafür du ihm nimmermehr wirst genugsam danken können. Denn erstlich ist er geschmückt mit dem großen, herrlichen Gehorsam gegen seinen Vater, daß er ihm zu Ehren sich läßt verspeien, zergeißeln, zermartern. Solchen Schmuck ist unmöglich, daß wir ihn gar hier in diesem Leben könnten sehen. Aber so viel können wir doch sehen, daß alle Perlen, Sammet und goldgestickte Kleider nichts dagegen sind. Der andere Schmuck ist die große Liebe gegen uns, daß der Herr seines Lebens und Leidens so wenig sich annimmt und er eher bittet für uns als für sich. Wer will doch solche Liebe genugsam verstehen, daß der Herr ein solch Herz gegen uns hat, so voll Feuers, daß er in seinem größten Leiden sich stellt, als sehe oder fühle er es nicht; er denkt aber, siehet und sorget nur auf dein und mein Elend, Not und Herzeleid.

29. März

Herr, sei mir gnädig; denn ich bin schwach. Heile mich, Herr; denn meine Gebeine sind erschrokken, und meine Seele ist sehr erschrocken.

Psalm 6, 3 - 4.

Erbarme dich, Herr, denn ich bin schwach; heile mich, denn meine Gebeine sind erschrocken . . . Ich weiß, was ich rede. Andere mögen zusehen, ob sie auch wissen, was sie reden. Das ist gewiß, daß niemand zur Barmherzigkeit Gottes gelangt, der nicht auf's heftigste nach ihr hungert und dürstet, wie der Psalm (42,2 ff.) sagt: Wie der Hirsch schreiet nach frischem Wasser, so schreiet meine Seele, Gott, zu dir. Keine satte und überdrüssige Seele darf hoffen, von Gott erfüllt zu werden; denn allein die Hungrigen füllt er mit Gütern. Wieviel weniger wird er den Überdrüssigen das ewige Leben schenken, die es ja doch gegen dieses Leben verachten. Allein denen, die das ewige Leben auf's glühendste und mit unaussprechlichem Seufzen suchen, erbitten und seinetwegen anklopfen, wird er's geben. Weil wir dies aber in diesem Leben, zumal in einem ruhigen Leben, nicht tun, so legt Gott den Tod und allerlei Anfechtungen auf uns, deren Druck uns treiben soll, daß wir Barmherzigkeit und Leben suchen.

30. März

So seid nun Gottes Nachfolger als die lieben Kinder und wandelt in der Liebe, gleichwie Christus uns hat geliebet und sich selbst dargegeben für uns zur Gabe und Opfer, Gott zu einem süßen Geruch. Epheser 5, 1 - 2.

Als wollte er sagen: Da bin ich selber, der für dich wird gegeben, den Schatz schenke ich dir. Was ich habe, sollst du auch haben; wenn dir's mangelt, soll mir's auch mangeln; da hast du meine Gerechtigkeit, Leben und Seligkeit, daß dich weder Sünde noch Tod, Hölle noch Unglück überwältigen soll; solange ich gerecht bin und lebe, solange sollst du auch fromm und lebendig bleiben. — Solche Worte müssen wir wieder zu unserm Nächsten reden, nämlich also: Siehe, mein lieber Bruder, ich habe meinen Herrn empfangen; der ist mein, und habe nun übrig genug und alle Fülle; so nimm du nun auch, was ich habe; das soll alles dein sein, und will es auch für dich darsetzen; ist es nötig, daß ich für dich sterben soll, so will ich's auch tun.

31. März

Das Fleisch gelüstet wider den Geist und den Geist wider das Fleisch. Galater 5, 17.

Hieraus lerne, daß der Streit nicht in rohen Sündern geschieht, sondern in den Gläubigen, und gibt auch den Christen einen feinen Trost, daß sie nicht gedenken, wenn sie böse Lüste fühlen, daß sie darum bald verdammt seien. Lerne also, wenn du ein Christ bist, daß du allerlei Anstoß und böse Neigungen im Fleisch fühlen werdest. Denn wenn der Glaube da ist, so kommen hundert böse Gedanken, hundert mehr Anfechtungen als vorher. Siehe nur darauf, daß du ein Mann seiest und dich nicht läßt fangen und immer widerbellst und sagst: Ich will nicht, ich will nicht. Herr Christe! Du hast gesagt: bittet, so werdet ihr nehmen usw. Hilf, lieber Herr, wider alle Anfechtungen!

1. April

Ich hielt mich nicht dafür, daß ich etwas wüßte unter euch als allein Jesum Christum, den Gekreuzigten. 1. Korinther 2, 2.

Es sind etliche Prediger, die meinen, sie mögen nicht Prediger sein, wo sie nicht etwas mehr denn Christum und über unsere Predigt lehren. Das sind die ehrgeizigen Sonderlinge, die unsere Einfältigkeit lassen und fahren daher in sonderlicher Weisheit, daß man sie mit Augen werfen solle und sagen: Das ist ein Prediger! Solche sollte man nach Athen senden, da man alle Tage neue Dinge hören wollte; sie suchen ihre Ehre und nicht Christi, darum wird ihr Ende auch mit Schanden ausgehen. Hütet euch vor denselben und bleibt bei Paulus, der nichts wissen wollte als Jesum Christum, den Gekreuzigten.

2. April

Jesus spricht zum Königischen: Gehe hin, dein Sohn lebt! Der Mensch glaubte dem Wort, das Jesus zu ihm sagte, und ging hin. Johannes 4, 50.

Des Glaubens Art ist diese: eben wie das Wort vertröstet auf die künftigen, ewigen, himmlischen Güter, die wir noch nicht haben, also fasset der Glaube solche künftige Güter, als wären sie bereits da und zweifelt nicht daran. Ursache: Er siehet, daß Gottes Wort allmächtig und Gott wahrhaftig und kein Lügner ist. Darum hat der Glaube ein scharfes Auge auf das Wort. Siehet er, daß das Wort da ist, so gehet er frisch hinein und läßt weder Teufel noch Welt sich schrecken; denn er weiß, worauf es endlich beruhen und wie es hinaus soll gehen, und sollte es auch dem Teufel leid sein. Wiederum so er siehet, daß kein Gotteswort da ist, da läßt er sich keinen Schein, kein Dräuen noch Macht der Welt dahin bewegen, daß er's für wahr hielte, und leidet ehe darüber, was ihm zukommt. Darum ist es eine sehr nötige und nützliche Lehre, daß man eigentlich wisse, was da heiße recht glauben, nämlich Gottes Wort und Verheißung haben und fest daran hangen, daß es gewißlich also werde geschehen, wie das Wort uns lehrt.

3. April

Da wandte sich Jesus um und sah sie und sprach: Sei getrost, meine Tochter, dein Glaube hat dir geholfen. Matthäus 9, 22.

Siehe, das ist ja ein feiner Glaube, der da seine Unwürdigkeit erkennet und doch sich nicht dieselbe hindern läßt an seinem Vertrauen zu Christo noch zweifelt an seiner Gnade und Hilfe, reißet durchs Gesetz und alles, was ihn will von ihm abschrecken, ja, wenn ihm hier alle Welt wollte wehren und hindern, dennoch denkt er von diesem Mann nicht zu lassen, bis er ihn ergriffen habe. Darum dringet er auch durch und erlangt, was er bei Christo suchet, und so bald die Kraft und Werk erfähret, auch ehe Christus anfängt, mit ihr zu reden. Denn es kann an diesem Manne nicht fehlschlagen, wie ihr Christus auch selbst muß Zeugnis geben und sagen: Dein Glaube hat dir geholfen. Dieser Glaube gefället Christo so wohl, daß er nicht will, daß er soll verborgen bei ihr allein bleiben oder die Kraft und Werke, so dadurch geschehen, verschwiegen bleiben, sondern es muß auch vor jedermann offenbar werden, was in ihrem Herzen ist, auf daß ihr Glaube vor aller Welt gepriesen und auch in ihr gestärket werde.

4. April

Seid getrost; ich habe die Welt überwunden.

Johannes 16, 33.

Wo ist nun dein Wüten, o Satan? Wo ist deine Bosheit, o Welt? Wo ist dein Kampf, o Fleisch? Hier ist Sieg. Dies ist der Tag, den der Herr gemacht hat. Lasset uns freuen und fröhlich darinnen sein. Ach, wer das glauben könnte, wie selig wäre eine solche Seele! Denn wenn die Welt überwunden ist, was kann sie tun? Was kann ihr Gott und Fürst, der Teufel, tun? Ist aber die Welt nichts, so ist auch ihr Gott und Fürst nichts. Würgen mag er den Leib, Ehre und Gut rauben, aber damit muß er unser untertäniger, unwilliger Diener sein zu unserm Besten und ewigen Leben, das hat er davon.

5. April

Christus hat uns erlöst vom Fluch des Gesetzes, da er ward ein Fluch für uns. Galater 3, 13.

Mit Danksagung und mit zuversichtlichem Glauben sollen wir die so überaus süße und ganz trostreiche Lehre annehmen, die uns sagt, daß Christus, indem er f ü r u n s ein Fluch, das heißt ein dem Zorne Gottes ausgelieferter Sünder wurde, sich in unser Fleisch und Blut verkleidet, unsere Sünde auf seine Schulter nimmt und spricht: Ich, ich habe die Sünden getan, die alle Menschen begangen haben. So ist er wirklich ein Fluch geworden nach dem Gesetz, nicht für sich, sondern — wie Paulus sagt — „f ü r u n s". Weil er aber unsere Sünde freiwillig auf sich genommen, darum mußte er Gottes Strafe und Zorn tragen, nicht für seine Person, die war gerecht und konnte nicht überwunden werden von der Sünde, sondern für unsere Person. So ist er einen seligen Tausch eingegangen. Er hat unser sündiges Wesen angenommen und hat uns gegeben sein unschuldig, sieghaft Wesen.

6. April

Wie wird ein Jüngling seinen Weg unsträflich gehen? Wenn er sich hält nach deinen Worten.

Psalm 119, 9.

O wie ungleich fahren wir mit dem armen jungen Haufen, der uns befohlen ist, ihn zu regieren und zu unterweisen, und schwere Rechnung dafür muß gegeben werden, daß wir ihnen das Wort Gottes nicht vorlegen. Wo die Heilige Schrift nicht regiert, da rate ich fürwahr niemand, daß er sein Kind hintue. Es muß verderben alles, was nicht Gottes Wort ohne Unterlaß treibt. Die hohen Schulen sollten erziehen eitel hochverständige Leute in der Schrift, die da möchten Bischöfe und Pfarrherrn werden, an der Spitze stehen wider Ketzer und Teufel und alle Welt. Aber wo findet man das? Ich habe große Sorge, die hohen Schulen sind große Pforten der Hölle, wenn sie nicht emsig die Heilige Schrift üben und treiben in das junge Volk.

7. April

Auf daß ihr begreifen möget mit allen Heiligen, welches da sei die Breite und die Länge und die Tiefe und die Höhe, auch erkennen die Liebe Christi, die doch alle Erkenntnis übertrifft.

Epheser 3, 18 - 19.

Christus erkennen heißt erkennen, daß er für uns gestorben sei und habe meine Sünde auf sich geladen, also daß ich dafür halte, daß all mein Ding nichts sei, all das Meine fallen lasse und es allein dafür halte, daß Christus mir geschenkt sei, sein Leiden, seine Frömmigkeit und alle seine Tugend allzumal mein sind. So ich das erkenne, so muß ich ihn wiederum lieb haben, denn einem solchen Mann muß ich hold sein. Danach steig ich weiter am Sohn auf, hin zum Vater und sehe, daß Christus Gott sei, und hat sich in meinen Tod, in meine Sünde, in mein Elend gesteckt und gibt mir auch seine Huld. Da erkenne ich seinen freundlichen Willen und die höchste Liebe des Vaters, die mein Herz empfinden und fühlen kann. Also ergreife ich denn Gott und denke: Ei, das ist Gott, das ist Gottes Wille und Wohlgefallen, daß der Christus das für mich getan hat. Und in dem Gesichte empfinde ich die hohe unaussprechliche Barmherzigkeit und Liebe Gottes in dem, daß er sein liebes Kind für mich in Schmerz, Schande und Tod gestellet hat.

8. April

Da sie aber zu Jesu kamen, baten sie ihn mit Fleiß und sprachen: Er ist sein wert, daß du ihm das erzeigest, denn er hat unser Volk lieb, und die Schule hat er uns erbauet. Lukas 7, 4 - 5.

Wenn dem Teufel ein Schade geschehen soll, der da recht beiße, der muß durchs junge Volk geschehen, das in Gotteserkenntnis aufwächst und Gottes Wort ausbreitet und lehrt. Deswegen bitte ich euch, meine lieben Herren und Freunde, um Gottes und der armen Jugend willen, wollet diese Sache nicht so geringe achten, wie viele tun, die nicht sehen, was der Welt-Fürst denkt. Denn es ist eine ernste, große Sache, an der Christo und aller Welt viel liegt, daß wir dem jungen Volk helfen und raten. Liebe Herren, muß man jährlich so viel wenden an Büchsen, Wege, Stege, Dämme und dergleichen unzählige Sachen mehr, damit eine Stadt zeitlichen Frieden und Gemach habe, warum sollte man nicht vielmehr doch auch so viel wenden an die dürftige, arme Jugend, daß man einen geschickten Mann oder zwei als Schulmeister hielte.

9. April

Vergebt euch untereinander, gleichwie Christus euch vergeben hat, also auch ihr. Kolosser 3, 13.

Man muß gerne vergeben und vergessen, was einem zu Leide geschieht, wie Gott mit uns getan und noch tut, wenn er die Sünde vergibt, daß er sie gar aus dem Register vertilgt und ihrer nimmermehr gedenkt. Doch nicht, daß man's nur in der Art könne vergeben, daß man nicht mehr daran gedenken dürfe, sondern also, daß du eben so ein freundliches Herz gegen den Nächsten tragest wie zuvor, ehe er dich beleidigt hatte. Bleibt aber der Stift im Herzen, daß du nicht so freundlich und gütig bist gegen ihn als zuvor, so heißt es nicht vergessen, auch nicht von Herzen vergeben, und bist noch eben der Schalk, der vor den Altar kommt mit dem Opfer und will Gott dienen und steckt doch voll Zorns, Neid und Haß im Herzen. Aber das achten gar wenig Leute, gehen alle hin in der schönen Larve, sehen nicht, wie ihr Herz steht gegen dieses Gebet, welches kurzum keinen Zorn noch Groll gegen den Nächsten leidet.

10. April

Ich habe euch zuvörderst gegeben, welches ich auch empfangen habe, daß Christus gestorben sei für unsere Sünden nach der Schrift, und daß er begraben und auferstanden sei am dritten Tage nach der Schrift. 1. Korinther 15, 3 - 4.

Hier hörst du, daß Paulus die Schrift für sein stärkstes Zeugnis führt und zeigt, daß kein Bestand ist, unsere Lehre und Glauben zu erhalten, als das liebliche oder schriftliche Wort in Buchstaben verfaßt und durch ihn oder andere mündlich gepredigt. Denn es steht hier klar: Schrift, Schrift. Schrift aber ist nicht eitel Geist, davon sie geifern (wie die Feinde irrig uns nachreden); der Geist müßte es allein tun, die Schrift sei ein toter Buchstabe und könne nicht das Leben geben. Rühme aber nicht viel vom Geist, wenn du nicht das äußere offenbare Wort hast, denn es würde gewiß nicht ein guter Geist sein, sondern der leidige Teufel aus der Hölle. Denn der heilige Geist hat ja seine Weisheit und Rat und alle Geheimnisse in das Wort gefaßt und in der Schrift geoffenbart, daß sich niemand zu entschuldigen noch etwas anderes zu suchen und zu forschen hat. Es ist auch nichts Höheres und Besseres zu lernen noch zu erlangen als das, das die Schrift von Jesu Christo, Gottes Sohn, unserm Heiland lehrt, daß er für uns gestorben und auferstanden ist.

11. April

So ihr in mir bleibet und meine Worte in euch bleiben, werdet ihr bitten, was ihr wollt, und es wird euch widerfahren. Johannes 15, 7.

Das ist und heißt ja eine große Herrlichkeit und Freiheit, daß wir getrost und kühn zu Gott beten können, und soll alles gewiß erhört sein, wenn wir auch ihn zuvor hören und bei seinem Worte bleiben. Und ist fürwahr ein schöner Wechsel. Hörst du mich, so höre ich dich; hörst du aber mich nicht, so höre ich dich wieder nicht. Eins um's andere, wie du willst. Wie unselig sind nun die Feinde und Verächter des Wortes Gottes; die haben keinen Gott, und ob sie gleich viel beten, so hört er's doch nicht. Sie rufen, aber da ist kein Helfer, zum Herrn, aber er hört nicht.

12. April

Stellet euch nicht dieser Welt gleich, sondern verändert euch durch Verneuerung eures Sinnes.
Römer 12, 2.

Deswegen uns not ist, aufzusehen, daß wir weder der Welt Weise noch unserer Vernunft und guten Meinung folgen, sondern immer unsern Sinn und Willen brechen und anders tun und leiden, als Vernunft und Wille vorgibt, damit wir ja der Welt immer ungleich und im Widerspiel fahren, so werden wir täglich verändert und verneuert in unserm Sinn. Das ist, daß wir täglich mehr und mehr halten von dem, was die Welt und (verderbte) Vernunft haßt, als daß wir täglich (um Wahrheit und Christi willen) lieber arm, krank, verachtet, Narren und Sünder werden und zuletzt den Tod besser als Leben, Torheit teurer als Weisheit, Schande edler als Ehre, Armut seliger als Reichtum achten. Welchen Sinn die Welt nicht hat, sondern allerdings anders gesinnt ist und in solchem alten Sinne unverändert und nicht erneuert, sondern verstockt und steinalt bleibt.

13. April

Gott hat Christum von den Toten auferweckt und gesetzt zu seiner Rechten im Himmel und hat alle Dinge unter seine Füße getan. Epheser 1, 20, 22.

Es sei, wie ihm wolle, es sei gesündigt oder wohlgetan, darum unverzagt und unerschrocken. Denn wie wir auf unsere Wohltat nicht trotzen, also zagen wir auch nicht in unsern Sünden, wir danken aber Gott, daß unser Glaube höher ist denn Wohltat und Sünde. Und wenn es der Satan noch höher und noch ärger versucht, so soll es uns doch nicht eher müde machen, er greife denn ein solches an, damit er Christum von der rechten Hand Gottes niederreiße. Weil Christus droben sitzen bleibt, so wollen wir auch bleiben Herr und Sieger über Sünde, Tod, Teufel und alle Dinge, da soll nichts uns hindern.

14. April

Betet ohne Unterlaß. 1. Thessalonicher 5, 17.

Wo ein Christ ist, da ist eigentlich der heilige Geist, der nichts anderes tut als immer betet; denn ob er gleich nicht immerdar den Mund reget oder Worte macht, dennoch geht und schlägt das Herz (gleichwie die Pulsadern und das Herz im Leibe) ohne Unterlaß mit solchen Seufzern: Ach, lieber Vater, daß doch dein Name geheiligt werde, dein Reich komme, dein Wille geschehe bei uns und jedermann usw. Und wenn danach Stöße oder Anfechtung und Not härter drücken und treiben, dann geht solch Seufzen und Bitten desto stärker, auch mündlich, so daß man keinen Christen finden kann ohne Beten, so wenig als einen lebendigen Menschen ohne den Puls, welcher nie still steht, regt und schlägt immerdar für sich, obgleich der Mensch schläft oder anderes tut, daß er sein nicht gewahr wird.

15. April

Durch den Glauben ward gehorsam Abraham, da er berufen ward, auszugehen in das Land, das er erben sollte, und ging aus und wußte nicht, wo er hinkäme. Hebräer 11, 8.

Der Glaube ist ein lebendig, tätig Ding, daß man sich mit ganzem Erwägen darein gebe und an dem Worte hange; Gott gebe, es gehe uns, wie es wolle. Er ist nicht ein fauler, loser Gedanke, sondern eine lebendige, ernstliche, tröstliche und ungezweifelte Zuversicht des Herzens solcher trefflichen Herrlichkeit, dadurch wir mit Christo und durch ihn mit dem Vater e i n Ding sind. Das ist des Glaubens Art, daß er mit den Gütern handelt, die er nicht sieht und fühlt, und geht gerade damit um, als habe er sie in Händen, hat keinen andern Trost, denn daß er weiß, daß Gott nicht lügt noch trügt. O es ist ein lebendig, geschäftig, tätig, mächtig Ding um den Glauben, daß es unmöglich ist, daß er nicht ohne Unterlaß sollte Gutes wirken; er fragt auch nicht, ob gute Werke zu tun sind, sondern ehe man fragt, hat er sie schon getan und ist immer im Tun.

16. April

Aus Gnaden seid ihr selig worden durch den Glauben, und dasselbige nicht durch euch, Gottes Gabe ist es, nicht aus den Werken, auf daß sich nicht jemand rühme. Epheser 2, 8 - 9.

Es bleibt immer im Herzen, daß wir nicht wollen gar nichts sein noch daß Christus alles allein getan hat, sondern wir wollen stets die Hand mit im Tun haben, so viel tun und Gott dienen, daß Gott müsse uns ansehen und um desselben willen die Sünden vergeben und gnädig sein, und soll doch und kann nicht sein. Denn damit geht der Glaube und der ganze Christus zu Boden. Soll Christus allein gelten und soll ich solches bekennen, so muß ich die Zunge rein schaben und sprechen: So es Christus tut, so muß ich's nicht tun, denn die zwei leiden sich nicht miteinander im Herzen, daß ich auf beide mein Vertrauen setze, sondern eins muß heraus, entweder Christus oder mein eigen Tun, das ist klar und wohl zu verstehen.

17. April

Es begab sich, daß der Arme starb und ward getragen von den Engeln in Abrahams Schoß.

Lukas 16, 22.

Kein Mensch ist so freundlich und zu allerlei Dienst und Wahrheit bereit und gewiß, als die lieben Engel sind; darum sollen wir lernen, daß unsere besten und beständigsten Freunde unsichtbar sind, die mit Treue und Gunst, dazu mit aller Dienstbarkeit und rechter Freundschaft die sichtbaren Freunde, die wir haben, weit übertreffen. So sicher ich in mein Haus gehe und mich zu Bette lege und gewiß bin, daß die guten Engel einen Befehl haben, auf mich zu sehen, umso höher und gewisser soll ich auch versichert sein, wenn ich den letzten Gang gehe unter die Erde, ins Grab zu den Würmern, daß die lieben Engel auch da sind und mich geleiten, auch meine Seele in Abrahams Schoß tragen werden.

18. April

Beschließet einen Rat und es werde nichts daraus, beredet euch und es bestehe nicht. Jesaja 8, 10.

Es sitzen oft die Säulen des Königreichs und Fürstentums, die wohl den Himmel tragen könnten, wo Gott ihrer Weisheit es befehlen wollte. Hier ist keiner, der hinauf gen Himmel seufzte und suchte Rat und Tat bei Gott. Denn sie sind entweder so gottlose Leute, daß sie ihr Gewissen nicht beten noch rufen läßt, oder sind ihrer Weisheit und Sachen so gewiß und sicher, daß sie es verächtlich vergessen, als die es nicht bedürften, oder sind sonst gewohnt zu ratschlagen, in ihrem Unglauben erstarrt. So muß denn unser Herr Gott zuweilen droben müßig sitzen und darf in solcher Leute klugen Rat nicht kommen und redet indessen mit seinem Engel Gabriel und spricht: Lieber, was machen die weisen Leute in der Ratstube, daß sie uns auch nicht in ihren Rat nehmen? Lieber Gabriel, fahre hin und nimm Jesaiam mit dir und lies ihnen eine heimliche Lection zum Fenster hinein und sprich: Mit sehenden Augen sollt ihr nichts sehen, mit hörenden Ohren sollt ihr nichts hören, mit verständigen Herzen sollt ihr nichts verstehen. Beschließet einen Rat, und es werde nichts daraus, beredet euch, und es bestehe nicht, denn mein ist beides, Rat und Tat.

19. April

Ihr müsset gehaßt werden von jedermann um meines Namens willen. Matthäus 10, 22.

Man erkennt das heilige christliche Volk bei dem Heiligtum des Kreuzes, daß es muß alles Unglück und Verfolgung, allerlei Anfechtung und Übel vom Teufel, Welt und Fleisch ertragen, inwendig trauern, blöde, erschrocken, auswendig arm, verachtet, krank, schwach sein, leiden, damit es seinem Haupt Christo gleich werde. Und muß die Ursache auch allein diese sein, daß es fest an Christo und Gottes Wort hält und also um Christi willen leide. Sie müssen sein fromm, stille und gehorsam, bereit, mit Leib und Gut zu dienen der Obrigkeit und jedermann, niemand ein Leid tun. Aber kein Volk auf Erden muß solchen bittern Haß leiden; sie müssen ärger als Juden, Heiden, Türken, überhaupt, sie müssen Ketzer, Buben, Teufel, verfluchte und die schändlichsten Leute auf Erden heißen, so daß auch die einen Gottesdienst tun, von welchen sie erhängt, ertränkt, ermordet, gemartert, verjagt, geplagt werden und sich niemand über sie erbarme, sondern sie mit Myrrhen und Gallen dazu tränke, wo sie dürstet, und doch nicht darum, daß sie Ehebrecher, Mörder, Diebe oder Schälke sind, sondern daß sie Christum allein und keinen andern Gott haben wollen. Wo du nun solche siehst und hörst, so wisse, daß da die christliche Kirche sei. Matthäus 5, 11.

20. April

So man von Herzen glaubt, so wird man gerecht, und so man mit dem Munde bekennt, so wird man selig. Römer 10, 10.

Der Glaube ergreift Christus und hat ihn gegenwärtig und hält ihn eingeschlossen wie der Ring den Edelstein, und wer erfunden wird als einer, der Christus mit solcher Zuversicht im Herzen ergriffen hat, den erachtet Gott für gerecht. Das ist die Weise und das Verdienst, dadurch wir zur Vergebung der Sünden und zur Gerechtigkeit gelangen. Dieweil du an mich glaubst, spricht Gott, und dein Glaube Christum ergreift, den ich dir geschenkt habe, daß er wäre dein Mittler und Hoherpriester, darum sollst du gerecht sein. Weil du im Glauben Christus ergriffen hast, durch welchen du gerecht bist, so fange nun an, gute Werke zu tun: Liebe Gott und liebe den Nächsten, rufe Gott an, danke ihm, predige ihn, lobe ihn, bekenne Gott, tue wohl deinem Nächsten und diene ihm. Das sind die wahrhaft guten Werke, die aus dem Glauben und aus einem fröhlichen Herzen fließen, weil wir umsonst Vergebung der Sünden durch Christus empfangen haben.

21. April

Seid untereinander freundlich, herzlich und vergebet einer dem andern, gleichwie Gott euch vergeben hat in Christo. Epheser 4, 32.

Es kann nicht anders zugehen, es müssen mancherlei Gebrechen und Irrungen unter den Gläubigen vorfallen, daß wir nicht darum zürnen, wenn wir uns selbst mit den Zähnen in die Zunge beißen oder die Faust in ein Auge fährt oder der Fuß sich anstößt, der Kopf wider die Wand läuft. Aber dann muß man denken: Wohlan, es ist dein Mitglied, dein Bruder oder Nachbar, was willst du daraus machen? Er hat's versehen und nicht gern getan, meint's so böse nicht, oder ist aus Schwachheit oder Unverstand geschehen. Der Stoß ist geschehen, der dir wehe tut, willst du aber darum dein Glied hinwegwerfen? Es ist ein Fünklein; speie darein, so verlöscht es, damit nicht der Teufel komme mit seinem giftigen Odem oder durch böse Zungen und mache ein Feuer davon, das nachher nicht zu löschen, und solchen Hader und Haß, der nicht zu versöhnen sei und dem ganzen Haufen Schaden tue. Denn er ist ein solcher Geist, der nicht aufhört noch abläßt, wenn man ihm nicht wehrt.

22. April

Aber zum Gottlosen spricht Gott: Was verkündigest du meine Rechte und nimmst meinen Bund in deinen Mund, so du doch Zucht hassest und wirfst meine Worte hinter dich. Psalm 50, 16 - 17.

Man muß daran sich nicht ärgern, wenn man unter Leuten lebt, die zusammen den Namen Gottes, Christi, des heiligen Geistes, Gottes Wort usw. rühmen, auf beiden Seiten einerlei Wort führen, aber in Sachen und Verstand aufs weiteste voneinander entfernt sind. Man kann sie nicht scheiden noch ihnen den Namen wehren. Aber da scheidet sich's, wenn man sieht, welche unter beiden, die einerlei Namen führen, falsch oder rechtschaffen sind. Daß man aber den Unterschied recht treffe, welche rechtschaffen oder falsch sind, muß man sehen, wo die Lehre des Evangeliums vom Glauben an Christum ohne Zusatz und Nebenlehre recht geht, mit seinen Früchten und rechten guten Werken nach demselbigen Wort, und dagegen siehe, wo das Widerspiel gehet und man allein mit dem Munde das Evangelium und den Glauben nennt.

23. April

Ich gebe meinen Schafen das ewige Leben, und sie werden nimmermehr umkommen. Joh. 10, 28

Darum mag sich ein jeder Christ, wenn er das Evangelium gläubig angenommen hat, wohl freuen, daß er unter diesem Hirten und Christo ist, und lasse sich seine Sünden nicht irren, hat er das Evangelium ergriffen, Christus, unter dem er ist, wird es wohl ausführen. Der Teufel wird ihn wohl noch anfechten mit diesem und jenem Laster, mit Ehebruch, Hurerei, Diebstahl, Neid, Haß, Zorn und wie die Sünden heißen mögen; aber es hat nicht Not; er hat einen starken, mächtigen König, der wird ihn wohl verteidigen. Schwer wird dich's ankommen, sauer wird dir's werden, darum bedarf es wohl Bittens; es mögen auch andere für dich bitten, daß du einen starken Mut und keckes Herz habest, dem Teufel zu widerstehen. Aber gewiß ist es, du wirst nicht verlassen; Christus wird dich wohl erretten; falle nur nicht aus seinem Reiche.

24. April

Wenn ich mitten in der Angst wandle, so erquickst du mich und streckst deine Hand über den Zorn meiner Feinde und hilfst mir mit deiner Rechten.

Psalm 138, 7.

Als Gott seinen Sohn zum König machen wollte, fing er an mit großen Wundern und Kraft; aber da es am besten sein sollte, läßt er ihn am Kreuz sterben als einen verzweifelten Bösewicht; doch schaffte er's so, daß er, als alle Vernunft an ihm verzweifelt hatte, hervor kommt und ewig König wird. Wie den Kindern Israel, als sie mitten im Tode standen ohne alle Hilfe und Rat, reißt er das Meer voneinander, daß sie trocken hindurchgehen. So geht es mit uns auch, wenn wir ihn anrufen, errettet zu werden vom Tode, so führt er uns erst hinein. Solches tut er nun darum, daß er die Vernunft zu Schanden mache, welche nicht glauben, sondern wissen will, wie, wo und wann, auf daß der Glaube Raum habe und lasse Gott machen. Gottes Werke sind nicht wie Menschenwerke, sondern ganz widersinnig; es geht also, daß, wenn etwas aufgehen soll, so geht es vorher unter.

25. April

Und Paulus erschien ein Gesicht bei der Nacht, das war ein Mann aus Macedonien, der stand und bat ihn und sprach: Komm herüber nach Macedonien und hilf uns. Als er das Gesicht gesehen hatte, da trachteten wir alsbald zu reisen nach Macedonien, gewiß, daß uns der Herr dahin berufen hätte, ihnen das Evangelium zu predigen.

Apostelgeschichte 16, 9 -10

So pflegt Gott mit den Seinen zu verfahren, daß er sie nicht lange läßt an einem Ort bleiben, jagt sie hierher und daher, nicht allein um ihretwillen, daß ihr Glaube bewährt werde, sondern auch andern Leuten zu Nutz. So trieb er den Abraham durch Hunger nach Ägypten, auf daß er da auch Nutzen schaffte und etliche erleuchtete mit rechter Erkenntnis Gottes, was er auch ohne Zweifel getan hat. So handelt Gott wunderbar auf Erden, schickt Apostel und Prediger zu den Leuten, ehe sie sich's versehen oder einmal daran gedenken; auch die geschickt werden, wissen selbst nicht, wo sie hinkommen.

26. April

Wie heilig ist diese Stätte! Hier ist nichts anderes denn Gottes Haus, und hier ist die Pforte des Himmels. 1. Mose 28, 17.

Da siehe, daß Gottes Haus nicht heißt ein köstlich groß Gebäude, wie wir haben. Gott fragt nicht danach, ob es groß gewölbt oder geweiht sei. Ja, er wohnet da und baut sich doch sein Lebetag lang kein Haus. Was gehört denn dazu, daß Gott allda wohnt? Nichts mehr als daß Gott da sei mit seinem Wort; wo das ist, da wohnt er gewiß, und wieder, wo das Wort nicht ist, da wohnt er nicht, man baue ihm ein Haus, so groß man wolle. Wo sein Wort gepredigt wird, da will er sich gewiß finden lassen; wo aber dasselbe nicht ist, da ist sein Haus nicht, wenn man lauter Kirchen aufeinander baute. Die Kirche hat nur Wert, wenn Gottes Wort (lauter und rein) darin gepredigt wird.

27. April

Du stehest durch den Glauben, sei nicht stolz, sondern fürchte dich. Römer 11, 20.

Es ist mancher ein großer Heiliger, aber es kann geschehen, daß er schwächer im Glauben wird als ich. Also kann mir Gott auf diese Stunde einen hohen, starken Glauben schenken, aber wieder, ehe man sich umsieht, sinken lassen und den Glauben irgend einem großen Sünder geben. Warum tut er denn solches, daß er seine Heiligen nicht immer im starken Glauben gehen läßt? Darum, daß sie nicht stolz werden oder meinen, sie hätten's von sich selbst, und sich selbst zum Gott machen. Darum muß er's so mischen und mengen, daß sie wissen, daß er Gott sei, sich selbst erkennen und in der Demut bleiben. Die will er haben, nicht allein von uns, sondern von dem allerhöchsten Heiligen, auch seiner eigenen Mutter; es müssen sich alle auf's Tiefste herunterlassen und sagen: Ich bin nichts und vermag nichts.

28. April

Christus hat uns geliebt und gewaschen von den Sünden mit seinem Blut und hat uns zu Königen und Priestern gemacht vor Gott und seinem Vater. Offenbarung 1, 5 - 6.

Die Gläubigen sind rechtschaffene Könige, nicht, daß sie eine goldene Krone auf ihrem Haupte tragen, einen goldenen Zepter führen, in Seide, Samt und goldenem Gewand und Purpur einhertreten, sondern was viel herrlicher ist, sie sind Herren über Tod und Teufel, Hölle und alles Unglück. Ihnen ist Schande eine Ehre, die Hölle das Himmelreich, der Tod das Leben, der Teufel ein strohener Mann, die Sünde Gerechtigkeit, Unglück Glück, Armut Reichtum usw., denn sie sind Herren über das alles, fragen nach niemand, weil sie Gottes sind und Gott zu einem Freund, ja lieben Vater haben, bei welchem sie Reichtum, große Schätze und alle Güter und die Fülle finden; darum kann ihnen keine Sünde, Tod, Teufel, Hunger, Durst, Kälte, Hitze, Schwert noch alles Unglück schaden. Ja, in dem überwinden sie weit und finden in allem das Widerspiel: in Armut Reichtum, in der Sünde die Gerechtigkeit, in der Schande große Ehre, in Hunger und Durst alle Fülle.

29. April

So ich aber tue, das ich nicht will, so tue ich dasselbige nicht, sondern die Sünde, die in mir wohnet. Römer 7, 20.

Wenn diese (in uns wohnende) Sünde nicht wäre, so wäre auch keine wirkliche Sünde, diese Sünde wird nicht getan wie alle anderen Sünden, sondern sie ist, sie lebt und tut alle Sünden, sie sündigt nicht eine Stunde oder Zeitlang, sondern wo und wie lang die Person ist, da ist die Sünde. Es tut's nicht, solange man außen wehrt, bessert und heilt, — inwendig bleibt Stamm, Wurzel und Quelle des Bösen; es muß vor allen Dingen die Quelle gestopft und dem Baum die Wurzel genommen werden, sonst bricht und reißt es aus an zehn Orten, wo du an einem stopfst und wehrst. Aus dem Grunde muß es geheilt sein, sonst magst du ewig daran verstreichen und zerschmieren mit Salbe und Pflaster, es eitert und schmieret doch immer wieder fort und wird nur ärger. Sie mag auch mit keinem Gesetz und keiner Strafe vertrieben werden, wenn gleich tausend Höllen wären, sondern allein die Gnade Gottes muß sie ausfegen, die die Natur rein und neu macht.

30. April

Gott sei gedankt, der uns allezeit Sieg gibt in Christo. 2. Korinther 2, 14.

Es lassen sich oft der Gläubigen Sachen ansehen, als wären sie gar verdorben und wir würden verzagen müssen. Aber der Glaube behält immer den Sieg und überwindet alle Fehler und Gefahr, die den Heiligen begegnen. Er macht die Sehenden blind und die Hörenden taub und wieder auch die Tauben hörend und die Blinden sehend und in summa: er sündigt und verliert nichts. Oder wenn er etwa aus Torheit oder Unvorsichtigkeit sich stößt oder fehlt, so pflegt doch Gott solches vorher zu sehen und zu bessern, auf daß die Fehler zugedeckt werden und endlich dennoch einen glückseligen und guten Ausgang gewinnen mögen. So kräftig ist der Glaube und das Gebet. Ja, der Glaube ist in der Wahrheit allmächtig und ist ein lebendiges, tätiges Ding, daß man sich mit ganzem Erwägen darein gebe und an dem Worte hange. Gott gebe, es gehe uns wie es wolle.

1. Mai

Gott schuf den Menschen ihm zum Bilde, zum Bilde Gottes schuf er ihn. 1. Mose 1, 27.

Durch diese Wiederholung will Mose vielleicht anzeigen, daß Gott an diesem seinem allerschönsten Werk große Freude gehabt und darüber triumphiert habe, habe sich auch nicht so gefreut über die andern Kreaturen als über den Menschen, welchen er sich zum Bilde geschaffen hat. — Ohne Zweifel aber ist das auch wahr, daß, gleichwie Gott dazumal Lust und Gefallen gehabt hat an diesem seinen Rat und Werk der Erschaffung des Menschen, so hat er auch heute Lust und Liebe, dies sein Werk durch seinen Sohn und unsern Erlöser Christus wieder zu der verlorenen Vollkommenheit zu bringen. Und ist solches nützlich zu betrachten, nämlich, daß Gott das Allerbeste von uns gedenket und hat Lust an diesem seinem Gedanken und Rat, zum geistlichen Leben durch die Auferstehung der Toten wiederzubringen alle, die an Christum geglaubt haben.

2. Mai

Ich will dich unterweisen und dir den Weg zeigen, den du wandeln sollst, ich will dich mit meinen Augen leiten. Psalm 32, 8.

Du bittest, ich soll dich erlösen; laß dir nicht leid sein; lehre du mich nicht, lehre dich auch nicht, laß dich mir, ich will dir Meisters genug sein, ich will dich führen den Weg, darin du mir gefällig wandelst. Dich dünkt, es sei verderbt, wenn es nicht geht, wie du denkst; dein Denken ist dir schädlich und hindert mich, es muß gehen nicht nach deinem Verstande, sondern über deinen Verstand. Senke dich in Unverstand, so gebe ich dir meinen Verstand. Unverstand ist der rechte Verstand; nicht wissen, wohin du gehst, das ist recht wissen, wohin du gehst. Es ist der Weg des Kreuzes, den kannst du nicht finden, sondern ich muß dich führen als einen Blinden; darum nicht du, nicht ein Mensch, nicht eine Kreatur, sondern ich, ich selbst will dich unterweisen durch meinen Geist und Wort den Weg, darin du wandeln sollst; nicht das Werk, das du erwählst, nicht das Leiden, das du erdenkst, sondern das dir wider dein Denken, Erwählen, Begehren zukommt, da folge, da rufe ich, da sei Schüler; da ist es Zeit, dein Meister ist da; da sei nicht ein Pferd oder unvernünftiges Tier.

3. Mai

Durch den Glauben merken wir, daß die Welt durch Gottes Wort fertig ist, daß alles, was man sieht, aus nichts worden ist. Hebräer 11, 3.

Gottes Natur ist, daß er aus nichts etwas macht. Darum, wer noch nicht nichts ist, aus dem kann Gott auch nichts machen. Die Menschen aber machen aus was etwas; das ist aber lauter unnützes Werk. Darum nimmt Gott niemand auf als die Verlassenen, macht niemand gesund als die Kranken, macht niemand sehend als die Blinden, macht niemand lebendig als die Toten, macht niemand fromm als die Sünder, macht niemand weise als die Unweisen. Kurz: Er erbarmt sich keiner als der Elenden und gibt keinem Gnade als denen, die in Ungnade sind! Deshalb kann kein Hoffärtiger, Heiliger, Weiser oder Gerechter Gottes Materie werden und Gottes Werk in ihm erlangen, sondern bleibt in seinem eigenen Werk, und macht einen erdichteten, scheinenden, falschen, gefärbten Heiligen aus sich selber, das ist: einen Heuchler.

4. Mai

Ich harre des Herrn, meine Seele harret, und ich hoffe auf sein Wort. Psalm 130, 5.

Es sind etliche, die wollen Gott das Ziel weisen, Zeit und Maß legen und gleich ihm selbst vorschlagen, wie ihnen geholfen werden soll. Und wenn es ihnen nicht so widerfährt, verzagen sie, oder sie möchten anderswo Hilfe suchen. Diese harren nicht, sie warten des Herrn nicht, Gott soll ihrer warten und alsbald bereit sein und nicht anders helfen, als wie sie es abgemalt haben; die aber des Herrn harren, die bitten um Gnade, aber sie stellen es Gottes gutem Willen frei, wann, wie, wo und durch was er ihnen helfe. An der Hilfe zweifeln sie nicht, sie geben ihr auch keinen Namen, sie lassen sie Gott taufen und nennen, und sollte sie auch lange und ohne Maß verzogen werden. Wer aber der Hilfe einen Namen gibt, dem wird sie nicht; denn er leidet Gottes Rat, Willen und Verziehen nicht.

5. Mai

Gott führt aus die Gefangenen zu rechter Zeit und läßt die Abtrünnigen bleiben in der Dürre.

Psalm 68, 7.

Wenn der Mensch untergeht und zunichte wird in allen seinen Kräften, Werken und Wesen, daß nicht mehr als ein elender, verdammter, verlassener Sünder da ist, dann kommt göttliche Hilfe und Stärke. Hiob 11. Wenn du meinst, daß du verschlungen seist, so wirst du erst hervorbrechen wie der Morgenstern. Denn wer nicht die Sünde fühlt, der sucht keine Gnade, auch kein Evangelium noch Glauben; darum ist das Gesetz des Gewissens Stockmeister, Kette, Strick und Kerker. Und Gott führt uns nicht aus diesen Banden, wenn es uns dünkt not zu sein, sondern läßt uns darin gedemütigt und gemartert werden, bis wir gar gnadendurstig sind. So kommt er dann und gibt sein Wort, daran wir hangen und uns also ausführen lassen, daß wir aus dem erschreckten, blöden, in ein gutes, sicheres Gewissen kommen.

6. Mai

Es ist gut, auf den Herrn vertrauen und sich nicht verlassen auf Fürsten. Psalm 118, 9.

Ich will auch gern dem König und Fürsten gehorsam sein, ihm dienen, sein Bestes suchen und fördern, will helfen und raten, mit Leib und Gut ihm beistehen. Aber daß ich mich auf ihn sollte verlassen, daß er mich reich, herrlich oder selig machte, das will ich lassen. Denn morgen könnte sich das Wetter wohl umkehren, daß er mich verfolgte. Wenn ich denn um meines Herrn und eines Menschen willen wider Gott und Menschen getan, wo wollte ich bleiben, wenn Gott und Mensch über mich erzürnt wären? Es fahre mir lieber weg Fürsten- und Menschengunst und bleibe mir Gottes Huld, so wird sich Menschenhuld wohl finden. Findet sie sich nicht, so fahre sie zum Teufel, Gottes Huld ist mir genug. Verliere ich aber Gottes Huld, so bleibt mir zuletzt der Menschen Huld auch nicht, so fahre denn ich zum Teufel samt meinen Fürsten, beides, mit Gottes und Menschen Unhuld. Da habe ich's denn fein getroffen und wohl gemacht.

7. Mai

Der Herr ist mein Hort, meine Hilfe, mein Schutz, daß ich nicht fallen werde. Psalm 62, 7.

Er will sagen, daß meine Hilfe oder Heil vom Herrn kommt. Warum? Darum: Ich habe keinen Menschen, wie groß, mächtig, reich er immer sei, mir zum Trotz, Hort, Trost und Heil gesetzt noch mein Herz und Hoffnung auf ihn gesetzt, sondern Gott habe ich dazu erwählt, von dem mir alles Glück und Heil kommen soll und wird. Wenn ich das glaube, so bin ich sicher, wenn es auch lauter türkische, tatarische Kaiser und eitel zornige Könige und Fürsten regnete und schneiete neun Jahre lang nacheinander mit aller ihrer Macht, dazu alle Teufel mit ihnen.

8. Mai

Es ist nicht fein, daß man den Kindern ihr Brot nehme und werfe es vor die Hunde. Sie sprach: Ja, Herr, aber doch essen die Hündlein von den Brosamen, die von ihrer Herren Tische fallen.

Matthäus 15, 26 - 27.

Das bringt uns allen Ungnade, daß wir Gottes Urteil nicht leiden noch Ja dazu sagen können, wenn er uns für Sünder hält und urteilt. Und wenn es die Verdammten könnten tun, so wären sie des Augenblicks selig. Wir sagen es wohl mit dem Munde, daß wir Sünder sind, aber wenn es Gott sagt im Herzen, so stehen wir nicht und wollten gern für fromm und als die Frommen gehalten und des Urteils los sein. Aber es muß sein, soll Gott recht haben in seinen Worten, daß du ein Sünder seist; so magst du denn brauchen des Rechts aller Sünder, das ihnen Gott gegeben hat, nämlich Vergebung der Sünden. So issest du nicht allein die Brosämlein unter dem Tische wie die Hündlein, sondern bist auch Kind und hast Gott zu eigen nach deinem Willen.

9. Mai

Hoffet auf ihn allezeit, lieben Leute, schüttet euer Herz vor ihm aus. Gott ist unsere Zuversicht.

Psalm 62, 9.

Fehlt euch etwas, wohlan, da ist guter Rat zu, schüttet eure Herzen vor ihm aus, klaget's nur frei, verberget ihm nichts, es sei, was es wolle, so werfet's mit Haufen heraus vor ihm, als wenn ihr euer Herz einem guten Freunde ganz und gar eröffnet. Er hört's gern, will auch gern helfen und raten. Scheuet euch nicht vor ihm und denket nicht, es sei zu groß oder zu viel. Getrost heraus, und sollten's eitel Säcke voll Mangels sein, alles heraus! Er ist größer und vermag, will auch mehr tun, als unsere Gebrechen sind. Stückelt's ihm nur nicht, er ist kein Mensch, dem man könnte zu viel Bettelns und Bittens vormachen. Je mehr du bittest, je lieber er dich hört. Schütte nur rein und alles heraus, tröpfele nicht; denn er wird auch nicht tröpfeln, sondern mit Sündflut dich überschütten.
(Sündflut = Sintflut, große Flut)

10. Mai

Menschen sind ja doch nichts, große Leute fehlen auch, sie wägen weniger als nichts. Psalm 62, 10.

Hier fragst du: Wie ist der Mensch nichts, wenn er doch Gottes Geschöpf und Kreatur ist? Antwort: David redet nicht von der Kreatur, von ihr selbst, sondern vom Gebrauch der Kreatur. Das ist: Der Mensch ist wohl ein gutes Ding, man gebraucht aber sein nicht recht. Wieso? Man will auf sie bauen und trauen. In solchem Gebrauch sind sie nichts. Warum? Sie sind ungewiß, beide, ihres Lebens und Herzens. Sand und Wasser ist auch ein gutes Ding; aber daß ich wollte darauf ein Haus setzen, da wären sie nichts und weniger als nichts. Daß ich aber Wasser trinke und mich wasche, das ist ein köstliches und nützliches Ding, denn es ist dazu geschaffen und ist sein Gebrauch. Wie sind aber die Menschen weniger als nichts? Was kann weniger sein als nichts? Antwort: Was nichts ist, betrügt niemanden. Aber wer auf das traut, was nichts ist, der hat zweierlei Schaden, einen, daß er nichts findet, den andern, daß er verliert, was er darauf wendet. Denn wer schlicht nichts hat, der hat ein einfältiges Nichts und wendet nichts daran. Wer aber auf Menschen traut über das, daß er nichts findet, verliert auch das, das er darauf gewandt hat, und wird alle seine Hoffnung und Kost auch zunichte über dem Nichts, darauf er hoffte.

11. Mai

Wo der Herr nicht das Haus bauet, so arbeiten umsonst, die daran bauen. Psalm 127, 1.

Laß also diesen Herrn Haus bauen und haushalten, greif ihm nicht in sein Werk; ihm gebührt, darüber zu sorgen, dir aber nicht. Denn wer Hausherr ist und haushält, den laß sorgen. Gehört viel in ein Haus, wohlan, so ist ja Gott größer als ein Haus. Der Himmel und Erde füllt, wird ja auch ein Haus füllen können, sonderlich, weil er sich's annimmt und läßt es gelingen. Was ist nun Wunder, daß viel in ein Haus gehört, wo Gott nicht Hausherr ist? Weil du den nicht siehst, der das Haus füllen soll, so müssen wahrlich alle Winkel ledig scheinen. Wenn du ihn aber ansiehst, so wirst du nimmer gewahr, ob ein Winkel ledig sei. Es dünkt dich, alles sei voll, und ist auch alles voll. Ist's aber nicht voll, so ist's deines Gesichts Schuld gleichwie des Blinden, daß er die Sonne nicht sieht. Wer aber recht sieht, dem kehrt Gott das Wort um und spricht nicht, es gehört viel in ein Haus, sondern: es geht viel aus einem Hause.

12. Mai

Dafür, daß ich sie liebe, sind sie wider mich. Ich aber bete. Psalm 109, 4.

Ich lehre die Wahrheit, deshalb sie billiger mir sollten zufallen und beistehen; so fechten sie wider mich und machen mich mit gehässigen Worten feindselig und unwert vor jedermann. Was soll man tun? Sie können Wohltat nicht leiden, wohlan, so muß man's Gott befehlen und sich zum Gebet halten. Ach, welch ein frommes Kindlein ist die Welt? Übels will sie nicht haben, Gutes kann sie nicht leiden. Rate: Was will sie denn haben? Höllisch Feuer und den Teufel dazu, da ringet sie darnach, das wird ihr auch begegnen. Wenn sie sonst kein anderes Unglück hätten, meinest du nicht, es sei Unglücks genug, ein solch verstocktes, verblendetes und verhärtetes Herz zu haben, das weder siehet noch höret.

13. Mai

Wer euch antastet, der tastet seinen Augapfel an.
Sacharja 2, 8.

Das ist eine teure Verheißung zu trefflichem Trost und Trutz der Christen wider ihre Verfolger, daß sie wissen, daß es ihm so nahe geht und er so hart sich unseres Leidens annimmt, daß er's heißt sein Augapfel angegriffen und so wenig ertragen will, als jemand leiden kann, daß man ihm im Augapfel viel Tastens mache. Also daß der Teufel, wenn er einen Christen angreift, so greift er, daß er sich selbst muß in die Zunge beißen und die Finger verbrennen. Denn wo das geringste Glied der Christenheit leidet, so bald fühlt's und reget sich der ganze Leib, daß sie allzumal zulaufen, klagen und schreien; so hört's und fühlt's denn unser Haupt Christus, und ob er wohl ein wenig innehält, doch wenn er beginnt, sauer zu sehen und die Nase zu rümpfen, so wird er auch nicht scherzen.

14. Mai

Weil nun Christus im Fleisch für uns gelitten hat, so wappnet euch auch mit dem selbigen Sinne.
1. Petrus 4, 1.

Christus hat uns nicht allein mit seinem Leiden geholfen vom Teufel, Tod und Sünden, sondern auch ein Exempel gelassen, welchem wir in unserm Leiden sollen nachfolgen. Und wiewohl unser Leiden und Kreuz nicht also soll aufgeworfen werden, daß wir dadurch selig werden oder das Geringste damit verdienen wollten, sollen wir Christo dennoch nachleiden, daß wir ihm gleichförmig werden. Wohlan, will ich ein Christ sein, so muß ich die Hoffarbe auch tragen; der liebe Christus gibt kein ander Gewand aus an seinem Hofe; es muß gelitten sein. Willst du aber nicht leiden, so mußt du wissen, daß du nicht Christi Hofgesind sein wirst. So magst du nun tun, was du willst, unter den zweien: leiden oder Christum verleugnen.

15. Mai

Ihr Knechte, seid gehorsam euren leiblichen Herren mit Furcht und Zittern in Einfältigkeit eures Herzens als Christo, nicht mit Dienst allein vor Augen, als den Menschen zu gefallen, sondern als die Knechte Christi. Epheser 6, 5 - 6.

Ein Knecht, wenn er arbeitet und nicht ferne stehet noch denket denn also: Mein Herr gibt mir meinen Lohn, darum diene ich ihm, sonst sehe ich ihn nicht an u. dgl., der hat nicht ein rein Herz oder Meinung, denn er dient nur um einen Bissen Brotes; wenn das aufhört, so hört er auch auf. Ist er aber fromm und ein Christ, so ist er also gesinnt: Ich will nicht darum dienen, daß mir mein Herr gibt oder nicht gibt, fromm oder böse ist usw., sondern darum, daß Gottes Wort da steht und zu mir spricht: Ihr Knechte, seid euren Herren gehorsam als Christo selbst. Da quillt es von sich selbst aus dem Herzen, wenn er solch Wort gefaßt und wert hat, daß er spricht: Wohlan, ich will meinem Herrn dienen und meinen Lohn nehmen; aber das soll mein Höchstes sein, darum ich's tue, daß ich meinem lieben Gott und Herrn Christo darin diene, der mich's geheißen hat, und weiß, daß es ihm wohlgefällt. Da siehest du ein Werk aus reinem Herzen.

16. Mai

Die Augen des Herrn sehen auf die Gerechten und seine Ohren auf ihr Gebet. 1. Petrus 3, 12.

Diesen Vers schreibe in dein Herz mit festem Glauben und siehe, ob er dir nicht Friede und Gutes schaffen wird. Kannst du das glauben, daß Gott droben sitze und nicht schlafe oder anderswo hinsehe und dein vergessen habe, sondern mit wackern offnen Augen sieht auf die Gerechten, die da Gewalt und Unrecht leiden, was willst du denn klagen und Unmuts werden über Schaden oder Leid, das dir widerfährt, wenn er seine gnädigen Augen gegen dich wendet und freilich auch gedenkt als der rechte Richter und Gott, dir zu helfen? Dieses Auge wollte ich um aller Welt Gut kaufen, ja, solchen Glauben, wenn ich ihn haben könnte; denn es fehlt gewiß nicht an seinem Ansehen, sondern an unserm Glauben. Zudem stehen auch seine Ohren offen auf das Gebet der Gerechten. Wie er dich ansieht mit gnädigen, lachenden Augen, so hört er auch mit leisen, offenen Ohren dein Klagen, Seufzen und Bitten und höret's gern und mit Wohlgefallen, daß es sobald, wenn du nur den Mund auftust, erhöret und Ja ist.

17. Mai

Sind wir denn Kinder, so sind wir auch Erben, nämlich Gottes Erben und Miterben Christi, so wir anders mit leiden, auf daß wir auch mit zur Herrlichkeit erhoben werden. Römer 8, 17.

Wenn du willst ein Miterbe sein des Herrn Jesu Christi und nicht mit leiden und sein Bruder sein und ihm nicht gleich werden, so wird er dich gewiß am Jüngsten Tage für keinen Bruder und Miterben erkennen, sondern wird dich fragen, wo du deine dornene Krone, Kreuz, Nägel und Geißel habest, ob du auch der ganzen Welt ein Greuel gewesen bist, wie er und alle seine Glieder gewesen sind vom Anfang der Welt her. Wenn du denn solches nicht beweisen kannst, so wird er dich auch nicht für seinen Bruder halten können. Also: Es muß gelitten sein, und müssen alle gleichförmig werden dem Sohne Gottes, oder wir werden mit zu der Herrlichkeit nicht erhoben werden. Ja, wer Christi Bruder und Miterbe sein will, der denke auch ein Märtyrer und Mitleider zu sein.

18. Mai

Wie? Heben wir denn das Gesetz auf durch den Glauben? Das sei ferne! Sondern wir richten das Gesetz auf. Römer 3, 31.

Siehe, das ist die Lehre und Kraft des Evangeliums und der Schatz, davon wir selig sind, welches uns dazu bringt, daß wir auch anfangen, das Gesetz zu erfüllen. Denn wo die große grundlose Liebe und Wohltat Christi erkannt und geglaubt wird, da quillt auch heraus die Liebe, beide zu Gott und dem Nächsten. Denn durch solche Erkenntnis und Trost bewegt der heilige Geist das Herz, daß es Gott hold wird und ihm zu Lob und Dank auch gerne tut, was es soll, hütet sich vor Sünden und Ungehorsam und gibt sich willig dahin, jedermann zu dienen und zu helfen, und wenn es in dem noch Schwachheit fühlt, wider sein Fleisch und Teufel streitet mit Anrufung Gottes usw., und also immer in dem Glauben hinauf sich hält an Christum, wo es für sich selbst dem Gesetz nicht genug tut, tröstet sich des, daß er es erfüllt und ihm seine Fülle und Stärke schenkt, und also bleibt allezeit unsere Gerechtigkeit, Erlösung, Heiligkeit usw.

19. Mai

Kommet her zu mir alle, die ihr mühselig und beladen seid, ich will euch erquicken. Matth. 11, 28.

Gott, der Allmächtige, will nicht den Tod des Sünders, sondern daß er sich bekehre und lebe (Hes. 18, 23). Es ist sein ernstlicher Wille und Meinung, auch Befehl, von Ewigkeit beschlossen, alle Menschen selig und der ewigen Freuden teilhaftig zu machen. Seine Gnade reckt und streckt sich vom Aufgang bis zu dem Niedergang, von Mittag bis gegen Mitternacht, und überschattet alle, die sich bekehren, wahre Reue und Buße tun, und sich seiner Barmherzigkeit teilhaftig machen und Hilfe begehren. Dazu gehört ein rechter, wahrer Glaube, der alles Zagen und Verzweifeln austreibe, welches ist unsere Gerechtigkeit, wie Röm. 3, 22 steht: Die Gerechtigkeit Gottes durch den Glauben an Jesum Christum, welcher ist in allen und über alle Menschen. Merkt diese Worte: in alle — über alle, ob ihr nicht auch darunter gehöret und deren einer seid, die unter der Sünder Feldzeichen liegen und kriegen. Und wenn euer Herz euch davon überzeugt, so gehet nicht lange um und irre. Habt ihr doch einen guten, geraden, richtigen Weg, den euch Gott der Vater mit dem Finger selber zeigt, wie Er gegen euch gesinnet sei, da Er mit lauter Stimme ruft: (Matth. 3, 17) Dies ist mein geliebter Sohn, an dem ich ein Wohlgefallen habe. Den höret! den höret! was er euch sagen und raten wird. Und wenn ihr also hart und verstockt und ganz taub wäret und hübet eure Augen nicht auf gen Himmel als ein verzweifelter, verstockter Mensch, und wären auch eure Ohren vom Gehör verfallen, daß ihr Gott den Vater in der Höhe nicht schreien hört, so sollt ihr doch den Sohn, der an dem Wege steht, da jedermann vorüber gehen muß, vernehmen und sehen und gleicher Weise, ja noch viel heftiger Ihn hören rufen, der mit einem großen Getöne, als einer gewaltigen Posaune, aufbläset, wie Matth. 11, 28, herrlich geschrieben ist. Kommet, kommet, kommet!

20. Mai

Wer ein Weib ansieht, ihrer zu begehren, der hat schon mit ihr die Ehe gebrochen in seinem Herzen. Matthäus 5, 28.

Wenn nicht mehr Werke geboten wären als die Keuschheit allein, so hätten wir alle genug zu schaffen daran, so ein gefährlich wütendes Laster ist die Unkeuschheit, denn es in allen Gliedern tobt, im Herzen mit Gedanken, in den Augen mit dem Gesicht, in den Ohren mit dem Gehör, in dem Munde mit Worten, in Händen, Füßen und ganzem Leibe mit Werken. Es haben alle Heiligen darüber geklagt und geweint. Wenn aber das Werk der Keuschheit bestehen soll, so treibt es zu vielen andern guten Werken, zum Fasten und Mäßigkeit wider Völlerei und Trunkenheit, zum Wachen und Frühaufstehen wider die Faulheit und den übrigen Schlaf, zur Arbeit und Mühe wider den Müßiggang. Denn Fressen, Saufen, vieles Schlafen, Faulenzen und Müßiggehen sind Waffen der Unkeuschheit. Über das alles aber ist die stärkste Wehr das Gebet und Wort Gottes, daß, wo die böse Lust sich regt, der Mensch zu dem Gebet fliehe, Gottes Gnade und Hilfe anrufe, das Evangelium betrachte und darin Christi Leiden ansehe. Also sagt der 137. Psalm: Selig ist der, der die Jungen von Babylonien ergreift und zerschmeißt sie an dem Fels; das ist: wenn das Herz mit bösen Gedanken, während sie noch jung und im Anfange sind, zu Christo dem Felsen läuft, an welchem sie zerrieben werden und vergehen.

21. Mai

Das Himmelreich ist gleich einem Sauerteig, den ein Weib nahm, und vermengte ihn unter drei Scheffel Mehls, bis daß es ganz durchsäuert ward. Matthäus 13, 33.

Nachdem das Evangelium als ein neuer Sauerteig einmal unter das menschliche Geschlecht (das ist der Teig) gemengt worden, so wird es nicht aufhören bis an's Ende der Welt, sondern wird sich durch die ganze Masse derer, die da sollen selig werden, ziehen und zu allen kommen, die es wert sind, auch wider Willen aller Pforten der Hölle. Und gleichwie es unmöglich ist, daß die Säure, wenn sie einmal unter den Teig gemengt worden, jemals wieder vom Teige abgesondert werden kann, weil sie die Natur des Teiges verändert hat, also ist es auch unmöglich, daß die Christen können von Christo gerissen werden. Denn Christus ist ihnen als ein Sauerteig also einverleibt, daß es ein Leib ist, eine Masse, ein Kuchen, ein Brot usw. Deswegen ist es vergeblich, daß der Teufel die Kirche aus der Welt jagt und verfolgt, das ist, wenn er Christum von den Gläubigen, die Säure von dem Teig absondern will. Denn so unmöglich es dem Menschen ist, die eingemengte Säure vom Teige abzusondern, so unmöglich ist es auch dem Teufel, Christum von seiner Kirche zu trennen. Der Teig ist gesäuert, der Teufel wird die Säure nicht sondern vom Teige. Er koche oder brate sie oder röste sie dazu, so ist der Sauerteig Christus drinnen. Und soll drinnen bleiben, bis an den jüngsten Tag, daß alles durchsäuert werde und nichts von dem Teige ungesäuert bleibe.

22. Mai

Dein Wort ist meines Fußes Leuchte und ein Licht auf meinem Wege. Psalm 119, 105.

Ist das wahr, wie es nicht fehlen kann, so muß auch das wahr sein, daß außer Gottes Wort aller Menschen Lehre und Weisheit, sie scheine und gleiße so schön und herrlich sie kann, eitel Finsternis ist. Vernunft ist auch ein Licht und ein schönes Licht, aber den Weg und den Fuß, der da soll aus den Sünden und dem Tode gehen zur Gerechtigkeit und zum Leben, kann es nicht weisen noch treffen, sondern bleibt in Finsternis. Gleichwie unsere Wachslichter nicht Himmel und Erde erleuchten, sondern die engen Winkel in Häusern, die Sonne aber Himmel, Erde und alles erleuchtet, also ist Gottes Wort auch die rechte Sonne, die uns den ewigen Tag gibt zu leben und fröhlich zu sein. Wohl dem, der Lust dazu hat und solches Licht gerne sieht, denn es scheint gerne. Aber Maulwürfe und Fledermäuse haben's nicht gerne, das ist die Welt.

23. Mai

Suchet in der Schrift; denn ihr meinet, ihr habt das ewige Leben darinnen, und sie ist's, die von mir zeuget. Johannes, 5, 39.

Das ist: weil wir selbst dafür halten, daß die Heilige Schrift sei Gottes heilsames Wort, welches uns ewiglich kann selig machen, so sollen wir also darin lesen und studieren, daß wir Christum darin bezeugt finden. Wer nun nicht studiert in der Schrift, wie uns hier Christus heißt, der kann nichts wissen vom ewigen Leben; denn er lebt ohne Gottes Wort, ohne welches die Vernunft nichts kann vom ewigen Leben recht denken noch reden. Wer aber also in der Schrift studiert, daß er Christum nicht darin findet, der kann das ewige Leben nicht erlangen, ob er gleich viel davon lernt, redet oder auch hofft. Man muß suchen, spricht er, nicht richten, nicht Meister, sondern Schüler sein. Wir sollen nicht unsern Dünkel hineintragen, sondern Christi Zeugnis darinnen holen. Und solange Christus nicht recht darinnen gefunden wird, solange wird sie auch nicht recht gesucht.

24. Mai

Der Gerechte wird seines Glaubens leben.

Römer 1, 17.

Der Prophet stimmt mit Mose überein, da er spricht: Der Mensch lebt nicht vom Brot allein, sondern von einem jeglichen Wort, das aus dem Munde Gottes geht (5. Mose 8, 3). Denn es heißt: „Glaube" nicht das bloße Wissen der Historien, sondern die gewisse Zuversicht auf Gottes Barmherzigkeit, die uns Gott um Christi willen zusagt in seinem Wort, welches eine Kraft Gottes ist, die da selig macht alle, die daran glauben. Demnach machet dasselbige Wort, mit Glauben angenommen und gefaßt, einen neuen Menschen, auswendig und inwendig, an Leib und Seele, und demnach geht es nach dem Wort St. Pauli: So man von Herzen glaubt, so wird man gerecht (Röm. 10, 10), daß also alle Dinge möglich sind dem, der da glaubt (Mark. 9, 23). Denn das Wort, daran er hängt, ist allmächtig.

25. Mai

Wir rühmen uns der Trübsale. Römer 5, 3.

Wenn der Teufel so klug wäre und schwiege stille und ließe das Evangelium predigen, so würde er weniger Schaden haben. Denn wenn das Evangelium nicht angefochten wird, so verrostet es gar und hat keine Ursache und Gelegenheit, seine Gewalt und Kraft an den Tag zu legen. Deswegen kann dem Evangelio nichts Besseres widerfahren, als wenn sich die Welt dawider legt mit Gewalt und Klugheit. Je mehr mich mein Gewissen, die Sünde und der Teufel anfechten, je stärker wird meine Gerechtigkeit. Denn die Sünden, die mich drücken, machen mir Wehe, so halte ich härter und stärker an mit Beten und Schreien zu Gott, so wird denn der Glaube immer stärker und stärker. Dieweil wir nun einen solchen Schutz haben, der von Anfechtung und Widerwärtigkeit stärker wird, so sollen wir uns nicht fürchten, sondern gutes Muts sein und uns der Trübsale rühmen.

26. Mai

Du sollst deinen Vater und deine Mutter ehren.
2. Mose 20, 12.

Dem jungen Volk muß man vorstellen, ihre Eltern an Gottes statt vor Augen zu halten und also denken, ob sie gleich, gering, arm, gebrechlich sind, daß sie dennoch Vater und Mutter sind, von Gott gegeben. Des Wandels oder Fehls halben sind sie der Ehre nicht beraubt. So lerne nun zum ersten, was die Ehre gegen die Eltern heiße, nämlich, daß man sie vor allen Dingen wert und herrlich halte als den höchsten Schatz auf Erden. Dann auch mit Worten sich züchtig gegen sie stelle, nicht übel anfahre, poche noch poltere, sondern lasse sie recht haben und schweige, ob sie gleich zu viel tun. Zum dritten auch mit Werken, das ist: mit Leib und Gut solche Ehre beweise, daß man ihnen diene, helfe und versorge, wenn sie alt, krank, gebrechlich oder arm sind, und solches alles nicht allein gern, sondern mit Demut und Ehrerbietung als vor Gott getan. Denn wer das weiß, wie er sie im Herzen halten soll, wird sie nicht lassen Not und Hunger leiden, sondern über und neben sich setzen und mitteilen, was er hat und vermag.

27. Mai

Bittet den Herrn der Ernte, daß er Arbeiter in seine Ernte sende. Matthäus 9, 38.

Daß das Wort Gottes noch nicht so stark geht, wie es sollte und wir gerne wollten, das kann ich keinem andern Schuld geben, denn daß wir zu faul sind, um scharfe Pfeile und heiße Kohlen zu bitten. Er hat uns befohlen zu bitten, daß sein Reich komme und sein Name geheiligt werde, das ist, daß sein Wort und die Christenheit zunehme und stark werde. Aber weil wir's lassen liegen, wie es liegt, und bitten nicht mit Ernst, darum geht's auch so faul zu und sind die Pfeile stumpf und matt, die Kohlen kalt und roh und fürchtet sich der Teufel noch nicht vor uns. Darum laß uns aufwachen und frisch sein; die Zeit ist hier; er tut uns allenthalben viel böser Tücke; laßt uns ihm doch auch einmal etwas beweisen, das ihn verdrießt, und uns rächen, das ist, laßt uns bitten zu Gott ohne Unterlaß, bis er uns gerüstete Schützen mit scharfen Pfeilen und Kohlen genug sende.

28. Mai

Welche da leiden nach Gottes Willen, die sollen ihm ihre Seelen befehlen als dem treuen Schöpfer in guten Werken. 1. Petrus 4, 19.

Das ist der Christen Kunst, daran wir alle zu lernen haben, daß wir auf's Wort sehen und tun weit aus den Augen alle anliegende beschwerende Not und Leiden. Das Fleisch aber kann solche Kunst gar nicht; es sieht nicht weiter als auf das gegenwärtige Leiden. Und ist des Teufels Art eine, daß er das Wort weit aus den Augen rückt, daß einer nicht mehr sieht als in die Not, die vorhanden ist. Aber das soll nicht sein; wer sich nach dem Fühlen richtet, der verliert Christum. Nur das Kreuz und Leiden, so sehr du immer kannst, aus dem Herzen und Sinne geschlagen; sonst, wenn man ihm lange nachdenkt, so wird das Übel ärger. Bist du in Anfechtung und Leiden, so sprich also: Wohlan, dies Kreuz habe ich mir ja nicht selbst erwählt, es ist des lieben Wortes Gottes Schuld, daß ich solches leide und daß ich Christum habe und lehre. So laß es immer gehen in Gottes Namen; ich will den lassen walten und ausfechten, der mir solches Leiden längst zuvor gesagt und mir seine göttliche, gnädige Hilfe verheißen hat.

29. Mai

Lieben Brüder, so ein Mensch etwa von einem Fehler übereilt würde, so helfet ihm wieder zurecht mit sanftmütigem Geist, die ihr geistlich seid. Galater 6, 1.

Das Reich Christi ist ein Reich des Glaubens, darin er täglich sein Werk treibt, schlägt sich mit der Sünde und ficht mit dem Tode, bis das Reich vollbracht wird. Ob nun wohl einer zu Zeiten unterliegt, so ist Christus da, regiert mit seinem Geist und überwindet die Sünde, richtet ihn wieder auf und spricht: Stehe auf, Bruder, es hat keine Not, immer wieder dran, es muß hindurch gedrungen sein; ohne Fallen kann's nicht zugehen; siehe nur, daß du nicht gar liegen bleibst. Es gilt also Fallens und Aufstehens, weil wir hier leben. Dieser Trost gilt aber nur denen, welche aus Schwachheit sündigen und nicht aus Bosheit oder wissentlich.

30. Mai

Die Hauptsumme des Gebotes ist Liebe von reinem Herzen... 1. Timotheus 1, 5.

Gott ist allein der Mann, der nicht aufhört, der Welt lauter Gutes zu tun wider der Welt Undank und Verachtung, sondern alle Untugend und Bosheit verschlingt und verzehrt durch das Feuer seiner Liebe. Ein solches Herz soll ein Christ auch haben, daß er sich nicht lasse drängen von Gunst und Freundschaft, sondern vielmehr fortfahre und spreche: Mein lieber Bruder, was ich dir getan habe oder noch tue, das habe ich aus rechter Liebe getan und noch nie begehrt, daß du mir dafür danken oder lohnen sollst. Dankst du mir, so danke ich Gott wieder, wo nicht, so ist mir's ebenso viel, denn ich hab's darum nicht getan. Sondern was ich tue, tue ich um deswillen, der mich so geliebt hat, daß er für mich undankbaren und verdammten Menschen am Kreuz gestorben ist usw. und noch alle Augenblick mehr Gutes tut, als ich wert bin oder ihm dafür danken kann.

31. Mai

Ich weiß, daß in mir, das ist in meinem Fleische, wohnet nichts Gutes. Wollen habe ich wohl, aber vollbringen das Gute finde ich nicht. Römer 7,18.

Alle Heiligen werden das Lied müssen singen: Vater unser ... vergib uns unsere Schuld, wie wir vergeben unsern Schuldigern. Die andern, die ihrer Heiligkeit ein Ende wissen, verstehen hiervon gar nichts, darum ist's ihnen auch nicht gepredigt, weil sie meinen, es sei mit dem Reiche Christi also getan, daß gar keine Sünde da sei, es müsse alles rein und sauber sein, als hätten's die Tauben erlesen, wollen einen solchen Christen, der gar ohne Sünde und heilig, ja wie Christus selbst ist. Noch lange nicht. Das ist aber ein Christ, der ein Sünder ist und erkennt seine Sünde, verdrießt ihn und ist ihm von Herzen zuwider, daß er Sünde noch fühlt. Der ist kein Christ, der gar keine Sünde hat noch fühlt. Findest du aber einen solchen, der ist ein Widerchrist, kein wahrer Christ. Der Mißbrauch dieser Worte ist schwere Sünde.

1. Juni

Taufet sie im Namen des Vaters und des Sohnes und des heiligen Geistes. Matthäus 28, 19.

Da ist nicht allein Wasser in der Taufe, sondern auch Gottes Wort und Kraft, wie man sieht bei der Taufe Christi, daß da ist Gott Vater, Sohn und heiliger Geist und alle heiligen Engel. Deswegen ist es nicht schlechtes (d.h. gewöhnliches) Wasser, sondern ein solches Wasser, darinnen Gottes Sohn badet, da der heilige Geist darüber schwebt und Gott der Vater darüber predigt: ein gnadenreiches Wasser, geweiht und geheiligt durch Gott Vater, Sohn und heiligen Geist, — ein Aromaticum und eine Apotheke, da Gott sich selbst eingemengt hat. Gott aber ist ein Gott des Lebens und kann lebendig machen; weil er nun in diesem Wasser ist, so muß es das rechte aqua vitae (Lebenswasser) sein, das den Tod und die Hölle vertreibt und ewig lebendig macht. Die lästerlichen Wiedertäufer sagen heutigen Tages, die Taufe sei nur ein schlecht Wasser. Der Teufel hole solche Lästermäuler! Ein Hund, Sau, Kuh soll also urteilen, die nichts denn den Geschmack vom Wasser hat. Ein Christ aber soll nicht nach dem Geschmack, sondern nach dem Wort urteilen; denn da ist nicht allein Wasser, sondern auch Gottes Wort und Kraft. Darum auch noch heutigen Tages, wenn ein Kind getauft wird, ist es bei solcher Taufe der Sohn Gottes, welcher mit seinem Leib, der heilige Geist, der mit seiner Gegenwärtigkeit, und Gott der Vater, der mit seiner Stimme die Taufe heiligt. Darum sollen wir die Taufe nicht ansehen als ein Menschenwerk.

2. Juni

Es sei aber ferne von mir zu rühmen denn allein von dem Kreuz unsers Herrn Jesu Christi, durch welchen mir die Welt gekreuzigt ist und ich der Welt.

Galater 6, 14.

Hier tut ein Christ Augen und Ohren zu, spricht mit St. Paulo: Welt, Tod, Sünde, du bist mir gestorben, und ich bin dir wieder gestorben und lebt nichts auf Erden als ich und Gott. Die Welt ist mir gekreuzigt, und ich bin ihr gestorben, das ist: Die Welt achtet mein gar nicht, und was ich predige oder lobe, ist ihr ein Gespött; aber wie du mir missest, mit solchem Maß messe ich dich wieder; verachtest du mich, so verachte ich dich wieder; du hältst nicht viel von mir; was liegt mir daran, ob ich von der Welt gehaßt werde, wenn ich Dem droben allein gefalle. Laß also die Sünde toben, die Welt waschen und plaudern, bis sie müde wird; ich gehe dahin, ist mir eben, als hörte ich's nicht. Dies wird jedes gläubige Herz beruhigen.

3. Juni

Ich weiß, er wird befehlen seinen Kindern und seinem Hause nach ihm, daß sie des Herrn Wege halten und tun, was recht und gut ist, auf daß der Herr auf Abraham kommen lasse, was er ihm verheißen hat. 1. Mose 18, 19.

Das sollen die Eheleute wissen, daß sie Gott, der Christenheit, aller Welt, ihnen selbst und ihren Kindern kein besseres Werk und Nutzen schaffen mögen, als daß sie ihre Kinder wohl aufziehen. Denn dasselbe ist ihre gerichtetste Straße gen Himmel; sie mögen auch den Himmel nicht näher und besser erlangen als mit diesem Werk. Aber wieder ist die Hölle nicht leichter verdient als an seinen eigenen Kindern; die Eltern mögen auch kein schädlicheres Werk tun, als daß sie ihre Kinder versäumen, sie lassen fluchen, schwören, schandbare Worte und Lieder lernen und nach ihrem Willen leben. Wie denn etliche sie selbst reizen mit übrigem Schmuck und Förderung zu der Welt, daß sie nur der Welt wohl gefallen, hoch steigen und reich werden, allezeit mehr sorgen, wie sie den Leib als die Seele genugsam versehen. Es ist auch kein größerer Schade der Christenheit als der Kinder Versäumnis; denn soll man der Christenheit wieder helfen, so muß man fürwahr an den Kindern anfangen, wie vor Zeiten geschah. Die falsche Natur-Liebe verblendet die Eltern, daß sie das Fleisch ihrer Kinder mehr achten als die Seelen. Kinder sind ein köstlicher, ewiger Schatz, der den Eltern von Gott zu verwahren befohlen ist, daß ihn der Teufel, die Welt und das Fleisch nicht stehlen und umbringen, und wird am Tode und Jüngsten Tage gefordert werden mit scharfer Rechnung.

4. Juni

Jesus sprach zu ihm: Wenn du könntest glauben! Alle Dinge sind möglich dem, der da glaubt.

Markus 9, 23.

So ein gewaltiges Ding ist es um den Glauben. Es ist ein Ding, so groß es wolle, kannst du es glauben und dich zu Christo versehen, so soll es sein und soll weder Teufel noch Tod so stark sein, daß sie es wehren könnten. Darum, ob wir arm und tot scheinen, in Sünden stecken, an der Pest oder andern Krankheiten darnieder liegen, sollen wir doch glauben, vor Gott habe es viel ein anderes Ansehen, und fröhlich sagen: Ob gleich Armut, Pest und Tod da ist, so weiß ich doch als ein Christ von keiner Armut, Tod oder Pest. Denn vor meinem Herrn Christo ist's lauter Reichtum, Gesundheit, Heiligkeit und Leben. Ob ich's aber noch nicht sehe, so ist's ihm nur um ein Wort zu tun, so werde ich's auch mit leiblichen Augen sehen, daß es wahr ist, und geschieht gewiß also.

5. Juni

Ich bin der Weg und die Wahrheit und das Leben; niemand kommt zum Vater denn durch mich.
Johannes 14, 6.

Lerne den Sohn der Jungfrau Maria zu Bethlehem zuerst wohl erkennen. Wirst du es aber umkehren und von Gott anfangen, wie er die Welt regiert, wie er Sodom und Gomorrha mit höllischem Feuer verbrannt und umgekehrt hat oder diesen und jenen versehen hat oder nicht, wirst du nun also an den Werken der hohen Majestät anfangen, so wirst du bald den Hals brechen und vom Himmel herabgestürzt werden, wie des Satans Fall gewesen ist. Denn das heißt oben anfangen und das Dach bauen, ehe du den Grund gelegt hast. Darum, willst du recht fahren, so mußt du unten anfangen und Gott machen lassen, was er macht. Sprich: Ich will ihn nicht kennen, es sei denn, daß ich diesen Sohn der Jungfrau hier erst erkannt habe. Wenn du ihn also durch die Menschheit gefaßt hast, alsdann glaube auch weiter, daß, der von einer Jungfrau geboren ist, auch von Gott in Ewigkeit geboren ist, so wirst du wohl sicher sein unter der Hütte des Fleisches und Blutes dieses Menschen.

6. Juni

Christus hat sich selbst für unsere Sünden gegeben, daß er uns errettete von dieser gegenwärtigen argen Welt nach dem Willen Gottes und unseres Vaters. Galater 1, 4.

Kommt nun der Teufel unversehens geschlichen und rückt dir diese Worte aus den Augen und gibt dir ein, daß du dich bekümmern sollst, ob du von Gott versehen seist zur ewigen Seligkeit oder nicht, hält dir vor die erschrecklichen Exempel von Gottes Zorn und Gericht und daß die Zahl der Auserwählten gering, der Verdammten aber groß sei, so sei denn klug und laß dich beileibe in solche gefährliche Gedanken und Disputation nicht führen, oder du versteigest dich gewiß und brichst den Hals, sondern wehre dich und sprich: Mir ist nicht befohlen, daß ich mich über solche Sache bekümmern soll, die mir zu hoch und unbegreiflich zu erforschen ist. Ich bleibe bei den Worten St. Pauli, der sagt, daß Christus sich selbst für unsere Sünden gegeben hat, auf daß er uns errettete, und habe solches getan nach dem Willen Gottes und unsers Vaters.

7. Juni

Aber der Tröster, der heilige Geist, welchen mein Vater senden wird in meinem Namen, der wird's euch alles lehren. Johannes 14, 26.

Alle Rotten wollen den heiligen Geist haben, damit ihnen geglaubt werde. Aber wenn wir diesen Spruch und desgleichen ansehen, so können wir recht urteilen und alles, was dawider ist, zurückschlagen; denn sie bringen, was sie wollen; so weiß ich wohl, was mein Herr Christus sagt und was ich glauben soll. Kommt nun einer und sagt mir etwas vor als vom heiligen Geist gelehrt und geoffenbart, so halte ich mich an dies Wort und halte seine Lehre dagegen als den rechten Prüfstein. Sehe ich nun, daß es übereintrifft mit dem, was Christus sagt, so lasse ich's recht und gut sein. Wo es aber zur Seiten aus und etwas anders machen will, so spreche ich: Du bist nicht der heilige Geist, sondern der leidige Teufel; der rechte Geist kommt in keines andern als Christi Namen und lehret nichts anders, als was Christus gelehrt hat.

8. Juni

Das ist sein Gebot, daß wir glauben an den Namen seines Sohnes Jesu Christi und lieben uns untereinander, wie er uns ein Gebot gegeben hat.

1. Johannes 3, 23.

Ich glaube an Jesum Christum, meinen Herrn, der für mich gelitten, gestorben, auferstanden ist ...Dem soll weichen beide, Mosis, Kaisers und Gottes Gesetz, und soll nur frisch hinwegschlagen alles, was mit mir disputieren will von Sünde, Recht oder Unrecht und allem, was ich tun mag. Also könnte sich ein Mensch wehren und bestehen wider des Teufels Eingeben und Anfechtung, es sei von vergangenen oder gegenwärtigen Sünden, also, daß man diese beide weit von einander unterscheide, Mose und Christum, Werk und Glauben, Gewissen und äußerlich Leben, daß, wenn das Gesetz an mich will und mein Herz erschrecken, da ist Zeit, daß ich dem lieben Gesetz Urlaub gebe und, wo es nicht will, getrost hinwegschlage und spreche: Ich will gern gute Werke tun und fördern, wo ich kann zu seiner Zeit, wenn wir unter die Leute kommen; aber hier, da mein Gewissen vor Gott steht, will ich nichts davon wissen, da laß mich nun unverworren und sage nur nichts von meinem Tun oder Lassen; da höre ich weder Mose noch Pharisäer, sondern Christus soll hier allein regieren und alles sein, und will gleichwie Maria zu seinen Füßen sitzen und sein Wort hören; außen soll Martha bleiben und in der Küche umgehen und ihre Hausarbeit tun und das Gewissen zufrieden lassen.

9. Juni

Wer verläßt Häuser oder Brüder oder Schwestern oder Vater oder Mutter oder Weib oder Kinder oder Äcker um meines Namens willen, der wird's hundertfältig nehmen und das ewige Leben ererben. Matthäus 19, 29.

Ist Gott unser gnädiger Gott, des Pfand wir haben, nämlich seinen Sohn, durch Taufe, Sakrament und Evangelium dargereicht, so können und sollen wir an seiner Gnade nicht zweifeln, es gehe auch darüber, wie Gott will. Was ist's aber, ob uns Leib und Leben, Vater und Mutter, Brüder, Königreich und Fürstentum, Ehre und Gewalt und alles, was man nennen mag auf Erden, entfällt, wenn uns nur die Gnade bleibt, daß Gott unser Vater, sein Sohn unser Bruder, sein Himmel und Kreatur unser Erbe und alle Engel und Heiligen unsere Brüder und Schwestern sind? Verlieren wir doch hier kaum einen Heller, wenn wir alles verlieren und behalten dort nicht Königreich noch Himmel noch Erden, sondern Gott selbst und das ewige Leben.

10. Juni

Wir wissen, daß denen, die Gott lieben, alle Dinge zum Besten dienen. Römer 8, 28.

Das ist Gottes Werk und Kunst, daß er böse Sachen gut machen kann, wenn wir es verderbt und verwahrlost haben. Ich habe wahrlich öfters viele Dinge unweislich und töricht ausgerichtet, darüber ich hernach heftig erschrocken bin, und ich konnte nicht sehen, wie ich aus solchen Sachen, die durch meine Torheit verworren und verderbt waren, wieder möchte ledig werden und davon kommen. Aber der Herr hat eine solche Weise und Wege getroffen, daß es gebessert worden, was ich versehen und verderbt hatte. Und so regiert Gott alle seine Heiligen, daß sie wohl irren und fehlen mögen, aber es gleichwohl mit ihnen muß ein gutes Ende nehmen oder aber ohne großen Schaden abgehen. Gott pflegt aus nichts alles zu machen; darum kann er auch aus dem, was böse ist, Gutes hervorbringen.

11. Juni

Philippe, wer mich siehet, der siehet den Vater.

Johannes, 14, 9.

Gott sagt zu dir: Siehe, da hast du meinen Sohn, den höre und nimm ihn an. Wenn du das tust, so bist du deines Glaubens und deiner Seligkeit gewiß. Ja, sagst du, ich weiß aber nicht, ob ich auch im Glauben bleiben kann. Ei, so nimm doch gleichwohl die gegenwärtige Verheißung und Versöhnung an und hüte dich, daß du nicht vorwitzig oder zu genau nach dem heimlichen Rat Gottes forschest. Wenn du an den geoffenbarten Gott glaubst und sein Wort annimmst, so wird dir allmählich der verborgene Gott geoffenbart. Denn wer mich sieht, spricht Christus, der sieht auch den Vater. Wer aber den Sohn verwirft, der verliert mit dem geoffenbarten Gott auch den verborgenen Gott, der sich nicht geoffenbart hat. Wirst du aber mit starkem Glauben dem geoffenbarten Gott anhangen, so, daß du in deinem Herzen also gesinnt seist, du wollest Christum nicht verlieren, so bist du gewiß versehen und wirst den verborgenen Gott verstehen lernen.

12. Juni

Nun ihr Gott erkannt habt, wie wendet ihr euch denn um wieder zu den schwachen und dürftigen Satzungen, welchen ihr von neuem an dienen wollt? Galater 4, 9.

Es sind gefährliche Sachen, wenn Irrungen, Zwietracht und Sekten unter den wahren Christen aufstehen, welche die Gewissen verrücken und irre machen und heimlich von der Gnade im Geist herausreißen in äußerliche Dinge und Werke. Hier ist zu wachen höchst nötig. — So ist nun mein treuer Rat und Warnung, daß ihr euch vorsehet und auf der einigen Frage beharret, was doch einen zum Christen mache. Und laßt beileibe keine andere Frage noch Kunst dieser gleich gelten. Bringt jemand etwas auf, so fanget an und sprechet: Lieber, macht dasselbe auch einen Christen oder nicht? Wo nicht, so laßt's ja nicht das Hauptstück sein, noch mit ganzem Ernst darauf fallen. Ist aber jemand zu schwach, solches zu tun, der warte ab und harre doch, bis er sehe, was wir oder andere dazu sagen. Ich hab's ja gottlob bisher in den Hauptstücken recht und gut gemacht, und wer's anders sagt, muß kein guter Geist sein; ich hoffe, ich will's auch in äußerlichen Stücken (da solche Propheten allein pochen) nicht verderben.

13. Juni

Dies alles ist eben das Buch des Bundes, mit dem höchsten Gott gemacht. Er ist nie gewesen (d.h. es ist nie jemand gewesen), der es ausgelernt hätte, und wird nimmermehr werden, der es ausgründen möchte. Sirach 24, 32 und 38.

Das ist wahrlich wahr; denn ich als ein geringer Christ hab's auch ein wenig versucht, und wenn ich's hoch gebracht habe, bin ich gewahr geworden, daß ich kaum ein ABC-Schüler drin gewesen bin. Und fürwahr, mein lieber Christ, du kannst nicht zu viel in der Schrift lesen, und was du liesest, kannst du nicht zu wohl lesen, und was du wohl liesest, kannst du nicht zu wohl verstehen, und was du wohl verstehst, kannst du nicht zu wohl lehren, und was du wohl lehrest, kannst du nicht zu wohl leben. Darum, liebe Herren und Brüder, Pfarrherren und Prediger, betet, leset, studieret, seid fleißig. Fürwahr, es ist nicht Faulenzens, Schnarchens und Schlafens Zeit zu dieser bösen Zeit. Brauchet eurer Gabe, die euch anvertraut ist, und offenbart das Geheimnis Christi; wer es nicht wissen will, sei unwissend.

14. Juni

Sollte Gott nicht retten seine Auserwählten, die zu ihm Tag und Nacht rufen? Ich sage euch: Er wird sie erretten in einer Kürze. Lukas 18, 7 - 8.

Ein ernstliches und hitziges Gebet, welches nicht aufhört und müde wird, sondern wartet und harret bis auf den letzten Augenblick, das bricht endlich durch Himmel und Erden, und ist unmöglich, daß es nicht sollte erhört werden; denn da ist's Gott ein angenehmes Opfer, wenn wir also beten, daß das Gebet unsern Sinn und Verstand übertrifft, wie Paulus sagt Eph. 3: Gott kann überschwänglich tun über alles, was wir bitten und verstehen. Wenn die Sache gar verloren und aller Rat und Fleiß vergeblich ist, da hüte dich, daß du von Gott nicht abfällst. Denn Gott ruft allem Ding aus den Toten und aus nichts; wo keine Hilfe und keine Hoffnung mehr ist, da fängt erst Gottes Hilfe an. Wirst du so beten und nicht empfangen, so komm und strafe mich Lügen. Gibt er dir nicht so bald des Augenblicks, so wird er dir doch so viel geben, daß indes dein Herz Trost und Stärke empfinden wird bis zu der Zeit, da er viel reichlicher gibt, als du gehofft hättest.

15. Juni

Er hat ein Gedächtnis gestiftet seiner Wunder, der gnädige und barmherzige Herr. Psalm 111, 4.

Er setzt nicht nur den Namen Gott oder Herr allein, sondern der gnädige und barmherzige Herr. Denn der Name Gott und Herr haben etwas erschreckliches in sich, weil es Namen der Majestät sind. Aber die Zunamen „gnädiger" und „barmherziger" haben nur Trost und Freude in sich. Und ich weiß nicht, ob sich Gott irgend in der Schrift lieblicher nennen läßt. Gib du ihm nur keinen andern Namen in deinem Herzen, mache ihn auch nicht anders in deinem Gewissen; du tust ihm unrecht und das größte Leid, und dir selbst den größten Schaden. Im Zorn und Drohen zahlt er nur bis auf's vierte Glied; in der Liebe aber beweist er seine Barmherzigkeit nicht ins vierte, fünfte, zehnte oder zwanzigste Glied, sondern in viel Tausend. Denn sein eigenes Werk ist Wohltun; Zürnen aber heißt ein fremdes Werk.

16. Juni

Wenn ihr betet, sollt ihr nicht viel plappern wie die Heiden, denn sie meinen, sie werden erhöret, wenn sie viel Worte machen. Matthäus 6, 7.

Bereite dein Herz vor dem Gebet, damit du nicht Gott versuchst. Was ist's anders, als Gott versuchen, wenn der Mund plappert und das Herz anderswo zerstreut ist. Es sollte kein lächerlicheres Gaukelspiel jemand vorkommen mögen, als wenn er sehen möchte die Gedanken, welche ein kaltes, unandächtiges Herz im Gebet unter einander treibt. Das Gebet will das Herz einig ganz und allein haben, soll's anders ein gutes Gebet sein. Fürwahr, es findet sich, daß der rechte Meister das Vater Unser gestellt und gelehrt hat. Und es ist Jammer über Jammer, daß das Gebet eines solchen Meisters soll also ohne Andacht geplappert und zerklappert werden in aller Welt. Viele beten des Jahrs vielleicht etliche tausend Vater Unser, und wenn sie tausend Jahre so beteten, so hätten sie doch nicht einen Buchstaben oder Tüttel davon geschmeckt noch gebetet. Summa: Das Vater Unser ist der größeste Märtyerer auf Erden; denn jedermann plagt's und mißbraucht's.

17. Juni

Widerstehet dem Teufel, so fliehet er von euch.
Jakobus 4, 7.

Du wirst keinen stärkeren Weihrauch wider den Teufel anrichten, als wenn du mit Gottes Geboten oder Worten umgehest, davon redest, singest oder denkst; das ist freilich das rechte Weihwasser und Zeichen, vor dem er flieht und dadurch er sich jagen läßt. Nun solltest du allein um deswillen solches gerne lesen, reden, denken und handeln, wenn du sonst keine andere Frucht und Nutzen davon hättest, als daß du den Teufel und böse Gedanken damit verjagen kannst; denn er kann Gottes Wort nicht hören noch leiden. Es ist eine Kraft Gottes, die dem Teufel das gebrannte Leid antut, uns aber ausnehmend stärkt, tröstet und hilft. Und was soll ich viel sagen? Wenn ich allen Nutzen und Frucht sollte erzählen, die Gottes Wort wirkt, wo wollte ich Papier und Zeit genug nehmen? Den Teufel heißt man Tausendkünstler, wie will man aber Gottes Wort heißen, das diesen Tausendkünstler mit aller seiner Kunst verjagt und zunichte macht? Es müssen freilich mehr als hundert Tausendkünstler sein.

18. Juni

Dieweil wir in der Hütte sind, sehnen wir uns und sind beschwert. 2. Korinther 5, 4.

Sprichst du, du fühlest keine Sünde, Tod, Welt und Teufel und keinen Kampf und Streit mit ihnen; darum zwinge dich auch der Not keine zum Sakrament (d.h. zum heiligen Abendmahl). Antwort: Ich hoffe es nicht, daß solches dein Ernst sei, daß du allein unter allen Heiligen und Menschen auf Erden ohne solches Fühlen sein solltest. Und wenn ich wüßte, daß es dein Ernst wäre, so wollte ich's wahrlich bestellen, daß man auf allen Gassen, wo du gingest, alle Glocken läuten müßte und vor dir her ausrufen: Hier geht einher ein neuer Heiliger über alle Heiligen, der keine Sünde fühlt und hat. Aber ich will dir ungescherzt sagen: Fühlst du keine Sünde mehr, so bist du gewiß in Sünden gar tot, und ist dies schon allzuviele und große Sünde, daß du keine Not und Lust zum Sakrament hast, das Wort Gottes nicht achtest, Christi Leiden vergissest, voll Undankbarkeit und aller geistlichen Greuel steckest.

19. Juni

Und sie brachten Kindlein zu Jesu, daß er sie anrührte. Markus 10, 13.

Bei der Taufe ist die göttliche Majestät gegenwärtig und beweist darin ihr höchstes Werk, daß sie sich uns selbst gibt und ganz neu geboren und selig macht. Es ist auch kein Scherz, wider den Teufel handeln und dem armen Kindlein aus ganzem Herzen und starkem Glauben beistehen, auf das andächtigste beten, daß ihm Gott nicht allein aus des Teufels Gewalt helfe, sondern auch stärke, daß es wider ihn ritterlich im Leben und Sterben stehe. Und ich besorge, daß die Leute darum nach der Taufe so übel geraten, weil man so kalt und lässig mit ihnen umgegangen und so gar ohne Ernst für sie gebetet hat in der Taufe. Deswegen es auch billig und recht ist, daß man nicht trunkene und rohe Pfaffen (d.h. Pfarrer) taufen lasse, auch nicht rohe Leute zu Gevattern (d.h. Paten) nehme, sondern feine, sittige, fromme, ernste Priester und Gevattern, zu denen man sich versehe, daß sie in der Sache mit Ernst und rechtem Glauben handeln.

20. Juni

Die Liebe decket auch der Sünden Menge.

1. Petrus 4, 8

Nach der Selbstgefälligkeit wollen wir immer gern allein schön sein, sehen nicht an dem Nächsten, was gut ist, sondern tun es aus den Augen, und wenn wir irgend ein Blättlein gewahr werden, erfüllen wir die Augen mit und machens so groß, daß wir nichts Gutes davor sehen, wenn wir gleich Augen wie ein Falk und ein Angesicht wie ein Engel hätten. Gerade als wenn ich einen sehe in einem goldenen Kleide, und es wäre ungefähr eine Naht oder weißer Faden durchgezogen, und ich die Augen aufsperrte, als wäre es damit gar zu verachten und ich doch mich dagegen ließe köstlich dünken in meinem groben Kittel, mit einem goldenen Lappen besetzt. Also sehen wir an uns unsere eigenen Laster nicht, deren wir voll sind, können doch an andern Leuten nichts Gutes ersehen. Wo nun solche natürliche Untugend unter die wahren Christen kommt, so fängt das Urteilen an, daß ich einen andern bald verachte und verdamme, wogegen er mir denn wieder so tut, mir mit demselben Maß mißt, sucht und rügt auch nur das Ärgste, das er an mir finden kann. Da wird dann die Liebe gar unterdrückt und bleibt ein lauter Beißen und Fressen untereinander, bis sie sich gar verzehren und Unchristen werden.

21. Juni

Ich lasse dich nicht; du segnest mich denn.

1. Mose 32, 26.

Dieses Exempel Jakobs lehrt uns, daß der Glaube nicht weichen soll, sondern anhalten, wenn er auch schon den Zorn Gottes fühlt und nicht allein den Tod und die Sünde. Und das ist die Kraft und Stärke des Geistes. Wir sollen nicht gleich auf den ersten Streich Mut und alle Hoffnung fallen lassen, sondern man muß anhalten, beten, suchen und anklopfen, und wenn er schon will davon gehen, so höre doch du nicht auf, sondern folge ihm immer fleißig nach, gleichwie auch das kananäische Weiblein tat, vor welcher Christus sich nicht hat verbergen können. Und wenn er sich auch im Hause in die Kammer verbirgt und will nicht haben, daß jemand zu ihm kommen soll, so weiche du doch nicht, sondern folge immer nach; will er dich nicht hören, so klopfe an die Kammertür und mache ein Geschrei. Denn das ist das höchste Opfer, daß man mit dem Gebet nicht aufhöre, sondern immer anhalte und suche, bis wir ihn überwinden und siegen.

22. Juni

Ihr seid schon satt worden; ihr seid schon reich worden; ihr herrschet ohne uns. 1. Korinther 4, 8.

Was machte es doch, daß die Juden so wenig glaubten und sich so garnichts daran kehrten? Nichts anders, als das feindselige Laster, das da heißt Überdruß; denn sie waren des Wortes gewohnt von ihren Vätern her und damit so überschüttet, daß es ihnen nicht neu war; wie wir leider sehen, daß es den Unsern auch geht, und wohl zu fürchten haben, daß wir nicht auch in dasselbe Urteil fallen. Andere Leute, die außer uns sind (d.h. die nicht unter uns wohnen) und solches nicht haben, schreien Ach und Weh danach, schnappen begierig und lesen mit Freuden die Bröcklein auf, die wir hinwegwerfen, und ist ihnen lauter Zucker. Wir, die wir's so reichlich und vollauf haben, sind längst satt und überdrüssig, daß keiner mehr den andern erkennt für einen Christen. Aber ich warne, daß sich jedermann hüte; denn wir sehen, daß wir eben wie die Juden überdrüssig werden und so satt sind, daß uns das Mehl wie der Maus bitter schmeckt; aber wir werden auch sehen, daß es nicht ohne Strafe abgeht.

23. Juni

Ihr vertraget gern die Narren, dieweil ihr klug seid.
2. Korinther 11, 19.

Böse Prediger haben das Glück, daß man alle ihre Torheit trägt und duldet, und ob man gleich greift und fühlt, daß sie gröblich Narren, doch geht es ihnen hinaus, und man hält es ihnen zu gute. Aber den rechten Lehrern kann man schlecht nichts zu gute halten, sondern man lauert auf ihre Worte und Werke, ob man sie fangen könne, und wo man einen Splitter kann finden, nur zum Schein, da macht man eitel große Balken draus, da ist kein Dulden, sondern eitel Urteilen, Verdammen und Verachten. Darum ist's ein verdrießliches Amt zu predigen, daß, wer nicht allein Gottes Ehre und des Nächsten Nutzen ansieht, nicht darin beharren kann. Er muß arbeiten und andere lassen die Ehre und den Nutzen haben, er muß Schaden und Spott zum Lohn haben. Hier heißt es lieben und nicht genießen, und doch nicht lassen verdrießen. Das muß Gottes Geist tun, Fleisch und Blut tut es nicht.

24. Juni

Tag der Geburt Johannes des Täufers

Siehe, das ist Gottes Lamm. Johannes 1, 36.

Andere Propheten haben auch wohl von Christo geweissagt, wie er kommen und die Welt von Sünden ledig machen sollte. Aber da ist weder Jesaja noch Jeremia, der da hätte können sagen: Dieser ist's, den ihr sollt annehmen. Johannes ist es allein, der die erste Stimme hat gehen lassen und die Person mit Fingern gezeigt, wo Vergebung der Sünden eigentlich zu finden sei. Solche Finger hat nie ein Mensch gehabt noch gesehen, wie Johannis Finger sind, womit er das Lämmlein Gottes zeigt. Darum, wen die Sünde drückt, Teufel und Tod schreckt, der sehe nur diesem Prediger auf seinen Mund und Finger, der wird ihn recht lehren und weisen, daß er zur Vergebung der Sünden komme und mit Gott zufrieden werde. Das ist nun die Freude, die alle Welt und nicht allein Zacharias und Elisabeth an Johannes haben sollten.

25. Juni

Gedenktag der Augsburgischen Konfession (1530)

Ich will dich zur festen Stadt, zur eisernen Säule und zur ehernen Mauer machen im ganzen Lande, wider die Könige Juda, wider ihre Fürsten, wider ihre Priester, wider das Volk im Lande, daß, wenn sie gleich wider dich streiten, dennoch nicht sollen wider dich siegen. Denn ich bin bei dir, spricht der Herr, daß ich dich errette.

Jeremia 1, 18 - 19.

Wohlan, allzusammen, wie ihr zusammen seid und zusammen gehört, Teufel, Papisten und Schwärmer auf einen Haufen, nur frisch an den Luther, ihr Papisten von vorne her, ihr Schwärmer von hinten zu, ihr Teufel von allen Enden dran, hetzt, jagt, treibt getrost, ihr habt das rechte Wild vor euch. Es ist wahrlich der Luther nicht, den ihr jagt, ihr sollet und müsset des Luthers Lehre stehen und bleiben lassen, und wenn euer gleich zehn Welten aufeinander wären. Siehe auch das lutherische Lied: Ein feste Burg ist unser Gott, ein gute Wehr und Waffen, er hilft uns frei aus aller Not, die uns jetzt hat betroffen; der alt böse Feind, mit Ernst er's jetzt meint, groß Macht und viel List sein grausam Rüstung ist, auf Erd ist nicht seinsgleichen. Usw.

26. Juni

Selig sind, die nicht sehen und doch glauben.

Johannes 20, 29.

Mein lieber Philippe (Melanchthon)! Das Ende und der Ausgang der Sache (der Reformation) quält euch. Ich aber sage so viel: Wenn ihr's begreifen könntet, so wollte ich ungern der Sache teilhaftig sein, viel weniger wollte ich ein Haupt oder Anfänger dazu sein. Gott hat sie an einen Ort gesetzt, den ihr in eurer Rhetorik (Beredsamkeit) nicht findet, auch nicht in der Philosophie. Derselbe Ort heißt Glaube, in welchem alle Dinge stehen, die wir weder sehen noch begreifen können. Wer dieselbe will sichtbar und begreiflich machen, wie ihr tut, der hat das Herzeleid und Heulen zum Lohn, wie ihr auch habt, wider unsern Willen.

27. Juni

Er zweifelte nicht an der Verheißung Gottes durch Unglauben, sondern war stark im Glauben und gab Gott die Ehre. Römer 4, 20.

Man muß nicht allen Erscheinungen glauben, es sei denn, daß sie dem Glauben ähnlich seien. Ich will das Wort Gottes behalten und damit zufrieden sein; damit will ich leben, damit will ich sterben. Darum, wenn Gott einen Engel senden würde, der da sagte, du sollst diese Verheißung nicht glauben, so wollte ich ihn von mir stoßen und sagen: Hebe dich hinweg von mir, du Satan! Oder wenn mir Gott selbst erscheinen würde in seiner Majestät und sagte: Du bist meiner Gnade nicht wert; ich will meinen Rat ändern und will dir die Verheißung nicht halten, so wollte ich der Erscheinung nicht glauben, sondern wollte wider Gott auf's allerhärteste streiten. Wie Hiob sagte: Wenn er mich schon töten würde, wollte ich dennoch auf ihn hoffen. Deswegen will ich anders nichts sehen noch hören, sondern will in dem Glauben leben und sterben, es sage mir gleich Gott, Engel und der Teufel, das dem zuwider ist.

28. Juni

Fleisch und Blut hat dir das nicht offenbaret, sondern mein Vater im Himmel. Matthäus 16, 17.

Denen, die nicht selbst gottesgelehrig sind und den heiligen Geist nebst meinen Predigten zum Meister haben, denen ist mit keinem Schreiben und Lehren nimmermehr zu helfen. Denn denen wird Gott selbst nicht und die ganze Heilige Schrift genug sein. Ja, bei denen wird kein Predigen, Lehren, Reden und Schreiben helfen, wenn auch gleich Laub und Gras, Bäume, Berge und Tal, ja alle Kreaturen Zungen hätten und lehren könnten. Vernunft, Fleisch und Blut kann's nicht verstehen noch fassen, was die Schrift sagt, sondern Gott muß es durch seinen Geist offenbaren im Herzen über das, daß es mit dem Wort verkündigt wird in den Ohren. Christum zu erkennen sind alle Bücher zu wenig, alle Lehren zu gering, alle Vernunft zu stumpf. Allein der Vater selbst muß uns ihn offenbaren (Matth. 11, 27).

29. Juni

Tag der Apostel Petrus und Paulus

Das ist je gewißlich wahr und ein teuer wertes Wort, daß Christus Jesus gekommen ist in die Welt, die Sünder selig zu machen, unter welchen ich der vornehmste (d.h. der größte) bin. Aber darum ist mir Barmherzigkeit widerfahren, auf daß an mir vornehmlich Jesus Christus erzeigete alle Geduld, zum Exempel denen, die an ihn glauben sollten zum ewigen Leben. 1. Timotheus 1, 15 - 16.

Mein Herz sagt immer: Ich wollt's alles gern glauben, wenn ich wär wie Sankt Peter oder Sankt Paulus. Also wollen wir immer mit Werken hinan; geschenkt wollen wir's nicht haben und sprechen: Ich glaub, daß Maria, St. Peter, St. Paul Brüder Christi sind; aber ich habe nicht verdienet, bin auch nicht würdig einer solchen Ehre. Das aber sind lauter Narrenteidinge. Hörest du nicht, daß es ein Geschenk ist? St. Peter ist ebensowohl ein armer bedürftiger Sünder als du. So sagt nun das Wort allen beiden, zu dir gleich als zu St. Peter, daß du Gottes Sohn und Gott dein Vater sei, daß dir Gott nicht mehr wolle schrecklich noch feind sein. St. Peter nun ergreift solches Wort und hat's auch. Willst du auch werden wie St. Peter, so tue auch also und ergreife das Wort. Lieber Herr Gott, ist es doch nicht um mehr zu tun, denn daß man's fasse und halte nur drauf und lasse sichs schenken.

30. Juni

Dem aber, der nicht mit Werken umgeht, glaubt aber an den, der die Gottlosen gerecht macht, dem wird sein Glaube gerechnet zur Gerechtigkeit. Römer 4, 5.

Was ist Petrus und Paulus? Was ist ein Engel vom Himmel, was sind alle Kreaturen gegen diesen Artikel (von der Rechtfertigung eines Sünders vor Gott), der da lehrt, wie und wodurch man der Sünden los, vor Gott gerecht und selig werde? Verstehen wir diesen Artikel recht und rein, so haben wir die rechte himmlische Sonne. Verlieren wir ihn aber, so haben wir auch nichts anderes als höllische Finsternis. Darum weder Petrus noch Paulus, ja auch keinen Engel vom Himmel, sondern widerstehe ihnen, denn man kann ihn (nämlich diesen Artikel von der Rechtfertigung eines Sünders vor Gott) nimmermehr hoch genug heben und verteidigen.

1. Juli

Auf diesen Felsen will ich bauen meine Gemeinde. und die Pforten der Hölle sollen sie nicht überwältigen. Matthäus 16, 18.

Ihr Nachkommen, betet und treibet Gottes Wort fleißig, erhaltet das arme Windlicht Gottes, seid gewarnt und gerüstet, als die alle Stunden gewarten müssen, wo euch der Teufel eine Scheibe oder Fenster ausstoße, Tür oder Dach aufreiße, das Licht auszulöschen. Denn er stirbt nicht vor dem Jüngsten Tag; ich und du müssen sterben, und wenn wir tot sind, bleibt er gleichwohl der, der er allezeit gewesen ist, und kann sein Stürmen nicht lassen. Gott helfe uns. — Denn wir sind es doch nicht, die da könnten die Kirche erhalten, unsere Vorfahren sind es auch nicht gewesen, unsere Nachkommen werden's auch nicht sein, sondern der ist's gewesen, ist's noch und wird es sein, der da spricht: Ich bin bei euch alle Tage bis an der Welt Ende, Jesus Christus gestern und heute, der es war, der es ist und der es sein wird. — Ja, so heißt der Mann, und so heißt kein anderer Mann und soll auch keiner so heißen.

2. Juli

Tag der Heimsuchung Mariae

Es begab sich, als Elisabeth den Gruß Marias hörte, hüpfte das Kind in ihrem Leibe. Und Elisabeth ward des heiligen Geistes voll und rief laut und sprach: Gebenedeiet bist du unter den Weibern, und gebenedeiet ist die Frucht deines Leibes. Und woher kommt mir das, daß die Mutter meines Herrn zu mir kommt? — O selig bist du, die du geglaubet hast! Lukas 1, 41 - 45.

Es scheint, als habe Lukas eine besondere Freude an dieser Geschichte gehabt, daß er so ausführlich ist und das liebe Jungfräulein uns allen, sonderlich aber dem Weibervolk, so schön vormalet in einem Kranz, der mit drei besonders schönen und lieblichen Rosen geschmücket ist. Denn da rühmet er drei besondere Tugenden, deren wir uns auch befleißigen sollen. Die erste ist der Glaube, die zweite eine sehr große, hohe Demut, die dritte das feine und züchtige Gebaren (Benehmen) vor den Leuten. Wo solcher Schmuck ist an einer Frau oder Jungfrau, übertrifft sie weit alle Königinnen und Kaiserinnen in all ihrem Gold, Edelgestein, Perlen, Sammet und Seiden. — O Glaube, Glaube, wie schwer gehest du ein, und ist doch der ein überaus seliger Mensch, der da glaubt, — wie denn? Denn er ist, spricht Christus, eine Wohnung und Palast der göttlichen Majestät; wieder ist der, der da nicht glaubt, des Teufels Hütte. O behüte uns, lieber Herr, vor Unglauben und stärke uns den Glauben!

3. Juli

Meine Seele erhebt den Herrn, und mein Geist freuet sich Gottes, meines Heilandes. Lukas 1, 46-47

Wenn man Gott mit viel Worten, Geschrei und Klang vermeint zu loben, so tut man, als wäre er taub oder wüßte nichts, als wollten wir ihn aufwecken und unterweisen. Ein solcher Wahn von Gott gereicht mehr zu seiner Schmach und Unehre, als zu seinem Lobe; sondern wer seine göttlichen Taten mit tiefem Herzen wohl bedenkt und sie mit Wunder und Dank ansieht, daß er aus Brunst heraus fährt, mehr seufzt als redet, und die Worte selbst fließen, (nicht erdichtet noch gesetzt) herausbrechen, daß gleich der Geist mit herausschäumt, und die Worte Leben, Hände und Füße haben, ja daß zugleich der ganze Leib und alle Glieder gern reden wollten, das heißt recht aus dem Geiste und in der Wahrheit Gott loben, da sind die Worte eitel Feuer, Licht und Leben.

4. Juli

Er übet Gewalt mit seinem Arm und zerstreuet, die hoffärtig sind in ihres Herzens Sinn. Lukas 1, 51.

Das ist Gottes Töpferwerk, daß er einen großen König wie Saul beim Kopf nimmt, der ihn nicht fürchten noch sein Wort vor Augen haben will, und zieht einen armen Hirten hervor, den macht er zum Könige. Warum wollen sie denn pochen, auf ihre Weisheit stolz sein und sich nicht fürchten? Warum werfen sie den Kampf auf, als hätten sie alles von sich selber, wie jetzt Fürsten und Adel, Bürger und Bauern tun? Ich bin der und der, sagen sie, sollte ich mich von dem Pfaffen meistern lassen und tun, was er wollte? Wohlan, spricht unser Herr Gott, sei böse und weise, du wirst mich dennoch müssen sitzen lassen. Ich habe auch einen Arm; zücke ich den, so sieh dich vor; er ist sehr schwer und wird dich so drücken und dir so angst machen, daß du nicht wissen wirst, wo du daheim bist. Es ist Gottes Art also, wenn er die Leute um ihrer Hoffart willen stürzen will, so macht er sie zuerst zu Narren und blendet sie. Danach, wenn sie geblendet sind, sind sie bald geschändet, daß sie sich in ihrer Klugheit müssen schämen. Er führt sie mit ihrer eigenen Weisheit in's Verderben, daß sie ihre Anschläge auf das genaueste und beste machen wie Pharao in Ägypten, da er den Juden nacheilt durch das rote Meer. Wenn sie es denn auf's beste beschlossen haben und sagen: So und so wollen wir es angreifen, so spottet unser Herr Gott ihrer. Wohlan, spricht er, gut also, ihr seid auf der rechten Bahn, nur flugs her. In den Stolz läßt er sie hinan gehen. Aber plumps liegen sie auf einem Haufen.

5. Juli

Und Maria blieb bei ihr bei drei Monate, darnach kehrte sie wiederum heim. Lukas 1, 56.

Sie ist voll des heiligen Geistes und trägt in ihrem Leib Gottes Sohn. Und dennoch nimmt sie Gestalt einer jugendlichen Magd an. Und solche Jungfrauen müßten rühmen, daß Maria auch eine solche gewesen ist. Wenn doch dies allen Ständen eingeprägt werden könnte! Schon die Mägde und das Gesinde ist stolz. Wenn sie doch sehen würden, was Gott bei sich und in den höchsten Personen zeigt! Das edelste Frauenbild nimmt den Stand der Magd auf sich. Und das soll schamrot machen jedes Weib. Und das ist geschrieben, daß sie nicht wie Gänse und Enten sind, sondern allen Jungfrauen und Frauen zum Vorbild, daß sie demütig, dienstfertig, nicht störrisch, knorrig etc., seien.

6. Juli

Dieweil ihr denn Kinder seid, hat Gott gesandt den Geist seines Sohnes in eure Herzen, der da rufet: Abba, lieber Vater. Galater 4, 6.

Wir wissen auch wohl, daß wir arme Sünder sind; aber hier gilt's nicht des Ansehens, was wir sind und tun, sondern was Christus für uns ist und getan hat und noch tut. Dünkt dich's groß sein, daß du Gottes Kind seiest? Lieber, so laß dich's auch nicht klein dünken, daß Gottes Sohn kommen ist, von einem Weib geboren und unter das Gesetz getan, auf daß du ein solch Kind würdest. Großes Ding ist's allesamt, was Gott wirkt; darum macht's auch große Freud und Mut, unverzagte Geister, die sich vor keinem Ding fürchten und alles vermögen. Darum halt fest ob diesem Text; das Rufen des Geistes im Herzen mußt du fühlen; denn es ist ja auch deines Herzens Rufen, wie solltest du es denn nicht fühlen? Der Geist Gottes gibt Zeugnis unserm Geist, daß wir Gottes Kinder sind. Wie sollt denn unser Herz solch Rufen, Seufzen und Zeugnis nicht fühlen? O, dazu dienen köstlich die Anfechtungen und Leiden. Die treiben zu solchem Rufen und wecken den Geist auf. Fühlest du nun das Rufen nicht, so denk und ruhe nicht mit Bitten, bis daß Gott dich erhöre.

7. Juli

Des Herrn Rat ist wunderbarlich, und führet es herrlich hinaus. Jesaja 28, 29.

Lasset uns die Ordnung, die Gott in Regierung seiner Heiligen pflegt zu halten, lernen. Ich habe mich auch öfters unterstanden, unserm Herrn Gott gewisse Weise vorzuschreiben, deren er sich bedienen sollte in Regierung entweder seiner Kirche oder anderer Dinge. Ach Herr, ich wollte gern, daß dies nach der Ordnung möchte geschehen und daß es einen solchen Ausgang möchte gewinnen. Aber Gott tat dem, das ich gebeten hatte, gerade zuwider. Da gedachte ich zum selben Mal: Nun, es ist ja gleichwohl mein Rat nicht wider Gottes Ehre, sondern wird sehr nütz sein, daß dadurch der Name Gottes geheiligt, sein Reich gesammelt und gemehrt werde usw., in Summa: es ist ja ein schöner Rat und wohl bedacht; aber Gott hat ohne Zweifel solcher Weisheit gelacht und gesagt: Wohlan, ich weiß wohl, daß du ein verständiger, gelehrter Mann bist; aber ich habe den Brauch nie gehabt, daß mich Petrus oder Doktor Martinus oder wer es auch sein möchte, unterrichten, regieren oder führen müsse. Ich bin nicht ein solcher Gott, der sich will lehren oder regieren lassen, sondern der da pflegt andere zu führen, zu regieren und zu lehren.

8. Juli

Wer an mich glaubet, der wird leben, ob er gleich stürbe. Johannes 11, 25.

Ein Mensch heißt, der aus Fleisch und Blut geboren wird; aber ein Christ heißt, der getauft und mit Christi Blut in der Taufe von Sünden gewaschen ist; der soll den Namen führen, daß er Christian oder Christ heiße. Auf daß also, wenn man dich fragt: Wie heißest du mit deinem neuen Namen, Christian oder ein Christ? — heißest du doch Hans, Peter, Paul, — du antworten könnest: Von meinem Vater bin ich genannt worden Hans, Peter, Paul; aber von dem Mann Christo heiße ich ein Christ. Wenn es nun zum Sterben kommt, so stirbt Johannes, Petrus, Paulus dahin; aber ein Christ stirbt nicht. Ich sehe, daß Johannes, Petrus, Paulus begraben wird; aber ein Christ wird nicht begraben, sondern lebt. Darum, wenn ich sterbe als Petrus und Paulus, da liegt nichts daran. Denn wenn ich ein Christ bin, so soll der Petrus und Paulus aus dem Grabe wieder hervorkommen; denn Christus, von dem ich den Namen habe, sagt es selbst.

9. Juli

Wir wandeln im Glauben und nicht im Schauen.
2. Korinther 5, 7.

Dieses Leben ist nichts anderes als ein Leben des Glaubens, der Liebe und des Kreuzes. Aber diese drei werden in uns nimmer vollkommen. Christus allein ist die Sonne und uns gegeben zum Beispiel, dem wir nachahmen müssen. Unter uns aber findet man einige, die da schwach, andere, die da stark, und andere, die noch stärker sind. Diese können wenig, die andern viel leiden, und müssen also alle bleiben in dem Ebenbild nach Christo. Denn dies Leben ist ein solcher Wandel, darin man immer fortfährt vom Glauben in Glauben, von Liebe in Liebe, von Geduld in Geduld, oder vom Kreuz in's Kreuz. Es ist nicht Gerechtigkeit, sondern Rechtfertigung, nicht Reinigkeit, sondern Reinigung. Wir sind noch nicht gekommen, dahin wir sollen; wir sind aber auf der Bahn und auf dem Wege; darauf sind etliche weiter und weiter. Gott ist zufrieden, daß er uns findet in der Arbeit und im Vorsatz. Wenn er will, so kommt er bald und stärkt den Glauben und die Liebe und setzt uns in einem Augenblick aus diesem Leben in den Himmel.

10. Juli

Fürchte dich nicht, du kleine Herde; denn es ist eures Vaters Wohlgefallen, euch das Reich zu geben. Lukas 12, 32.

Wenn wir so viel Undank und Bosheit bei Bürgern, Bauern und allerlei Ständen sehen, treibt es uns oft in die Meinung, die ganze Welt wäre vom Teufel besessen ... Aber der Trost muß doch bleiben ..., daß immer noch etliche rechtschaffene und heilige Menschen leben. Denn Gott wird nie ohne Volk sein, denn er ist ein Gott der Barmherzigkeit und des Gerichts: die nicht unbußfertig sind, sondern sich demütigen, denen vergibt er und die rettet und regiert er. — Die rechte wahre Kirche ist gar ein kleines Häuflein, hat kein oder gar wenig Ansehen, liegt unterm Kreuz. Aber die falsche Kirche ist prächtig, ruhmredig, blüht und hat ein schönes, großes Ansehen wie Sodom. Darum lasset uns in der Kirche mit der Kirche für die Kirche bitten; denn es sind drei Dinge, welche die Kirche erhalten und eigentlich der Kirche angehören. Erstens: treu lehren, zum andern: fleißig beten, und zum dritten: mit Ernst leiden.

11. Juli

Sie werden die Ohren von der Wahrheit wenden und sich zu den Fabeln kehren. 2. Timotheus 4, 4.

Wenn die Leute hören Historien und Exempel erzählen, so verwundern sie sich. Spielt der Prediger mit Bildern und geistlichen Deutungen, das gefällt dem Volk und Haufen wohl. Aber wenn man vom Artikel der Rechtfertigung predigt, daß man allein vor Gott durch den Glauben an Christum gerecht und selig wird, da hält der gemeine Mann keinen für beredt, ja sie hören ihn nicht gerne. Und habe es für ein gewisses Zeichen, wenn man vom Artikel der Rechtfertigung predigt, so schläft das Volk und hustet; wenn man aber anfängt, Historien und Exempel zu sagen, da reckt's beide Ohren auf, ist still und hört fleißig zu. Wo dieser Artikel (von der Rechtfertigung) hinweg ist, so ist die Kirche weg und mag keinem Irrtum Widerstand werden. Denn außer der Rechtfertigung herrscht entweder Sicherheit oder Werkheiligkeit. Verstehen wir diesen Artikel von der Rechtfertigung recht und rein, so haben wir die rechte himmlische Sonne. Verlieren wir ihn aber, so haben wir auch nichts anders als höllische Finsternis.

12. Juli

Ich bin Joseph, euer Bruder, den ihr in Ägypten verkauft habt. 1. Mose 45, 4.

Diese Offenbarung Josephs sollen wir nicht obenhin ansehen und lesen, sondern die große Bewegung des Herzens betrachten, dadurch Joseph und seine Brüder sind ergriffen worden. Ich wüßte nicht, wie ich mich hätte dazu stellen sollen, da er sagt: Ich bin Joseph. Und sie wußten es auch nicht. Was will es denn werden, wenn unser Herr und Heiland Jesus Christus kommen wird, welcher uns in diesem Leben auf mancherlei Weise versucht, lässet uns sehr geplaget, gestäupt und getötet werden. O welch eine große Freude wird werden, wenn er sich so plötzlich und unversehens verändern wird, da wir zuvor empfunden und uns bedünken lassen, daß er ein greulicher Tyrann wäre, der uns alle umbringen wollte, und er sagen wird: Ich bin Joseph, ich bin euer Heiland.

13. Juli

Das sollt ihr wissen, daß kein Hurer oder Unreiner oder Geiziger (welcher ist ein Götzendiener) Erbe hat an dem Reich Christi und Gottes. Epheser 5,5

Geiz, Hurerei und Unzucht sind wohl große, schreckliche Sünden, und unser Herr Gott straft sie auch mit Pest und Teurung. Aber es bleibt gleichwohl Land und Leute stehen. Aber die Sünde ist nicht Ehebruch und Hurerei, ja sie ist nicht eine menschliche, sondern teufliche Sünde, daß man die große Gnade der väterlichen Heimsuchung Gottes soll verachten, verlachen und verspotten; auf die Sünde folgt gewiß eine Strafe, die da heißt: Rein ab. Wer nicht allein schwach wird, sondern auch noch die mit Füßen tritt, die ihn führen und leiten, wer will helfen? Es ist zu viel, daß wir Sünder sind und wollen noch dazu den erwürgen (nämlich unseren Herrn Jesus Christus), der uns tragen und selig machen will, den totschlagen, der da kommt, selig zu machen; das tut niemand als der leidige Teufel und die da voller Teufel sind.

14. Juli

Wir haben euch gepfiffen, und ihr wolltet nicht tanzen; wir haben euch geklaget, und ihr wolltet nicht weinen. Matthäus 11, 17.

So geht's heutiges Tages noch. Predigt man das Evangelium, so hilft's nicht; predigt man das Gesetz, so hilft's auch nicht. Pfeift man, so wollen sie nicht tanzen; klagt man, so wollen sie nicht weinen. Man kann die arge Welt weder recht fröhlich noch recht traurig machen. Es ist ein Volk, das weder Gesetz noch Evangelium versteht noch verstehen will; man kann sie weder zu Sündern machen noch wider die Sünde trösten; man kann sie weder blind noch sehend machen. — Lebt einer frei, so ist's nicht recht; führt ein anderer ein hartes und strenges Leben, so taugt's auch nicht. Wie soll man's denn der schändlichen Welt noch machen? Das möchte ihr gefallen, wenn man alles lobt, was sie tut, obgleich sie doch nichts Rechtes tut.

15. Juli

Du bereitest vor mir einen Tisch gegen meine Feinde.
Psalm 23, 5.

Gottes Wort ist allmächtig, der Glaube und Geist geschäftig und unruhig, muß immer zu tun haben und zu Felde liegen. So muß das Wort Gottes nicht geringe, sondern die allermächtigsten Feinde haben, an welchen es kann Ehre einlegen nach seiner großen Gewalt, wie denn dieser vier Gesellen sind: Fleisch, Welt, Tod, Teufel; daher Christus heißt der Herr Zebaoth, ein Gott der Heerscharen, der immer kriegt und in uns zu Felde liegt. Er gibt uns auch seinen Leib und Blut zur Speise, was nicht allein ein gnädiges Zeichen, sondern auch eine Speise sein soll, als damit wir uns laben und stärken sollen, alle, die mit ihm in seinem Heer zu Felde liegen, und ist eigentlich der Sold und Proviant, damit er sein Heer und Kriegsvolk besoldet und speiset, bis sie endlich obliegen und das Feld behalten mit ihm. O es ist eine gute Münze, köstlich rotes Gold, rein weißes Silber, niedlich schönes Brot und guter süßer Wein, und das alles die Fülle und reichlich vollauf, daß es gar lieblich ist, in dieser Heerfahrt zu sein.

16. Juli

So jemand mein Wort hält, der wird den Tod nicht schmecken ewiglich. Johannes 8, 52.

Das muß ja eine treffliche, allmächtige Arznei sein, die solchen großen Schaden, als der Tod ist, so leicht heilen kann, daß er auch nicht mehr soll gesehen werden. Wenn das die Welt glaubte, würde sie sich zerreißen um das Wort Gottes. — Man sehe an, wie teuer und lieb man die Kunst hat, welche ein Fieber oder die Pest heilen kann; wie läuft, rennt, gibt, tut jedermann alles hierzu (um gesund zu werden). Aber den Schatz und das Kleinod, das den Tod mit allen Krankheiten, Jammer und Not wegnimmt, das achtet niemand oder leidet gar wenig, und ist doch die hohe, ewige Wahrheit, Gott selbst, gelobet in Ewigkeit, Amen! Je fester aber du hältst und je weniger du zweifelst, desto weniger du den Tod fühlen wirst; das ist gewiß. Je schwächer du hältst, je mehr du zweifelst, desto mehr du auch den Tod fühlst; das fehlt nicht. O Herr, stärke uns den Glauben, so ist's gewonnen und wohlgetan.

17. Juli

So er spricht, so geschiehet es; so er gebietet, so stehet es da. Psalm 33, 9.

Alle Kreatur ist geschaffen durch's Wort, und als er rief oder sprach, standen sie da und sprachen: Hier sind wir. Darum sollen wir nicht zweifeln; was uns Gott durch seinen lieben Sohn, sein ewiges Wort, sagt, das muß sein; da muß es stehen und gehen, wie er's spricht. Aber der Teufel, der zuerst abgefallen ist, hat uns durch die Erbsünde so verblendet, daß wir nicht glauben noch denken können, wie es müsse ja und da sein, was Er spricht, und ob er's gleich mit Wunderzeichen und aller Kreatur Schöpfung von Anfang der Welt vor unsern Augen bezeugt, daß wir ihn wie Paulus Apostelgeschichte 17 wohl tappen und greifen möchten, so nahe ist er uns. Noch hilft's nicht. Selig aber ist, der das Ipse und Dixit (d.h. er selbst hat's gesagt) merkt und lieb hat.

18. Juli

Niemand kann sie aus meines Vaters Hand reißen.
Johannes 10, 29.

Gelobt in Ewigkeit sei Er, der einzige rechte und treue Hirte und Bischof aller Seelen, die an ihn glauben. Und zwar wird er an mir nicht anfangen zu lernen, wie er die Seinigen, die seine Stimme hören und behalten, vor des Teufels Gewalt und der Welt Bosheit und Tyrannei beschützen solle. Er sagt, sie werden nimmermehr umkommen. Niemand wird sie aus meiner Hand reißen. Dabei lasse ich's bleiben, begehre deshalb nicht weiter, daß ich für meine Seele sorgen und sie in meiner Hand und Gewalt haben soll, da sie wahrlich übel versorgt sein würde. Denn der Teufel könnte sie alle Augenblick von mir reißen und verschlingen. Viel tausendmal aber lieber ist mir's, daß Er sie in seiner Hand habe; da wird sie seinem Wort nach wohl sicher sein und bleiben.

19. Juli

Alle Schrift, von Gott eingegeben, ist nütze zur Lehre, zur Strafe, zur Besserung, zur Züchtigung in der Gerechtigkeit. 2. Timotheus 3, 16.

Dies ist das Buch, das alle Weisen und Klugen zu Narren macht und allein von Albernen und Einfältigen kann verstanden werden. Darum laß deinen Dünkel und Fühlen fahren und halte viel von diesem Buche als von dem allerhöchsten, edelsten Heiligtume, auch als von der allerreichsten Fundgrube, die nimmer ausgegründet noch ausgeschöpft werden mag. — Ich habe nun etliche Jahre her die Bibel zweimal ausgelesen, und wenn sie ein großer, mächtiger Baum wäre und alle Worte wären Ästelein und Zweige, so habe ich doch alle Ästelein und Zweige angeklopft und gerne wissen wollen, was daran wäre und was sie vermöchten, und allezeit noch ein paar Äpflein oder Birnlein herunter geklopft.

20. Juli

Allein die Anfechtung lehret auf das Wort merken.
Jesaja 28, 19.

Meine Theologie habe ich nicht gelernt auf einmal, sondern ich habe immer tiefer und tiefer darnach forschen müssen; dazu haben mich meine Anfechtungen gebracht; denn die Heilige Schrift kann man nimmermehr verstehen außer der Praktik und Anfechtung. So hat Paulus einen Teufel gehabt, der ihn mit Fäusten geschlagen und ihn getrieben hat mit seinen Anfechtungen, fleißig in der Heiligen Schrift zu studieren. So habe ich den Papst, die Universitäten und alle Gelehrten und durch sie den Teufel mir am Halse kleben gehabt; die haben mich in die Bibel gejagt, daß ich sie fleißig gelesen und damit ihren rechten Verstand erlangt. Wenn wir sonst einen solchen Teufel nicht haben, so sind wir nur spekulative Theologen, die schlecht mit ihren Gedanken umgehen und mit ihrer Vernunft allein spekulieren, daß es so und also sein sollte.

21. Juli

Wer sich rühmen will, der rühme sich des Herrn.
Jeremia 9, 24.

Wenn es Gottes Gnade betrifft, so gilt nicht Demut, sondern Hochmut. Auf dein Ding und Wesen sollst du demütig sein; denn du bist nichts als ein Madensack. Aber auf Christi Güte kannst du nicht stolz genug sein und mußt sagen: Wenn ich noch zehnmal so unflätig wäre, habe ich dennoch das Blut, das mich rein und heilig macht und Christum so viel gekostet hat, mich zu erlösen als St. Petrus. Es sind alle Heiligen ebenso tief gewesen als wir; so sind wir eben so hoch als sie, so daß keiner mehr hat als ich, außer daß sie wohl stärker sind im Glauben gewesen. Ein jeder wird seine Werke mitbringen, dadurch er wird leuchten und Gott preisen. Alles soll gleich sein vor Gott im Glauben und Gnade und himmlischen Wesen, aber in den Werken und ihrer Ehre unterschiedlich.

22. Juli

Es ist mir gegeben ein Pfahl in's Fleisch, nämlich des Satans Engel, der mich mit Fäusten schlage, auf daß ich mich nicht überhebe. 2.Korinther 12,7

Paulus, achte ich, wird wohl der größesten Heiligen einer sein, desgleichen auch der Prophet David. Aber wenn sie auf's höchste gekommen sind, haben sie vor dem Abgott der Werkheiligkeit nicht mögen sicher sein, wie sie selbst klagen. Denn Paulus bekennt frei, Gott habe ihm müssen einen Engel des Satans aus der Hölle heraus schicken, der ihn spießte und recht wohl zumarterte, allein darum, daß ihn die große Erleuchtung nicht überhübe, als wäre er deshalb besser und heiliger vor Gott. Siehe, der treffliche Mann im Geist und Glauben besteht so große Gefahr, er möchte in solche Hoffart fallen, daß er sich selbst kitzelte und vor Gott käme mit seiner eigenen Heiligkeit und mit solchem Register: So viel habe ich getan, gelitten, gepredigt, bekehrt usw., daß kein Rat war, dem Unglück zu wehren als damit, daß er einen solchen Teufel am Halse haben mußte, der ihn plagte, daß er mußte bekennen, was er wäre, wäre er aus lauter Gnaden um keines Werkes noch Verdienstes willen.

23. Juli

Christus hat sich selbst für uns gegeben, auf daß er uns erlösete von aller Ungerechtigkeit und reinigte ihm selbst ein Volk zum Eigentum, das fleißig wäre zu guten Werken. Titus 2, 14.

Wie du dich für eine unter den Kreaturen Gottes, die nach der Schöpfung durch Adams Sünde gefallen, rechnen mußt, so mußt du dich auch für einen unter den Erlösten halten und das Wort „unser" zu allen Worten setzen: Ich glaube an Jesum Christum, unsern Herrn, also auch: unsern Gelittenen, unsern Gestorbenen, unsern Auferstandenen, daß er unser aller sei und uns gelte, und du also unter denselben „unsern" mit seist. Sodann ist Christus darum Christus und unsere Erlösung von Sünde und Tod, daß uns der heilige Geist soll zu neuen Menschen machen aus dem alten Adam, daß wir der Sünden tot und der Gerechtigkeit leben, hier auf Erden anfangen und zunehmen und dort vollbringen. Denn Christus hat uns nicht allein die Gnade, sondern auch die Gabe des heiligen Geistes verdient, daß wir nicht allein Vergebung der Sünden, sondern auch Aufhören von Sünden hätten. Ein Christ soll den heiligen Geist haben und ein neues Leben führen oder wissen, daß er keinen Christum habe.

24. Juli

An dir allein habe ich gesündiget. Psalm 51, 6.

Ist's nicht ein armes Ding und zu erbarmen, daß uns der Teufel anklagt und verdammt, da er noch viel ärger ist als wir sind? Was geht's ihn an, daß ich gesündigt habe? Habe ich doch nicht wider ihn gesündigt, sondern wider Gott und seine Gesetze; sodaß er mir das Gesetz nicht gegeben, sondern Gott. Es heißt: An dir allein habe ich gesündiget. Darum, weil wir Gott zum Vater und Vergebung der Sünden aus Gnaden haben um Christi willen, so muß uns der Teufel wohl unverdammt lassen; denn Christus hat die Handschrift unseres Gewissens ausgetilgt, einen Strich durchgemacht und aus dem Mittel getan (Kolosser 2). Die Erbsünde mag mit keinem Gesetz oder Strafe vertrieben werden, wenn gleich tausend Höllen wären, sondern allein die Gnade Gottes muß sie ausfegen und die Natur rein und neu machen.

25. Juli

Hier ist Feuer und Holz; wo ist aber das Schaf zum Brandopfer? Abraham anwortete: Mein Sohn, Gott wird ihm ersehen ein Schaf zum Brandopfer.

1. Mose 22, 7 - 8.

Das ist des Glaubens Art, daß er mit den Gütern handelt, die er nicht sieht noch fühlt, und geht gerade damit um, als habe er sie in Händen, hat keinen andern Trost, als daß er weiß, daß Gott nicht lügt noch trügt. Solches tut er in allerlei Stücken, als wenn ich sterben soll, und der Tod mir unter Augen tritt, da muß ich davon und weiß nicht, wo ich den Fuß zum ersten Tritt hinsetzen soll. Ist nun der Unglaube da, der zappelt, zagt und spricht: Wo will ich nun hin? Wer weiß, wo ich bleibe? Er will immer sehen und fühlen, wo er bleiben soll. Es wird aber nichts daraus, darum muß er verzweifeln. Der Glaube aber dünkt also: Ich weiß nicht, wohin ich fahre; hinaus muß ich, sehe und fühle nichts. Ich will mich aber dem befehlen, der da gesagt hat im Psalm: Wirf dein Anliegen auf den Herrn, der wird dich versorgen. Darauf fahre ich dahin. Denn ich weiß, er wird nicht lügen; so hat er das Leben und sieht es nicht, ja, sieht nichts als das Widerspiel; wovon weiß er's denn? Allein davon, daß Gott gesagt hat, er wolle die, so ihm vertrauen, nicht lassen aus seiner Hand fallen.

26. Juli

Ihr Knechte, seid gehorsam euren leiblichen Herrn mit Furcht und Zittern in Einfältigkeit eures Herzens als Christo. Und ihr Herren, tut auch dasselbige gegen sie und lasset das Drohen und wisset, daß auch euer Herr im Himmel ist und ist bei ihm kein Ansehen der Person. Epheser 6, 5 und 9.

Hast du die Gabe von Gott, daß du gewaltiger, höher, edler, gelehrter bist als andere, so denke, daß er dir befohlen, andern damit zu dienen. Wo nicht, so wisse, daß wohl ein armer Hirtenknabe, der gegen dich gar nichts ist, vor Gott und Engeln viel größer ist und empor gen Himmel gehoben wird, du aber mit deiner Schönheit, Hoheit, Ehre und Schmuck zur Hölle verstoßen wirst. Vor Gott ist alles gleich, daß eine Dienstmagd den Ruhm hat, den die herrlichste Kaiserin und Königin hat, da sie sagen kann: Ich glaube an denselben Gott, bin in seinem Namen getauft und rufe meinen Herrn Christum an. Vor Gott habe ich ebenso viel, wenn ich gläubig und demütig bin und mir an meinem Stande genügen lasse. Wieder, ob wohl die Personen vor Gott gleich sind und alles einerlei haben, einen Herrn, einen Glauben, eine Taufe, so lautet es übel und gilt nichts, daß der Ackerknecht hinter dem Pfluge oder eine Dienstmagd im Hause wollte herfahren und sagen zu Herren oder Frauen: Ich bin vor Gott so edel und gut als du, darum darf ich dir nicht untertan sein noch gehorchen. Wie jetzt leider gar gemein und überhand genommen, daß die untern Stände die obern wollen überpochen. Das stehet keinem Christen zu, sondern ist wider die Regel und Lehre Christi, denn weil es dem höhern Stande verboten, daß er nicht wider die Geringen Trotz und Stolz üben soll, vielmehr will Gott bei Geringen und untergeordneten Personen das Auflehnen verboten haben.

27. Juli

Ich habe euch erwählet und gesetzt, daß ihr hingehet und Frucht bringet, und eure Frucht bleibe.

Johannes 15, 16.

Dies sind die Tugenden eines frommen Pfarrherrn und Predigers, daß er Gottes Reich mehrt, den Himmel füllt mit Heiligen, die Hölle plündert, den Teufel beraubt, dem Tode wehrt, den Sünden steuert, darnach die Welt unterrichtet und tröstet, einen jeden in seinem Stande, erhält Friede und Einigkeit, zieht fein das junge Volk auf und pflanzt allerlei Tugend im Volk, und kurz, er schafft eine neue Welt und baut nicht ein vergängliches, elendes Haus, sondern ein ewiges, schönes Paradies, darin Gott selbst gern wohnt. Darum ist kein Goldberg noch Silberberg in einem Lande diesem Schatz zu vergleichen.

28. Juli

Vater, ich will, daß, wo ich bin, auch die bei mir seien, die du mir gegeben hast, daß sie meine Herrlichkeit sehen, die du mir gegeben hast.

Johannes 17, 24.

Dies ist der letzte, aber der tröstlichste Teil in diesem Gebet für alle, die an Christo hangen, daß er für uns sorgt und sagt uns zu, er wolle uns die Herberge bestellen, also daß wir sollen bei ihm sein und es so gut haben, als er es hat bei seinem Vater. Als wollte er sagen: Seid getrost und sorget nur nicht, wo ihr bleiben und wie ihr fahren sollet. Lasset nur die Welt und Teufel toben und wüten, morden und brennen, euch zur Welt hinausstoßen, ihr sollet wohl versorgt sein und dahin kommen, dahin ihr begehret und wo ihr vor der Welt und allen Teufeln sicher ruhen und bleiben könnet. Wo mag nun das sein, oder wie heißt der Ort? In des Vaters Schoß und Armen, da alle Engel müssen zulaufen und heben und tragen. Darum sollen wir diesen Spruch unser Hauptkissen und Flaumfederbette sein lassen für unsere Seele und mit fröhlichem Herzen dahin fahren, wenn das liebe Stündlein da ist, daß wir von Sünde und allem Unglück, dazu des Teufels und der Welt entnommen und zur ewigen Ruhe und Freude gebracht werden sollen.

29. Juli

Welchen der Herr lieb hat, den züchtiget er; er stäupt aber einen jeglichen Sohn, den er aufnimmt. Hebräer 12, 6.

Gott geht mit den Gottesfürchtigen und Christen beinahe um wie mit den Gottlosen und Unchristen, ja zuweilen wohl ärger. Er tut nicht anders, denn gleichwie ein Hausvater mit seinem Sohne und Knechte handelt. Den Sohn stäupt und schlägt er viel mehr und öfter als den Knecht; doch sammelt er ihm einen Schatz zum Erbe. Aber einen bösen, ungehorsamen Knecht schlägt er nicht mit der Rute, sondern stößt ihn zur Tür hinaus und gibt ihm nichts vom Erbteil. Sonst kann ich dieses Argument nicht lösen, warum Gott seine lieben Kinder in der Welt durch die Rolle laufen und plagen läßt; den Gottlosen aber gibt er alles vollauf und genug, daß sie es nach aller Lust im Sause gebrauchen ohne Widerwärtigkeit.

30. Juli

Wer von Gott ist, der höret Gottes Wort; darum höret ihr nicht, denn ihr seid nicht von Gott.

Johannes 8, 47.

Diese Worte redet Christus so einfältig, daß niemand meint, daß sie so große Dinge in sich haben; aber wer sie recht ansieht, wer ihnen fleißig nachdenkt, was da sei von Gott oder nicht von Gott sei, der wird bekennen müssen, daß es ein großes und treffliches Ding ist, davon Christus redet. Denn wahr und gewiß ist, daß man einen Menschen nicht härter urteilen noch heftiger angreifen kann, als wenn man sagt, er sei nicht von Gott. Daß mich jemand einen Schalk und Bösewicht heißt oder mir gar den Hals absticht, ist nichts gegen diesen greulichen Jammer, welchen der Herr mit kurzen Worten hier faßt, da er zu den Juden spricht: Ihr seid nicht von Gott. Darum liegt an diesem Stück alles, daß wir Gottes Wort gern hören und fleißig behalten sollen. Denkt, liebe Kinder, was ihr davon für einen Vorteil habt. Da wisset ihr, daß ihr von Gott seid, und habt den Teufel und die Hölle überwunden, und soll euch weder Sünde noch Gottes Gericht Schaden tun. Was neben solchem euch für Unrat begegnet, dem sollt ihr allem entlaufen können, da hingegen die Welt auch in dem geringsten Anliegen ungeduldig und verzagt wird. Die Christen müssen zwar viel leiden, als denen der Teufel und die Welt bitterfeind ist, müssen deshalb Leib und Leben, Gut und Ehre wagen und in Gefahr setzen. Wie können sie aber solches alles leiden und geduldig dazu sein? Durch nichts anders, als daß sie am Worte bleiben hangen und sagen: Lasse gehen, wie es geht; ich bin nicht von der Welt, sondern von Gott, sonst würde die Welt anders mit mir umgehen; es ist mir aber viel lieber, sie hasse mich und lege mir alles Leid an, als daß sie mich lieb hätte und ich nicht von Gott wäre.

31. Juli

Herr, gedenke an mich, wenn du in dein Reich kommst. Lukas 23, 42.

Gott will seine christliche Kirche erhalten, wenn schon alle von Christo abfallen, Kaiser, König, Papst, Bischöfe, die Mächtigsten und Gelehrtesten auf Erden, so will doch Gott ein Häuflein behalten, das seinen Geist haben und ihn vor der Welt bekennen soll. Wollen die Jünger samt andern, die dem Herrn Christo verwandt, nicht bekennen noch glauben, sondern aus Furcht leugnen, sich an ihm ärgern und davon laufen, so muß ein Übeltäter und Mörder hervor, diesen Christum bekennen, von ihm predigen und andere Leute lehren, was man von ihm halten und was man sich sein trösten soll. Denn unser Herr Gott will Christum nicht ohne Leute lassen, die ihn bekennen, sollte es gleich nur ein Dieb am Galgen oder ein Mörder auf dem Rade sein.

1. August

Und es wird geschehen, welche Seele denselbigen Propheten nicht hören wird, die soll vertilget werden aus dem Volk. Apostelgeschichte 3, 23.

Diesen Artikel von der Rechtfertigung wollen die Feinde der Wahrheit schlecht nicht leiden; so können wir sein nicht entraten (entbehren). Denn wenn der Artikel weg ist, so ist die Kirche weg und mag keinem Irrtum widerstanden werden, weil außer diesem Artikel der heilige Geist nicht bei uns sein will noch kann; denn er soll uns Christum verklären. Über diesem Artikel ist die Welt so oft zu scheitern gegangen durch Sündflut, Wetter, Gewässer, Krieg und alle Plagen. Über diesem Artikel ist Abel erwürgt und alle Heiligen, und müssen auch alle Christen darüber sterben. Dennoch ist er geblieben und muß bleiben, und die Welt muß immerdar darüber zu Grunde gehen. Also soll sie jetzt auch herhalten und über dem Artikel gestürzt werden, und sollte sie toll und töricht werden, so soll sie den Artikel lassen stehen und sie darüber in der Höllen Grund fallen. Amen.

2. August

Christus ist die Versöhnung für unsere Sünde, nicht allein aber für die unsere, sondern auch für der ganzen Welt (Sünde). 1. Johannes 2, 2.

Ich weiß sehr wohl, was ich für Ursache habe, daß ich so heftig dazu ermahne, daß man Christum recht und eigentlich erkennen lerne. Denn Christus ist nicht ein solcher Mann, der von uns etwas des Unsern fordert, sondern ist vielmehr ein Versöhner, welcher alle Sünder in der ganzen Welt mit Gott versöhnt. Darum, wenn du ein Sünder bist, wie wir denn in der Wahrheit alle sind, so stelle dir bei Leib und Leben Christum nicht so vor, wie er auf dem Regenbogen sitzt und Richter ist; sonst wirst du erschrecken und verzweifeln müssen; sondern fasse ihn in seinem rechten Bilde, daß du ihn siehst und erkennest als einen Sohn Gottes und der Jungfrau Maria. In derselben Person schreckt er niemand, viel weniger martert und plagt er, verachtet uns arme Sünder nicht, fordert keinerlei Rechenschaft von unserem Leben, das wir so böse zugebracht haben, sondern ist eine Person, die der ganzen Welt Sünde hinweggenommen, durch sich selbst gekreuzigt und vertilgt hat.

3. August

Wer euch tötet, wird meinen, er tue Gott einen Dienst daran. Johannes 16, 2.

Unser lieber Gott lasse mich nur in solche Sünde fallen, wenn er mich will fallen lassen, die ich weiß, verstehe und erkenne, daß es Sünden sind, nicht aber in solche Sünden, die nicht für Sünde erkannt, sondern noch für große Tugend und Heiligkeit gehalten werden. Unsern Herrn Gott verdrießt nicht mehr, als daß man die Sünde noch verteidigt und nicht Unrecht getan haben will wie Saul. Denn die Sünden, die nicht für Sünden erkannt werden, sind wider die erste Tafel (d.h. wider das 1. - 3. Gebot); die aber erkannt werden, sind wider die andere Tafel (d.h. wider das 4. - 10. Gebot), wie Saul tat wider die erste, David aber wider die andere Tafel der zehn Gebote. Und solche Sünder, die wider die andere Tafel gehandelt, kommen leicht wieder zurecht und bessern sich durch die Bußpredigt; die andern aber, welche wider die erste Tafel tun, kommen nicht oder doch selten zurecht; denn sie wollen nicht unrecht, sondern recht getan haben, wie sie meinen.

4. August

Wer glaubet, der flieht nicht. Jesaja 28, 16.

Der Glaube ist viel ein anderes Ding als der freie Wille. Lieber, versuche es und führe es hinaus mit deinem freien Willen, wenn Pest, Krieg und Teuerung vorfallen. Zur Pestzeit kannst du vor Furcht nichts beginnen. In teurer Zeit gedenkest du, wo soll ich Essen hernehmen? Das sind die großen Taten, die unser freier Wille ausrichtet. Aber dagegen ist der Glaube die Frau Domina (d.h. Herrin) und Kaiserin; ob er schon schwach und klein ist, so steht er dennoch und läßt sich nicht gar zu Tode schrecken. Er hat wohl große, gewaltige Stücke vor sich, wie man in der Schrift und an den Jüngern sieht. Wellen, Wind, Meer und allerlei Unglück treiben alle miteinander zum Tode zu, und wer sollte in solcher Not und tödlicher Gefahr nicht erschrecken und erblassen? Aber der Glaube, wie schwach er ist, hält er doch wie eine Mauer und legt sich wie der kleine David gegen Goliath, das ist, wider Sünde, Tod und alle Gefährlichkeit, sonderlich aber streitet er ritterlich, wenn's ein starker, vollkommener Glaube ist; ein schwacher Glaube kämpft auch wohl, aber nicht so keck.

5. August

Gott stehet in der Gemeinde Gottes und ist Richter unter den Göttern. Psalm 82, 1.

Anmerkung: Unter „Göttern" sind die obrigkeitlichen Personen zu verstehen, die im Namen Gottes Recht und Gerechtigkeit auf Erden handhaben sollen.

Ein solcher Prediger, durch welchen Gott die Götter straft, soll stehen in der Gemeinde; stehen soll er, das ist, fest und getrost sein, aufrichtig und redlich wider sie handeln, öffentlich vor Gott und den Menschen. Jetzt aber sind viele Bischöfe und Prediger im Predigtamte; sie stehen aber nicht und dienen Gott nicht getreu, sondern liegen oder treiben sonst ihren Scherz damit. Das sind die faulen, unnützen Prediger, die den Fürsten und Herren ihre Laster nicht sagen. Etliche darum, daß sie es gar nicht achten; solche liegen und schnarchen in ihrem Amte, tun nichts, das zu ihrem Amte gehört, außer daß sie wie die Schweine den Raum füllen, wo sonst gute Prediger stehen sollten. Einige heucheln und schmeicheln und stärken die bösen Götter in ihrem Mutwillen. — Andere fürchten auch der Haut, sorgen, sie müssen Leib und Gut darnach verlieren. Diese alle stehen nicht und sind Christo nicht treu.

6. August

Sie hat ein gut Werk an mir getan.

Matthäus 26, 10.

Wir lehren so, daß Gott versöhnen, fromm machen, Sünde tilgen, sei ein so hohes, großes, herrliches Werk, das allein Christus, Gottes Sohn tun müsse, und sei eigentlich ein lauteres, bloßes, sonderliches Werk des einigen rechten Gottes und seiner Gnade, wogegen unsere Werke nichts sind noch vermögen. Aber daß darum gute Werke sollten nichts sein, wer hat das je gelehrt oder gehört? Ich wollte meiner Predigt eine, meiner Lektion eine, meiner Schrift eine, meinem Vater Unser eines, ja welch ein kleines Werk ich immer getan oder noch tue, nicht für der ganzen Welt Güter geben, ja ich achte es teurer als meines Leibes Leben, das doch einem jeden lieber sein soll als die ganze Welt. Denn ist's ein gutes Werk, so hat's Gott durch mich und in mir getan. Hat's Gott getan und ist's Gottes Werk, was ist die ganze Welt gegen Gott und sein Werk? Ob ich nun wohl durch solche Werke nicht fromm werde (so durch Christi Blut und Gnade ohne Werke geschehen muß), dennoch ist's Gott zu Lobe und Ehren geschehen, dem Nächsten zu Nutzen und Heil, welches keines man mit der Welt Gut bezahlen oder vergleichen kann.

7. August

Von dem Baum der Erkenntnis des Guten und Bösen sollst du nicht essen. 1. Mose 2, 17.
Wer mein Fleisch isset und trinket mein Blut, der hat das ewige Leben. Johannes 6, 54.

Vom grünen Holze ist Sünde und Tod hergekommen, vom dürren Holze Gerechtigkeit und Leben. Deswegen also gesagt: Iß dort nicht vom grünen Baum; du stirbst sonst; hier aber iß vom dürren, oder du bleibst tot. Du willst ja essen und naschen von einem Baum; ich will dir einen vollen zurichten, den du nimmermehr abessen kannst. Aber wie schwer es war, von jenem grünen Baum sich enthalten, so schwer ist's hier, vom dürren genießen oder essen. Denn dort war Gestalt des Lebens, Lust und Gutes; hier aber ist Gestalt des Todes, Leidens und Trübsals, weil dieser Baum grünet, jener dürre ist; daher bleibt's noch tief in's Herz gewurzelt, daß der Mensch daher das Leben suche, wo der gewisse Tod ist, und fliehet da den Tod, wo das gewisse Leben ist.

8. August

Das Zeugnis des Herrn ist gewiß und macht die Albernen (d.h. die Unverständigen) weise.

Psalm 19, 8.

Die Bibel und Schrift ist nicht ein solches Buch, das aus Vernunft und Menschen-Weisheit herfließt. Der Rechtsgelehrten und Dichter Künste kommen aus der Vernunft und mögen wieder von der Vernunft verstanden und gefaßt werden. Aber Mosis und der Propheten Lehre kommt nicht aus der Vernunft und Menschen-Weisheit. Darum, wer sich untersteht, Mose und die Propheten mit der Vernunft zu begreifen und die Schrift zu messen und rechnen, wie sich's mit der Vernunft reime, der kommt gar davon. Denn Mose und die Propheten sind solche Lehrer, die die Weisen und Klugen zu Narren machen und der Vernunft die Augen ausstechen, wenn sie anders sollen verstanden und geglaubt werden; wo das nicht geschieht, stößt und ärgert man sich daran oder widerfichtet es. Darum will's nicht anders sein; wer die Schrift verstehen und fassen soll, der muß ein Narr werden. Wer hier klug sein und es mit der Vernunft messen will, wie sich's reime und schicke, mit dem ist's verloren; der bleibt wohl ein untüchtiger Schüler.

9. August

Durch Christum habt ihr auch gehört das Wort der Wahrheit, nämlich das Evangelium von eurer Seligkeit. Epheser 1, 13.

Siehe, solche göttliche Zusagung seiner Gnade und Vergebung der Sünde heißet eigentlich Evangelium. Und ich sage noch einmal und abermal, daß du Evangelium ja nicht anders verstehest, denn göttliche Zusagung seiner Gnade und Vergebung der Sünde. Denn daher ist's geschehen, daß bisher St. Pauli Episteln nicht verstanden, auch unmöglich zu verstehen sind; weil sie nicht wissen, was eigentlich Gesetz und Evangelium heißet. Denn sie halten Christum für einen Gesetzmacher und das Evangelium für eitel Lehre neuer Gesetze; das ist nichts anders, denn das Evangelium zuschließen und allerdinge verbergen. Denn das Wort Evangelium ist griechisch und heißt auf deutsch eine fröhliche Botschaft, darum, daß darinnen verkündiget wird die heilsame Lehre des Lebens von göttlicher Zusagung und entboten wird Gnade und Vergebung der Sünden. Darum gehöret zum Evangelio nicht Werk, denn es ist nicht Gesetz, sondern allein Glaube, denn es ist eitel bloßes Zusagen und Anbieten göttlicher Gnade. Wer nun daran glaubt, der empfängt die Gnade und den heiligen Geist; davon wird dann das Herz fröhlich und lustig in Gott und tut alsdann das Gesetz freiwillig umsonst, ohne Furcht der Strafe und ohne Gesuch des Lohnes, denn es hat an der Gnade Gottes satt und genug, dadurch dem Gesetz ist genug geschehen.

10. August

Er gab ihnen Macht über die unsaubern Geister.
Matthäus 10, 1.

Es ist wahr, daß sich der Teufel jetzt so, dann wieder anders sehen und hören läßt. Aber rufe Gott an und bete; laß ihn darnach scharren und poltern, wie lange er will; du sollst wohl sicher vor ihm bleiben. Sage es ihm nur getrost unter die Augen und sprich: Du bist der Teufel und bleibst der Teufel. Ich aber bin ein Christ und habe einen stärkern Herrn, als du bist; darum laß mich zufrieden. Mir ist selbst oft widerfahren, daß er mir ein Gepolter im Hause angerichtet und mich hat schrecken wollen. Aber ich habe meinen Beruf vor mich genommen und gesagt: Ich weiß, daß mich Gott in dies Haus gesetzt hat, daß ich darin soll Herr sein; hast du nun einen stärkern Beruf als ich, und bist hierin Herr, so bleibe da. Aber ich weiß wohl, daß du hier nicht Herr bist; du gehörst an einen Ort, in den Abgrund der Hölle. Bin also wieder eingeschlafen und habe ihn lassen böse sein, habe wohl gewußt, daß er mir nichts hat tun können.

11. August

So ist nun nichts Verdammliches an denen, die in Christo Jesu sind. Römer 8, 1.

Es müssen sich zwar die Heiligen mit dem Teufel raufen und mit dem Tode beißen. Es ist aber in solchem Kampf das allerbeste und nächste zum Siege, dieses Lied der Heiligen lernen singen, nämlich sich selbst verleugnen, an die rechte Hand Gottes sich hangen. So geschieht dem Teufel eine große Schalkheit, daß er leeres Stroh zu dreschen findet, nämlich also: Ich will nichts sein, alle meine Macht soll der Herr sein. Wenn ich das tue, so bin ich rein ausgeleert von mir selbst und alledem, das mein ist, und kann sagen: Was fichtest du, Teufel. Suchst du gute Werke und meine eigene Heiligkeit zu tadeln vor Gott, je, habe ich doch keine. Der Herr ist meine Macht. Suchst du aber meine Sünde zu verklagen? Je, habe ich doch auch keine. Hier ist die Macht des Herrn; die magst du verklagen, bis du satt wirst; ich weiß weder von Sünde noch Heiligkeit in mir. Nichts, nichts weiß ich, als von Gottes Kraft in mir. Was will der Teufel machen, wo er so eine ledige Seele findet, die ihm weder auf Sünde noch Heiligkeit antworten will? Fällst du aber von diesem Liede, daß er dich ergreift in deinen Sünden oder guten Werken und du ihm zusehen und hören willst, so soll er dich zurichten, wie er dich gern haben will, daß du Gott mit seiner rechten Hand und alles vergessest und verlierest.

12. August

Wir haben aber solchen Schatz in irdenen Gefäßen. 2. Korinther 4, 7.

Eben darum läßt sich der böse Geist keine Mühe verdrießen und schlägt getrost darnach, ob er die Töpfe zerschlagen könne; denn sie stehen ihm so unter der Nase, daß er's nicht leiden kann. Unser Herr Gott sieht eine Weile zu und steckt uns zwischen Tür und Angel, daß wir mit Erfahrung lernen, daß das kleine, schwache, elende Wort stärker ist als der Teufel und die höllischen Pforten. Das Schloß sollen sie stürmen; sie sollen aber etwas finden, das ihnen den Schweiß austreiben soll, und dennoch nichts gewinnen; denn es ist ein Fels, wie es Christus nennt, der nicht zu gewinnen ist. So laßt uns leiden, was uns zukommt, so können wir erfahren, daß uns Gott beistehen will, uns so schützen und schirmen wider diesen Feind und allen seinen Anhang.

13. August

Es glaubten viele an ihn um des Weibes Rede willen, und viel mehr glaubeten um seines Wortes willen.
Johannes 4, 39 und 41.

O, daß doch Gott wollte, daß meine und aller Lehrer Auslegung untergingen und ein jeder Christ selbst die bloße Schrift und lauter Gotteswort vor sich nehme. Du siehst ja aus diesem meinem Geschwätz, wie unermeßlich ungleich Gottes Worte sind gegen aller Menschen Worte, wie gar kein Mensch mag einiges Gotteswort genugsam erreichen und erklären mit allen seinen Worten. Es ist ein unendliches Wort, und will mit stillem Geiste gefaßt und betrachtet sein, wie Psalm 83 sagt: Ich will hören, was Gott selbst in mir redet. Es begreift's auch sonst niemand, als ein solcher stiller und betrachtender Geist. Wer dahin könnte ohne Glossieren und Auslegen kommen, dem wäre mein und aller Menschen Glossieren gar nicht not, ja nur hinderlich. Darum hinein, hinein, liebe Christen, und laßt mein und aller Lehrer Auslegen uns ein Gerüst sein zum rechten Bau, daß wir das bloße, lautere Wort Gottes selbst fassen, schmecken und da bleiben; denn da wohnt Gott allein in Zion! Amen.

14. August

Wir haben diesen Mann gefunden schädlich, und der Aufruhr erregt allen Juden auf dem ganzen Erdboden. Apostelgeschichte 24, 5.

Jedermann klagt und schreit, das Evangelium mache viel Unfrieden, Hader und unordentliches Wesen in der Welt und stehe alles ärger, seit es aufgekommen ist, als vorher, wo es fein stille zuging und keine Verfolgung war, und die Leute miteinander lebten als gute Freunde und Nachbarn. Solchen unnützen Mäulern ist zu antworten: Es kann und soll nicht fein zugehen. Denn wie sollte es wohl zugehen, wo der Teufel das Regiment hat und dazu dem Evangelio totfeind ist? — Darum hoffe keines Friedens und stillen Wesens, solange sich Christus mit seinem Evangelio in des Teufels Reich legt. Und wehe des Wohlgehens und guten Gemachs, das vorhin gewesen ist und sie jetzt wünschen und begehren, denn das ist ein gewisses Zeichen, daß der Teufel mit aller Gewalt regiert und kein Christus da ist. Wie ich leider! besorge, daß es wieder so gehen wird und das Evangelium allzu früh von uns Deutschen kommen wird, darnach solche Schreier jetzt ringen.

15. August

Unsere Missetat drücket uns hart; du wollest unsere Sünde vergeben. Psalm 65, 4.

Sprich nicht: Ich bin jetzt nicht geschickt zum Beten; ich will noch eine Weile harren und dieweil was anders tun, bis ich geschickter werde. Sonst kommst du immer weiter davon, von einer Stunde zu der andern, ja von einem Tage zu dem andern, daß du dich doch zuletzt mußt mit Gewalt dawider legen und fortfahren zu beten, wenn du dich am allerungeschicktesten fühlest. Denn es heißt doch: Wer heute nicht geschickt ist, der ist morgen noch ungeschickter, und durch Verziehen wird niemand geschickt. Wo du nicht lernest beten, weil du ungeschickt bist und deine Beschwerung fühlest, so lernest du es nimmermehr. Denn wenn die süße Andacht kommt: Ei, nun bin ich geschickt, nun will ich recht beten, — da soll wohl der Teufel sein und dein Gebet zu Sünde und Schanden machen. Darum ist das die rechte Kunst, zu beten, geschickt zu werden, daß du daran anfangest, da du dich ungeschickt fühlest und Gott das vorträgst; also wirst du gewiß geschickter werden und dich bald leichter und lustiger fühlen, und nur immer durch diese Last hindurch gedrungen und fortgefahren, daß du dich die Sünde nicht lässest irren noch wehren. Doch also, daß du nicht denkest, in Sünden zu bleiben.

16. August

Ein Gott und Vater (unser) aller, der da ist über euch alle und durch euch alle und in euch allen.

Epheser 4, 6.

Es sei eine Kirche,wo sie kann in der ganzen Welt, so hat sie kein anderes Evangelium oder Heilige Schrift, keine andere Taufe und Abendmahl, keinen andern Glauben und Geist, keinen andern Christum und Gott, kein anderes Vater Unser und Gebet, keine andere Hoffnung und ewiges Leben, als wir hier in unserer Kirche haben, und sind ihre Bischöfe unsern Bischöfen oder Pfarrherrn und Predigern gleich, keiner des andern Herr oder Knecht, haben einerlei Sinn und Herz, und alles, was zur Kirche gehört, ist alles gleich, außer daß ein Prediger, auch wohl ein Christ stärkeres Glaubens sein kann, andere und mehr Gaben hat als der andere; einer kann besser die Schrift auslegen, dieser besser regieren, dieser besser predigen, dieser besser die Geister richten (= prüfen), dieser besser trösten, dieser mehr Sprachen haben und so fort. Aber solche Gaben machen keine Ungleichheit noch Herrschaft in der Kirche, ja wohl keinen Christen, sondern muß zuvor ein Christ sein.

17. August

Du sollst nicht stehlen. 2. Mose 20, 15.

Dieses Gebot zeigt uns, was Gott von uns halte, nämlich, daß wir allesamt, keiner ausgenommen, vor Gott und vor der Welt Diebe sind. Denn wenn Gott nicht hält oder der Henker nicht schreckt, so geht der Dieb heraus in's Werk auf's allergröbste. Du sollst aber nicht meinen, daß das allein gestohlen heiße, wenn du deinem Nächsten das Seine wegnimmst, sondern wenn du siehst deinen Nächsten Not, Hunger und Durst leiden, keine Herberge, Schuhe und Kleider haben, und hilfst ihm nicht, so stiehlst du gleich so wohl, als wenn einer dem andern das Geld aus dem Beutel oder Kasten stehle; denn du bist ihm schuldig, zu helfen in seiner Not. Denn deine Güter sind nicht dein; du bist als ein Schaffner (Verwalter) darüber gesetzt, daß du sie austeilest denen, die sie bedürfen. Darum gehören diese auch in die Reihen und in das große Register, darin die Diebe geschrieben stehen, die Güter haben und geben nicht denen, die es bedürfen, nehmen sich ihres Nächsten Notdurft nicht an, sondern gehen vorüber.

18. August

Du leitest mich nach deinem Rat und nimmst mich endlich mit Ehren an. Psalm 73, 24.

So oft als wir betrübt und angefochten werden, sollen wir unserm Fleische männiglich widerstehen, ob es in Anfechtung zornig und ungeduldig wird, und sollen sagen: Warum mich jetzt Gott so verlassen hat, kann ich selbst nicht wissen; daran zweifle ich aber nicht, der liebe, gnädige Vater wird es aus gutem, weisen Rate tun, das mir endlich werde nütz und gut sein, wiewohl es mein sündliches Fleisch nicht sieht noch verstehen kann, sondern murrt und strebt wider den Geist; so muß doch dies Kreuz mit Glauben und Geduld überwunden werden. Ich will es also mit Geduld leiden. Das Fleisch ist zwar dazu schwach, seufzt, heult und wehklagt, aber Gott sagt: Du weißt nichts davon, du bist ein Narr; mein Rat und Wille ist, daß ich aus diesem deinem Kreuz ein groß Gut hervorbringen will.

19. August

Jesus sagt: Liebet eure Feinde, segnet, die euch fluchen, tut wohl denen, die euch hassen, bittet für die, so euch beleidigen und verfolgen.

Matthäus 5, 44.

Hier müssen gemeine Christen und Personen, die ein Amt haben, unterschieden werden. Denn, obwohl jene für sich gütig sind, beten für Beleidiger und Verfolger, so muß das Recht und Strafe von Amts wegen auch gehen. Und wäre nicht recht, daß sie dasselbe aus Barmherzigkeit wollten anstehen lassen. Denn das wäre zum Bösen geholfen, gestärkt und Raum gegeben. Als wenn ich zu unsern Feinden, die das Evangelium und die armen Leute, die daran hangen, verfolgen und mit Füßen treten, sagen wollte: Liebe Herren! lohne euch der liebe Gott, ihr seid fromme Leute und heilige Väter usw., oder wollte schweigen und sie anbeten, oder die Füße küssen. Nein, lieber Bruder, es heißt also: Ich bin ein Prediger, der da soll Zähne im Maule haben, beißen und salzen, und ihnen die Wahrheit sagen, und wenn sie nicht wollen hören, in den Bann tun, den Himmel zuschließen, höllisch Feuer zuordnen, und dem Teufel geben von Gottes wegen.

20. August

Sollen wir denn in der Sünde beharren, auf daß die Gnade desto mächtiger werde? Das sei ferne!

Römer 6, 1 - 2.

Das ist ein ungeschicktes und gottloses Argument, wenn man also schließen will: Wenn durch unsere Sünde Gottes Gnade und Barmherzigkeit gepriesen wird, darum wollen wir nur frei sündigen. Gott will das nicht haben; er schreibt dir auch keine Regel vor, nach welcher du frei sündigen mögest. Er sagt nicht, daß er um der Sünde willen jemand wolle Gutes tun. Ein anders ist, um der Sünde willen Gutes tun, und ein anders, einem um der Sünde zu Hilfe kommen, daß er davon los werde. Er ist der Sünde feind, heißt nicht Sünde tun, sondern verbietet solches. Wenn aber die Sünde begangen ist und überaus sündig wird, da will Gott nicht haben, daß der Tod herrschen soll. Hesekiel 18, 23: Meinest du, daß ich Gefallen habe am Tode des Gottlosen, spricht der Herr, Herr, und nicht vielmehr, daß er sich bekehre von seinem Wesen und lebe?

21. August

Schaue die Güte und den Ernst Gottes, den Ernst an denen, die gefallen sind, die Güte aber an dir, so ferne du an der Güte bleibest. Römer 11, 22.

Ein Werkheiliger soll dadurch, daß er vermessen ist und sich auf seine Frömmigkeit verläßt, nicht selig werden. Und David oder der Schächer am Kreuz soll auch nicht um der Sünde willen verzweifeln, als müßte er darum verloren gehen; sondern man soll auf der rechten Mittelstraße bleiben und sich vor Sünden hüten. Denn obwohl Gott Gnade und Vergebung verheißen, so hat er doch das nicht verheißen, daß du ebenso gewiß, wenn du gefallen, werdest wieder kommen, gleichwie Saul und Judas nicht wiedergekommen ist. Es steht nicht in unserer Macht, die Gnade zu ergreifen. Darum soll man Gott fürchten, der beides, der Vermessenheit und auch der Verzweiflung, feind ist.

22. August

Der Himmel, Erde, Meer und alles was darinnen ist, gemacht hat; der Glauben hält ewiglich; denn des Herrn Wort ist wahrhaftig, und was er zusagt, das hält er gewiß. Psalm 146, 6 und Psalm 33, 4.

Wer nicht glaubt, mit dem kann Gott keine Wunderzeichen tun, sondern sie müssen untergehen und können dem Tode nicht entlaufen. Aber die da Gott vertrauen, die werden errettet, sollte eher Himmel und Erde vergehen. Denn der Glaube macht in einem Menschen, der sonst eine arme, schwache Kreatur ist, einen solchen großen Mut, daß er also stolz wird und sagen kann: Wenn alle Teufel auf mich fielen, ja alle Könige, Kaiser, Himmel und Erde wider mich wären, dennoch glaube und weiß ich, daß ich werde erhalten werden. Wer glaubt, der ist ein Herr; und ob er gleich stirbt, muß er doch wieder leben; ist einer arm, muß er doch wieder reich sein; ist einer krank, muß er doch wieder gesund werden. Wenn man durch den Glauben den Karren so geschmiert hat, so geht das Fuhrwerk fort.

23. August

Wir predigen nicht uns selbst, sondern Jesum Christum, daß er sei der Herr. 2. Korinther 4, 5.

Die gottseligen Menschen haben auf Erden nichts Köstlicheres als den Namen des Herrn; den allein loben, predigen und bekennen sie vor den Leuten, als der allein gewaltig, weise, heilig, gut, fromm und gerecht ist; sie aber rühmen und loben ihren Namen gar nicht. Sie sind zufrieden, daß er vor jedermann stinke, auf daß nur Gottes Name gelobt und gepriesen werde und Dank empfange auf Erden und im Himmel. Aber so leicht das zu sagen, so schwer ist es zu tun. Denn es ist sehr schwer, daß sich einer alles seines Namens entblößen soll, beides, in gegenwärtiger und zukünftiger Welt, und zunichte werde, beide, vor Gott und allen Leuten. Und gleichwohl, wenn das nicht geschieht, so kann uns der Name des Herrn auf Erden nicht herrlich sein, so kann man ihm auch nicht danken im Himmel.

24. August

Ich bin mir wohl nichts bewußt, aber darin bin ich nicht gerechtfertigt; der Herr ist es aber, der mich richtet. 1. Korinther 4, 4.

Es sei deine Sache, wie gerecht, wie heilig, wie unschuldig, wie göttlich sie immer wolle, so ist es doch nötig, daß du sie in Furcht und Demut behandelst, und fürchtest allezeit Gottes Gericht, und vertrauest nicht auf dich, sondern allein auf Gottes Barmherzigkeit. Judas Maccabäus ward erschlagen in einem sehr gerechten Kriege, und auch sonst ihrer viel sind umgekommen in Sachen und Händeln, die sehr gut und löblich waren, wie von den Kindern Israel im Buch der Richter Kap. 20 geschrieben steht: allein darum, daß sie nicht in Furcht, sondern im Vertrauen ihrer gerechten Sache gehandelt haben, und nicht auf Gottes Barmherzigkeit. Paulus spricht 1. Kor. 4: Ich bin mir wohl nichts bewußt, aber darin bin ich nicht gerechtfertigt. Darum richtet nicht vor der Zeit, bis der Herr komme, welcher auch wird an's Licht bringen, was im Finstern verborgen ist, und den Rat der Herzen offenbaren; alsdann wird einem jeglichen von Gott Lob widerfahren.

25. August

Den Schwachen im Glauben nehmet auf und verwirret die Gewissen nicht. Römer 14, 1.

Wenn du einen Bruder siehst, der noch Schwachheiten an sich hat, so denke also: Diese Last des Bruders muß ich tragen, den soll ich nicht wegwerfen, solange er Christus bekennt. Ein Christ soll in seinem Gewissen ein Arzt, von außen aber, im äußerlichen Lebenswandel ein lastbares Tier sein, welches die Lasten der Brüder trage. — Es müssen notwendig in der heiligen Kirche Schwache und solche sein, an deren Tun wir uns ärgern, gleichwie am menschlichen Leibe nicht allein Beine, sondern auch schwaches und weiches Fleisch ist. Darum besteht das Reich Christi aus solchen, die da tragen, und aus andern, die getragen werden. Und unser Leben ist etwas, das aus Stärke und Schwachheit zusammengesetzt ist.

26. August

Meine Schafe sind zerstreuet, als die keinen Hirten haben, und gehen in der Irre hin und wieder auf den Bergen. Hesekiel 34, 5 - 6.

Das Evangelium oder das Gedächtnis Christi ist in den meisten Predigten so seltsam geworden, daß man ein Grauen davor hat. Darum ist's kein Wunder, daß das Volk in der Irre wallt zu andern Kirchen. Du predigst nicht das Evangelium, wie du wohl solltest; du bist nach dem Buchstaben von innen nichts nütze und nach dem Geiste von außen. Darum schweift das Volk äußerlich um mit Leib und Seele und sündigt so viel weniger als du, so viel lieber sie das Evangelium hörten, wenn du es ihnen predigest, ja wenn du es auch gelernt hättest. Darum bist du selbst Ursache, daß deine Kirche verlassen wird. Du willst die Schafe in den Stall treiben und gibst ihnen doch kein Futter. Darum zerstreuen sich die Schäflein Christi auf die Berge; denn sie haben keinen Hirten, spricht der Herr.

27. August

Das Wort vom Kreuz ist eine Torheit denen, die verloren werden; uns aber, die wir selig werden, ist's eine Gotteskraft. 1. Korinther 1, 18.

Das ist die höchste Weisheit, an der schwachen Gestalt des gekreuzigten Christus zu hangen und sich nicht an derselben ärgern, daß wir nichts anders von Gott wissen oder denken, als daß er gekreuzigt ist. Die Gedanken von seiner Majestät sind sehr gefährlich. Denn es kann sich ein böser Geist in die Gestalt der Majestät verstellen; in die Gestalt aber des Kreuzes kann er sich nicht verstellen; denn in dieser ist er überwunden und zu Boden geworfen worden; deswegen haßt er sie auf das Feindseligste. Wenn dir der Teufel in's Herz gibt, daß Christus sei ein anderer Mann, als ihn St. Paulus allhier macht, so sage nur also: er hat's nicht recht getroffen, sondern in allen seinen Worten gelogen. Darum nehmest du ihrer dich auch nicht an. Einer, der selig werden will, soll also gesinnet sein, als sei sonst kein Mensch auf Erden als er allein, und daß aller Trost und Zusagung Gottes in der heiligen Schrift ihn allein angehe, sei auch um seinetwillen allein geschrieben.

28. August

Ein Weib, wenn sie gebieret, so hat sie Traurigkeit, — und ihr habt auch nun Traurigkeit; aber ich will euch wieder sehen, und euer Herz soll sich freuen. Johannes 16, 21 - 22.

Eine jede Trübsal ist eine Geburt, durch welche der neue Mensch geboren wird und der alte stirbt. Denn der Glaube und das Ansehen des Wortes nimmt in dergleichen Übungen zu. Es mag einem Gefängnis oder Schwert, Pest oder Tod bevorstehen, soll man sagen: Siehe, jetzt bin ich in der Geburt; hier muß ich standhalten und auf Gott harren und die Geburtsschmerzen aushalten, bis ich gebäre. Hier ist ein großes Werk des Glaubens, wenn man aushalten soll; aber gleichwohl ist kein anderer Weg durchzukommen. Dies Leben soll nichts anders sein als ein Haß über den alten Menschen und ein Suchen und Verlangen des Lebens in den neuen Menschen. Das Evangelium ist ein solch Wort, das nicht Kinder zeuget, die in der Wüste liegen, sondern wenn sie gezeuget sind, sie junge Gesellen und Jungfrauen, zur Ehe tüchtig, das ist, zu lehren, und andere geistliche Kinder zu zeugen.

29. August

Ich rief den Herrn an. Psalm 118, 5.

Es heißt: Ich rief den Herrn an. Rufen mußt du lernen, das hörst du, und nicht dasitzen bei dir selbst oder liegen auf der Bank, den Kopf hängen und schütteln und mit deinen Gedanken dich beißen und fressen, sorgen und suchen, wie du loswerdest, und nicht anders ansehen, denn wie dir's übel gehe, wie wehe dir sei, wie ein elender Mensch du seist. Sondern wohlauf, du fauler Schelm! auf deine Knie gefallen, die Augen und Hände gen Himmel gehoben, einen Psalm oder Vater Unser vorgenommen, und deine Not mit Weinen vor Gott dargelegt, geklagt und angerufen usw. Gott will's haben, daß du ihm deine Not sollst vorlegen, nicht auf dir lassen liegen und dich selbst damit schleppen, nagen und martern, womit du aus einem Unglück zwei, ja zehn und hundert machest.

30. August

Sei stille dem Herrn und warte auf ihn; erzürne dich nicht über den, dem sein Mutwillen glücklich fortgeht, erzürne dich nicht, daß du (nicht) auch übels tust. Psalm 37, 7 - 8.

Das ist der rechten Christen Weisheit, Gott lassen walten und regieren und alles, was unrecht zugeht oder den Frommen wehe tut, dem anbefehlen, welcher endlich alles genau und recht richten wird. Ein Christ mag wohl die Sünde strafen durch Gottes Wort; aber die Faust soll er nicht dazu tun und sich nichts unterstehen, er habe denn von Gott Befehl. Wenn du denn nun gleich heilig, weise und fromm bist, merkest auch wohl, daß es in vielen Dingen unrecht zugeht, und vermagst und kannst nicht alles, was krumm ist, eben machen, so tue deine befohlene Arbeit und wende in deinem Beruf deinen besten Fleiß an. Das andere, was nicht will alles fadenrecht werden, das befiehl dem, der weiser und stärker ist als du, dem lieben Vater im Himmel; der kann Kirche, Land, Leute, Fürstentum, Haus, Hof, Weib, Kind besser regieren als du.

31. August

Euch ist gegeben, um Christi willen zu tun, daß ihr nicht allein an ihn glaubet, sondern auch um seinetwillen leidet. Philipper 1, 29.

Das Kreuz um des Wortes und Glaubens willen auf sich nehmen, ist so viel, als den Haß des Teufels, der Welt, des Fleisches, der Sünde, des Todes freiwillig auf sich nehmen und tragen. Hier ist nicht nötig, ein Kreuz aufzusuchen. Fange nur den ersten Teil des Lebens an und verleugne dich selbst, das ist, strafe die Werkgerechtigkeit und bekenne die Gerechtigkeit des Glaubens, so wird alsdann der andere Teil bald auch da sein, nämlich das Kreuz, welches du alsdann auf dich nehmen sollst, gleichwie es Christus auf sich genommen hat. Weil aber die Heuchler das erste Stück verdammen und ihre eigene Gerechtigkeit verteidigen, so nehmen sie nicht allein das Kreuz nicht über sich, sondern werden selbst Kreuziger und Mörder der Frommen, die das Kreuz tragen.

1. September

Seid fest im Glauben, wie ihr gelehret seid.
Kolosser 2, 7.

Man muß vom Fühlen abtreten und schlicht das Wort in die Ohren fassen und darnach ins Herz schreiben und daran hangen, wenn es gleich keinen Anschein hat, daß meine Sünden von mir hinweg sind, wenn ich sie gleich in mir noch fühle. Das Fühlen muß man nicht ansehen, sondern fest darauf dringen, daß der Tod, Sünde und Hölle überwunden sei, ob ich gleich wohl fühle, daß ich im Tode, Sünde und Hölle noch stecke. Denn obgleich das Fühlen der Sünde noch in uns bleibt, so geschieht es doch allein darum, daß es uns zum Glauben treiben soll und den Glauben stark machen, daß wir wider alles Fühlen das Wort aufnehmen und darnach das Herz und Gewissen immerzu auf Christum knüpfen. Denn Glaube ist nicht der menschliche Wahn und Traum, den etliche für Glauben halten. Glaube ist eine lebendige, verwegene Zuversicht auf Gottes Gnade, so gewiß, daß der Glaubende tausendmal dafür stürbe. Und solche Zuversicht und Erkenntnis göttlicher Gnade macht fröhlich, trotzig und lustig gegen Gott und alle Kreaturen, welches der heilige Geist tut im Glauben.

2. September

Tue das Werk eines evangelischen Predigers; richte dein Amt redlich aus. 2. Timotheus 4, 5.

In der geistlichen Schäferei, das ist in Christi Reich, soll man den Schäflein Christi nicht Gottes-Gesetze, viel weniger Menschen-Gesetze predigen, sondern das Evangelium, das ein Troststecken und Stab heißt, dadurch sie Stärke im Glauben, Erquickung im Herzen und in allerlei Ängsten und Todesnöten Trost empfangen. Die so predigen, treiben das geistliche Hirtenamt recht, weiden die Schafe Christi auf einer grünen Aue, — und wo man solche hört, da soll man gewiß dafür halten, man höre Christum selbst. Man soll sie auch für rechte Hirten, das ist für Christi Diener und Gottes Haushalter erkennen und sich gar daran nicht kehren, daß sie die Welt für Ketzer und Verführer ausschreit und verdammt. Wieder, die etwas anderes als das Evangelium predigen, die sind gewiß greuliche Wölfe und Mörder.

3. September

Herr, hilf uns, wir verderben. Matthäus 8, 25.

In dieser äußersten Not schimmert noch ein Fünklein des Glaubens hervor, der sich selbst nicht fühlt, weil er spricht: Wir verderben. Denn wenn er sich selbst fühlte, so spräche er nicht: Wir verderben. Aber so fühlt er allein das Verderben und weiß nicht, daß er selber noch lebt und brennt. Denn wenn er nicht lebte noch brennte, so hätte er auch nicht einmal eine Empfindung. Aber siehe, Christus verwirft nicht diesen Funken, sondern macht ihn so groß, daß eine Feuersbrunst daraus wird, dadurch Wind und Meer gestillet werden. Also macht er es mit uns allen, wenn wir in Angst und Schrecken sind. Wenn wir nur seufzen, ächzen und zum wenigsten mit einer einzigen Bewegung des Herzens sagen: Herr Jesu Christe, hilf oder es ist um meine Seligkeit geschehen! Alsbald wird man eine Linderung empfinden. Denn durch dergleichen Seufzer wird Christus bewogen, die Winde und das Meer zu bedrohen. Und also wird eine große Stille, das ist, es erfolgt Freude und Friede und hernach Lob und Danksagung.

4. September

Ich schätze mich noch nicht, daß ich's ergriffen habe; ich jage ihm aber nach, ob ich's ergreifen möchte, nachdem ich von Christo Jesu ergriffen bin. Philipper 3, 12 - 13.

Einem Gläubigen ist nichts schädlicher, als daß er meint, er habe es schon ergriffen, und es sei nicht nötig, es erst zu suchen, denn daher kommt es, daß viele zurückfallen, und vor Sicherheit und Faulheit verwelken und lasch werden. Deswegen, wer angefangen hat, ein Christ zu sein, der ist schuldig, auch noch dieses zu tun, daß er gedenke, er sei noch kein Christ, sondern er suche es noch dahin zu bringen, daß er ein Christ werde. Dieses Leben ist nicht eine Frömmigkeit, sondern ein Frommwerden, nicht eine Gesundheit, sondern ein Gesundwerden, nicht ein Wesen, sondern ein Werden, nicht eine Ruhe, sondern eine Übung. Wir sind's noch nicht; wir werden's aber. Es ist noch nicht getan und geschehen; es ist aber in Gange und Schwange. Es ist nicht das Ende; es ist aber der Weg. Ein Christ ist im Werden, nicht im Worden-sein. Wer deshalb ein Christ ist, der ist nicht ein Christ, das ist, wer sich dünken läßt, er sei schon ein Christ worden, der nur ein Christ werden soll, der ist nichts. Denn wir strecken uns nach dem Himmel, sind aber noch nicht im Himmel. Und wie der nimmermehr in den Himmel kommen wird, der sich einbildet, er sei schon im Himmel, so ist der bereits im Himmel, der sich nach dem Himmel streckt und hineinzukommen sucht. So wunderbar sind die Werke dieses Reichs.

5. September

Herr, wohin sollen wir gehen? Du hast Worte des ewigen Lebens. Johannes 6, 68.

Wer bei Christo bleiben soll in der Welt wider so viele Teufel und böse Leute, unter so vielen Hindernissen und Ärgernissen, da gehört ein anderer Rückhalter dazu, als die menschliche Kraft ist; es muß ein Herz da sein, das Gott vertrauen und der Sache gewiß sein kann, dazu eine herzliche, brünstige Liebe zu dem Herrn Christo, daß er um seinetwillen auf sich lade alle Grundsuppen der Hölle, so er doch keinen andern Schatz und Rückhalter weiß außer allein dem, daß er einen gnädigen Gott habe und Christus ihm lieber sein läßt als alle Welt und was sie hat. Wer die Liebe zu Christo nicht hat, der kann des Teufels und der Welt Bosheit nicht ausharren. Der Teufel mag Christum wohl aus einer Stadt in die andere jagen, aber aus der Welt wird er ihn ungejagt lassen müssen. Du wirst Christum und Belial nicht vertragen, die Feindschaft ist zu hart aneinander geschworen. Einer muß zuletzt untergehen und der andere bleiben, da wird nichts anderes draus.

6. September

Wer sich rühmet, der rühme sich des Herrn.
1. Korinther 1, 31.

Es muß unser Herz so stehen, daß ich gedenke, o Herr, wenn wir mit einander rechten sollten, wie ich lebe und tue, so würde ich nicht bestehen, und ob ich gleich Johannes der Täufer wäre. Denn es ist alles noch nicht die Gabe, Geschenk und Barmherzigkeit, sondern Leben. Aber dadurch rühme ich mich fromm und deinen Diener, daß du mir gibst ohne Unterlaß und, wie du Abraham verheißen hast, daß du mir durch deinen Christum wollest barmherzig sein. Bin ich nicht für mich fromm, so ist er fromm. Bin ich nicht heilig, so ist er heilig. Bin ich nicht Gottes Diener, so ist er doch Gottes Diener. Bin ich nicht ohne Sorge und Furcht, so ist er aller Sorge los und ohne Furcht, daß ich mich also aus mir schwinge in ihn selbst und mich rühme, daß ich in Christo und durch Christum fromm sei. So will er, daß wir uns fromm und heilig sollen rühmen, aber nicht durch uns. Denn durch uns werden wir uns müssen rühmen gleich den verzweifelten Buben.

7. September

Das sollt ihr fürs erste wissen, daß keine Weissagung in der Schrift geschieht aus eigener Auslegung. 2. Petrus 1, 20.

Darum sollen wir Gottes Wort mit Furcht hören und mit Demut darin handeln und nicht mit unserm Gutdünkel d'rein plumpen. Du möchtest lieber in alle Sünden fallen als in deinen eigenen Dünkel; so ein gefährliches, schädliches Ding ist es. Denn es ist mit Gottes Wort nicht zu scherzen; kannst du es nicht verstehen, so ziehe den Hut vor ihm ab. Es leidet keinen Schimpf und keine menschliche Deutung, sondern es ist lauter Ernst da und will geehrt und hochgehalten sein. Kommst du mit deinem Dünkel drein, so wirst du dich versteigen und nicht wissen, ob du hinten oder vorne darin bist, und wird dir schwer zu raten sein. Denn wenn einer in seinen Dünkel fällt, dem kann man nicht leicht wieder heraushelfen.

8. September

So bestehet nun in der Freiheit, damit euch Christus befreit hat, und laßt euch nicht wiederum in das knechtische Joch fangen. Galater 5, 1.

Wie die Ochsen in ihrem Joche mit großer Mühe und Arbeit ziehen müssen und über ihr tägliches Futter nicht mehr verdienen, als daß man sie endlich, wenn sie lange gedient haben, vor den Kopf schlägt und schlachte, so geht es auch denen, die durch's Gesetz gerecht werden wollen, daß sie müssen im Joche der Dienstbarkeit, das ist unter dem Gesetz, gefangen sein, dienen und geplagt werden, und wenn sie sich mit des Gesetzes Werken lange Zeit schwer bemüht und gemartert haben, ist das ihr endlicher Lohn, daß sie in Ewigkeit arme, unselige Knechte sein müssen, nämlich der Sünde, des Todes, des Teufels. Daher wohl keine schwerere Dienstbarkeit unter allen andern ist als die des Gesetzes.

9. September

Ich bin ein Wurm und kein Mensch. Psalm 22, 7.

Die Heilige Schrift ist Gottes Wort, geschrieben und in Buchstaben gebildet, gleichwie Christus, das ewige Gotteswort, in die Menschheit verhüllt ist. Wie nun Christus in der Welt gehalten und behandelt ist, so geht's dem schriftlichen Gottesworte auch. Es ist ein Wurm und kein Buch, gegen andere Bücher gerechnet. Denn solche Ehre mit Studieren, Lesen, Betrachten, Behalten und Gebrauchen geschieht ihm nicht wie anderer Menschen Schrifttum; wird's ihm gut, so liegt's unter der Bank usw. Die andern zerreißen, kreuzigen, geißeln dasselbe und legen ihm alle Marter an, bis sie es auf ihre Ketzerei, Sinn und Mutwillen deuten und dehnen, zuletzt gar verderben, töten und begraben, daß es aus der Welt verstoßen und vergessen wird. Aber es muß doch wieder aufkommen; da hilft kein Hüten und Wehren. Darum ist das ein gut Zeichen, wem die teure Gabe geschenkt ist, daß er Liebe und Lust zur Schrift hat, sie gern liest, hoch und wert hält. Den wird Gott gewiß wieder ehren.

10. September

Christus hat ausgetilget die Handschrift, so wider uns war, und hat sie aus dem Mittel getan und an das Kreuz geheftet. Kolosser 2, 14.

Glaubst du, daß es gewiß wahr sei, daß Christus für dich gelitten und dich erlöst habe, so kannst du sprechen: Hat Christus meine Sünde, so habe ich sie ja nimmer, weil er sie hat. Er hat sie aber aus meinem Herzen und Gewissen gerissen; da hatte ich ein Register, darauf war geschrieben: Du bist ein Ehebrecher, ein Mörder, ein Dieb usw. gewesen. Weil ich aber das Wort habe: Christus hat meine Sünde auf sich genommen, — da soll man meine Sünde in keinem Register noch Buche, weder im Himmel noch auf Erden finden. Sie sind an den Sohn Gottes geschrieben; da soll ich sie sehen und sonst nirgends. Wer die Sünde aus dem Sinn nicht schlagen kann, sondern behält sie im Gedächtnis, martert und plagt sich damit, und gedenkt, wie er möge mit seinen eigenen Kräften und Werken ihm selbst raten und helfen, oder will solange warten, bis daß sein Gewissen vor sich selbst zufrieden werde, und Ruhe habe, der kommt allererst dem Teufel recht in seine Stricke, martert sich selbst jämmerlich und fällt mit der Zeit, wenn die Anfechtung größer wird, in Verzweiflung.

11. September

Habe acht auf dich selbst und auf die Lehre; beharre in diesen Stücken. 1. Timotheus 4, 16.

Ich handle den Artikel der Rechtfertigung nicht vergeblich so fleißig ab; denn ich besorge, man wird bei dem Artikel nicht bleiben. Und es sind bereits unter uns viele, die ihn verachten und sich desselben nicht hoch annehmen. Es werden Prediger kommen, die schläfrig, lasch und faul den Artikel predigen und treiben, so ist's darum bald geschehen, und wird ein Irrtum über den andern kommen. Ich will an dem Artikel lernen und lehren, solange ich lebe; er soll in meinen Predigten fleißig getrieben werden; denn ich sehe wohl, was er tut, wo er ist, und dagegen, welch Schaden es auch bringt, wo er nicht ist. Denn dieser Artikel ist der Grund und Fels, darauf die ganze Christenheit und Gemeinde Gottes gebauet ist, welcher Artikel auch unsere Mauer und Wehr ist wider alle Rotten und Ketzerei, also daß uns kein falscher Lehrer und Schleicher verführen und gefangennehmen kann, weil wir diesen Artikel rein und ungefälscht behalten, und ist keine Lehre noch Gottesdienst in der Welt, der dem Teufel und seinem Reich so gar zuwider wäre und soviel schadete. Der Satan ist auch keiner Predigt auf Erden so feind und grimmig als dieser Predigt, darum verfolgt er mit soviel Anfechtung und Trübsal; beide, einen jeden insonderheit. Danach auch insgemein erreget er wider diese Lehre allerlei abgöttische Lehre, Ketzerei, Spaltung und Ärgernis, damit er diese Lehre ja häßlich und ärgerlich mache für die Welt, auf daß sie verachtet und gedämpfet werde.

12. September

Wenn sie euch aber in einer Stadt verfolgen, so fliehet in eine andere. Matthäus 10, 23.

Es ist unmöglich, daß jemandem sollte das Evangelium gewehret werden; denn es ist eine Lehre, die unter dem Himmel frei daher geht, an keinen Ort gebunden. Das ist wohl wahr: Städte, Ort und Raum, wo das Evangelium oder Predigt sind, mögen die Herren daselbst wohl wehren. Aber du kannst diejenige Stadt oder Ort lassen und dem Evangelio an einem andern Ort nachlaufen, und ist nicht nötig, daß du um des Evangelii willen auch die Stadt oder den Ort einnehmest oder behälst; sondern laß dem Herren seine Stadt und folge du dem Evangelio, so leidest du, daß man dir Unrecht tue und dich verjagt, und leidest doch zugleich nicht, daß man dir das Evangelium nehme. Siehe, so kommen die zwei überein, leiden und nicht leiden. Sonst, wo du die Stadt auch willst behalten mit dem Evangelio, so raubst du dem Herrn der Stadt das Seine und gibst vor, du tust es um des Evangelii willen. Lieber, das Evangelium lehrt dich nicht rauben und nehmen, wenngleich der Herr des Guts wider Gott und mit Unrecht und dir zu Schaden desselben mißbraucht. Das Evangelium bedarf keines Raums noch Stadt, da es bleibe; es will und muß im Herzen bleiben.

13. September

Rächet euch selber nicht, meine Liebsten, sondern gebet Raum dem Zorn. Römer 12, 19.

Wenn uns ein Leid geschieht, so ist so bald Fleisch und Blut da und tut wie Fleisch und Blut, fängt an zu wallen und zu wüten mit Zorn und Ungeduld. Denn es tut natürlich wehe, wenn uns Unrecht und Gewalt geschieht. Darum muß man hier wehren und widerstehen; denn daß dir's wehe tut, das gehet wohl hin; aber daß du dich dazu willst rächen, so und so wieder schaden, das ist verboten. Darum siehe darauf, daß du es recht aufeinander richtest und ein Recht das andere nicht breche noch zerstöre, sondern laß es recht zusammen stimmen, daß beides bleibe. Kannst du dein Recht nicht ausführen ohne größeres Unrecht, so laß dasselbe fahren; denn es gilt nicht, Unrecht mit Unrecht wehren oder strafen. Und Gott will nicht, daß um deines Bettelrechtes willen der ganzen Welt Recht untergehe.

14. September

Es ist ein großer Gewinn, wer gottselig ist und läßt ihm genügen. 1. Timotheus 6, 6.

Der heißt billig ein reicher Mann, der Gott fürchtet und im Glauben lebt, auch bei solcher Gottseligkeit ihm genügen läßt an dem, das ihm Gott gibt und solches hat mit Gott und Ehren, ohne Unrecht und jemandes Nachteil. Denn er hat einen sehr großen Schatz, der da heißt G o t t e s S e g e n , auch in seiner Armut, daß er doch muß genug haben; denn er weiß, daß wir doch alle nicht mehr davon bringen, als Essen und Trinken, und es doch nicht liegt an ängstlich Sorgen und Arbeiten, wo Gott das Gedeihen nicht gibt. Darum soll ihm ein Christ viel lieber sein lassen einen Gulden, den ihm Gott gibt, als alle großen Schätze der reichen Geizwänste auf Erden. Denn er hat diesen schönen Schatz im Hause, der da heißt Gottseligkeit und genug haben oder ihm genügen lassen, das ist, ein friedliches, ruhiges Herz haben, auf Gott gerichtet.

15. September

Der Herr warf unser aller Sünde auf ihn.
Jesaja 53, 6.

Diese Worte sind mit großem Fleiß gesetzt, daß unser Gewissen desto sicherer und unverzagter sei, auf daß es sich nicht bekümmere und ängste vor dem Bilde irgend einer Sünde. Und dieses ist der wohlgefälligste Wille Gottes im Himmel, daß dein erschrockenes Gewissen dir nicht sollte grauen noch leid sein lassen, als ob es Gott anders mit dir gedächte und meinte als unser Herr Christus oder als wollte er dich um der Sünde willen töten, die Christus auf sich geladen und weggenommen hat. Nein, liebes Gewissen, du sollst es glauben, daß der Herr und Vater im Himmel, dein Gott, eben dasselbe freundliche, gnädige Herz und Willen zu dir hat, das der Sohn Gottes hat, nämlich, daß dich Christus erlösen und von allen Sünden frei machen soll. Was ist das nun für ein Gott, der dich könnte verklagen um deiner Sünde als Gott im Himmel selbst; der dein Herr ist und vor dem du dich so sehr fürchtest, hat deine Sünden nicht auf dich gelegt, sondern auf Christum wider alle Rechte und Gesetze Mosis und der andern. Moses droht dem Sünder also, daß ein jeder Mensch müßte sterben um seiner eigenen Sünde und Übeltat willen. Desgleichen im weltlichen Regiment bleiben deine Sünden auf dir. Wenn wir aber vor Gott sollen gerecht werden, da sind unsere Sünden nicht unser, sondern Christi.

16. September

Wandelt nicht mehr, wie die andern Heiden wandeln in der Eitelkeit ihres Sinnes, welcher Verstand verfinstert ist und sind entfremdet von dem Leben, das aus Gott ist, durch die Unwissenheit, so in ihnen ist, durch die Blindheit ihres Herzens.

Epheser 4, 17 - 18.

In göttlichen Dingen, das ist in denen, die Gott angehen, in denen man handeln soll, daß es Gott angenehm sei und (man) damit selig werde, da ist die Natur so stock-, star- und gar blind, daß sie nicht mag ein Haar breit anzeigen, welches dieselben Dinge sind. Vermessen ist sie genug, daß sie darauf fällt und plumpt hinein wie ein blindes Pferd, aber alles, was sie örtert (= erörtert) und schließt, das ist so gewiß falsch und irrig, als Gott lebt. Hier tut sie wie der Mann, der auf den Sand bauet; hier nimmt sie Spinngewebe und will einen Rock daraus machen. Hier nimmt sie Sand für Mehl und will Brot backen. Hier säet sie Wind und sammelt Wirbel. Hier mißt sie die Luft mit Löffeln aus, trägt das Licht mit Mollen (d.h. Schüsseln) in den Keller und wiegt die Flamme auf einer Waage und treibt alles das Narrenwerk und verkehrte Spiel, das je geschehen ist oder erdichtet werden mag; denn sie tut ihr Ding, als sei es Gottesdienst und ist's doch nicht.

17. September

Lasset die Kindlein zu mir kommen und wehret ihnen nicht; denn solcher ist das Reich Gottes.
Markus 10, 14.

Du sprichst: Die Kinder sind nicht zur Vernunft gekommen; darum können sie nicht glauben. Sage mir, ist das christlich geredet, also von Gottes Werken urteilen nach unserm Dünken? Wie, wenn du durch solche Vernunft wärest schon vom Glauben gekommen und die Kinder ohne ihre Vernunft zum Glauben gekommen? Lieber, was Gutes tut die Vernunft zum Glauben und Gottes Wort? Ist sie es nicht, die dem Glauben und Worte Gottes auf's höchste widersteht, daß vor ihr niemand zum Glauben kommen kann, noch Gottes Wort leiden will, sie werde denn geblendet und geschändet, daß ihr der Mensch muß absterben und ein Narr werden, ja so unvernünftig und unverständig als ein junges Kind, soll er anders gläubig werden und Gottes Gnade empfangen, wie Christus spricht Matthäus 18, 3? Was hatten die Kinder für Vernunft, die Christus herzte? Warum heißt er sie denn zu ihm kommen und segnet sie? Wo haben sie denn solchen Glauben her, der sie zu Kindern des Himmelreichs macht? Ja eben, weil sie ohne Vernunft und närrisch, sind sie besser zum Glauben geschickt als die Alten und Vernünftigen, welchen die Vernunft immer im Wege liegt, die ihren großen Kopf nicht durch die enge Tür stoßen will.

18. September

Der Geist der Wahrheit wird nicht von sich selber reden, sondern was er hören wird, das wird er reden, und was zukünftig ist, wird er euch verkündigen. Johannes 16, 13.

Hiermit macht er den heiligen Geist zu einem Prediger, damit man nicht nach ihm hinauf gen Himmel gaffe, wie die Flattergeister tun, und von dem mündlichen Wort und Predigtamt scheide, sondern wisse und lerne, daß er bei und mit dem Wort sein und durch dasselbe in alle Wahrheit uns leiten will. Denn ich bin auch ein halbgelehrter Doktor, damit ich mich nicht zu hoch rühme über die hohen Geister, die längst über alle Schrift hinaus in die Wolken gefahren und sich dem heiligen Geist unter die Flügel gesetzt haben. Aber das hat mich die Erfahrung allzu oft gelehrt, wenn mich der Teufel außer der Schrift ergreift, da ich anfange, mit meinen Gedanken zu spazieren und auch gen Himmel zu flattern, so bringt er mich dazu, daß ich nicht weiß, wo Gott oder ich bleibe.

19. September

Die Weissagung wird ja noch erfüllt werden zu seiner Zeit und wird endlich frei an den Tag kommen und nicht außen bleiben. Ob sie aber verzieht, so harre ihrer; sie wird gewißlich kommen und nicht verziehen. Habakuk 2, 3.

Darum sollen wir lernen das Wort festhalten mit Geduld und nicht davon lassen, wenn es auch hundert Jahre währte. Denn daß er verzieht, tut er aus Gnade uns zum Besten, auf daß der Glaube stark und groß werde und er desto reichlicher gebe, was er verheißen hat. Denn das ist seine Art, daß er langsam kommt; er kommt aber wohl, wie er auch langsam straft, straft aber gewaltig, gibt Frist und Raum, sich zu erkennen und zu bessern. Darum müssen die Auserwählten um der Bösen willen harren und geduldig sein, auf daß er bestehe mit seiner Ehre, daß er langmütig (ist) und nicht bald straft. Also währt der Frommen Geduld und der Bösen Schalkheit lange; aber Gott kommt zu rechter Zeit und vergilt's auf beiden Seiten reichlich.

20. September

Wer übertritt und bleibt nicht in der Lehre Christi, der hat keinen Gott. Wer in der Lehre Christi bleibt, der hat beide, den Vater und den Sohn.
2. Johannes 9.

Hat das Leiden Christi sein Werk getan und dich erschreckt, mußt du es nicht mehr ansehen, sondern durchhin dringen und ansehen sein freundliches Herz, wie voller Liebe das gegen dich ist, die ihn dazu zwingt, daß er dein Gewissen und Sünde so schwer trägt. Also wird dir das Herz gegen ihn süß und die Zuversicht des Glaubens gestärkt. Dann steige weiter durch Christi Herz zu Gottes Herz, daß Christus dir die Liebe nicht hätte mögen erzeigen, wenn es Gott nicht in ewiger Liebe gewollt, welchem Christus mit seiner Liebe gegen dich gehorsam ist; da wirst du finden das göttliche, gute Vaterherz und, wie Christus sagt, durch Christus zum Vater gezogen werden. Das heißt denn, Gott recht erkannt, wenn man ihn nicht bei der Gewalt oder Weisheit (die erschrecklich sind), sondern bei der Güte und Liebe ergreift; da kann denn der Glaube und Zuversicht bestehen, und ist also der Mensch wahrhaftig neu in Gott geboren.

21. September

Selig sind, die da Leid tragen; denn sie sollen getröstet werden. Matthäus 5, 4.

Wer kein Weltkind sein, sondern mit den Christen teilhaben will, der lasse sich auch in dem Register finden, daß er helfe seufzen und Leid tragen, auf daß er auch getröstet werde. Denn das ist der Christen Vorteil, daß, ob sie gleich eitel Leid und Jammer in der Welt sehen müssen, es doch zuletzt dahin kommt, wenn die Welt am sichersten ist und in lauter Freuden fährt, daß sich das Rädlein umkehrt und plötzlich ein Unglück über sie kommt, darin sie bleiben und verderben muß, sie aber herausgerissen und gerettet werden wie Loth aus Sodom, nachdem sie lange sein Herz gequält und zugemartert hatten mit ihrem schändlichen Wesen. Darum laß die Welt jetzt lachen und im Sause leben nach ihrer Lust und Mutwillen. Und ob du mußt trauern und Leid tragen und täglich sehen, was dein Herz betrübt, so leide dich und halte dich des Spruchs, daß du dir es lassest wohlgefallen und dich damit tröstest und auch äußerlich dich erquickest und fröhlich machest, so viel du kannst.

22. September

Siehe, ich will an die Propheten, spricht der Herr, die ihr eigen Wort führen und sprechen: Er hat's gesagt. Siehe, ich will an die, so falsche Träume weissagen, spricht der Herr, und predigen dieselben und verführen mein Volk mit ihren Lügen und losen Theidingen (Geschwätz) und dem Volke nichts nütze sind, spricht der Herr.

Jeremia 23, 31 - 32.

Wer kann doch predigen, er sei denn ein Apostel? Wer ist aber ein Apostel als der, der das Wort Gottes bringt? Wer kann aber Gottes Wort bringen als der, der Gott gehört hat? Mag man aber den auch einen Apostel nennen, der nichts anders als seine Träume und menschlichen Satzungen und philosophische Lehre dem Volk vorträgt? Ja, ein Dieb ist er, ein Mörder, ein Verderber und Würger der Seelen; — der nicht gesandt ist, sondern kommt von selbst, und das erkennen die bekümmerten und geängstigten Gewissen sehr wohl. Denn so oft Gottes Wort gepredigt wird, macht es fröhliche, weite, sichere Gewissen; denn es ist ein Wort der Gnade, der Vergebung, dazu ein gutes und süßes Wort. Wenn man aber Menschenworte predigt, das macht ein trauriges, enges, zitterndes Gewissen in ihm selbst. Denn es ist ein Wort des Gesetzes, des Zornes und der Sünden, zeigt an, was der Mensch nicht getan hat und was er doch tun sollte.

23. September

So kommt der Glaube aus der Predigt, das Predigen aber durch das Wort Gottes. Römer 10, 17.

Also gehört auch dies Stück, nämlich das äußerliche Wort oder Predigt in der Christenheit dazu, daß man Vergebung der Sünde oder die christliche Gerechtigkeit erlange als eine Röhre oder Mittel, dadurch Christus und seine Gnade uns offenbaret und vorgetragen oder in den Schoß geleget wird, ohne welche niemand des Schatzes nimmermehr möchte gewahr werden. Denn woher könnte man es wissen, oder in welches Menschen Herz würde es immermehr kommen, daß der Christus, Gottes Sohn, um unsertwillen vom Himmel kommen, für uns gestorben und vom Tode auferstanden, Vergebung der Sünde und ewiges Leben erlanget und uns geschenkt hätte, wenn er es nicht offenbarlich verkündigen und predigen ließe? Und ob er gleich durch sein Leiden und Tod uns den Schatz erworben hat, so könnte doch niemand dazu kommen noch solches empfahen, wo er's nicht auch ließe durchs Wort anbieten, vortragen und heimbringen. Darum habe ich immer also gelehret, daß zum ersten vor allen Dingen das mündliche Wort müsse da sein und mit den Ohren gefasset werden; wo der heilige Geist in's Herz kommen soll, welcher mit und durch das Wort das Herz erleuchtet und den Glauben wirket also, daß der Glaube nicht kommt noch bestehet ohne durch das Hören und äußerliche Predigt des Evangelii, durch welches er anfähet und zunimmt oder gestärket wird.

24. September

Befiehl dem Herrn deine Wege und hoffe auf ihn; er wird's wohl machen. Psalm 37, 5.

Der Herr pflegt die allerweisesten Ratschläge zu zerbrechen und dagegen solche aufzurichten und zu bauen, die schwach und verächtlich sind und an welchen jedermann verzweifeln muß. Und er will von uns haben, was er Psalm 50 geboten hat: Rufe mich an in der Not, so will ich dich erretten. Denn wenn alles verloren und verdorben ist, wenn Menschen gar keinen Rat mehr wissen, wenn alles verderbt ist, daß man schreit: Wir müssen verderben und zugrunde gehen, so ist Gott da und sagt: Ich will, daß du nicht verderben sollst. Deswegen soll man Gott vertrauen, wenn wir auch mit dem besten und klügsten Rat gerüstet sind, und sollen nicht verzagen, wenn es uns an Weisheit und menschlicher Hilfe mangelt, sondern also schließen und sagen: Ich glaube an Gott den Vater, den Allmächtigen ..., der die allerschönsten Ratschläge kann zunichte machen und in die Hölle verändern und wieder aus solchem Rat, der am allerverächtlichsten ist, den Himmel machen. Denn er ist ein allmächtiger Schöpfer; ich kann ihm nicht zu tief fallen, er kann mich herausheben; ich kann ihm nicht zu hoch sitzen, er kann mich stürzen.

25. September

Ihr seid alle Gottes Kinder durch den Glauben an Christo Jesu. Galater 3, 26.

Kein Mensch kann das Anklagen des Teufels im Gewissen ertragen ohne besondere Hilfe und Stärke. Er ist kurzweilig, wenn er disputiert; denn er spielt des Kurzen und macht nicht Langeweile, wo er den Mann allein daheim findet. Er nimmt eine Wahrheit vor sich, die niemand leugnen kann, nämlich, daß wir gesündigt haben, und da hat er zwei Zeugen, die niemand strafen kann, nämlich Gottes Gebot und unser Gewissen. Hier ist mir nicht möglich, Nein zu sagen. Soll ich denn Ja sagen, wie ich tun muß, so bin ich des Todes und des Teufels. Aber da lügt er, wenn er mich treibt, daß ich verzweifeln soll. Hier ist denn Zeit und Not, Rettens und Helfens oben vom Himmel herab, daß entweder ein Bruder bei dir sei mit einem äußerlichen Worte Gottes oder der heilige Geist selbst im Herzen mit Erinnerung solcher äußerlichen Worte und spreche: Der Teufel hat zwar das Ja-Wort genommen; aber nun wende dich herum zu Christo wie St. Petrus, der dein Ja-Wort mit seinem Blute zunichte gemacht, und soll dir nicht schaden, daß du sagen kannst: Ein Sünder bin ich außer Christo. Kein Sünder bin ich in Christo. Denn er hat meine Sünde durch sein Blut vertilgt.

26. September

Verstehest du auch, was du liesest?

Apostelgeschichte 8, 30.

Wir haben wohl erfahren, wie das Volk und die Jugend aus der Predigt wenig lernen, wenn sie nicht besonders gefragt und verhört werden. Wo will man aber das besser tun, und wo ist's nötiger, als wenn sie sollen zum heiligen Abendmahl gehen? Weil wir gedenken, Christen zu erziehen und hinter uns zurückzulassen und im heiligen Abendmahl Christi Leib und Blut reichen, wollen und können wir solches niemand geben, er werde denn zuvor verhört, was er vom Katechismo gelernt und ob er wolle von Sünden lassen, die er dawider getan hat. Denn wir wollen aus Christi Kirche nicht einen Schweinestall machen und einen jeden unverhört zum heiligen Abendmahl wie die Schweine zum Troge laufen lassen. — Weil ein Pfarrherr soll ein treuer Diener Christi sein, muß er, soviel ihm möglich ist, das Sakrament nicht vor die Schweine und Hunde werfen, sondern hören, wer die Leute sind. Betrügen sie denn ihn und sagen nicht recht, so ist er entschuldigt; sie haben sich selbst betrogen.

27. September

Ich habe nichts verhalten, das da nützlich ist, das ich euch nicht verkündigt hätte und euch gelehrt öffentlich und sonderlich. Apostelgeschichte 20, 20.

Wenn tausend und abertausend Welten mein wären, so wollte ich alles lieber verlieren, als das geringste Stück der Beichte aus der Kirche kommen lassen. Sie ist der Christen erste, nötigste und nützlichste Schule, darin sie Gottes Wort und ihren Glauben verstehen und üben lernen, welches sie nicht so gut tun in öffentlichen Lektionen und Predigten. Denn obwohl ein Prediger auf der Kanzel auch das Gesetz und Evangelium lehrt, so läßt er's doch dabei bleiben, übt, fragt und forscht niemand, wie er's fasse. Kann auch nicht sehen, wo es fehlt, wenn er weiter trösten oder strafen soll, weil er keine besondere Person vor sich hat, die er üben mag. Und obwohl der Zuhörer auch alles beides in der Predigt hört, doch faßt er's viel stärker und gewisser, wenn's ihm besonders als einer einzelnen Person gesagt wird, die Christus seiner Kirche auf Erden gegeben hat; dem bußfertigen Sünder die Sünden zu vergeben, dem Unbußfertigen aber die Sünden zu behalten, solange er nicht Buße tut.

28. September

Der Drache trat vor das Weib, die gebären sollte, auf daß, wenn sie geboren hätte, er ihr Kind fräße. Offenbarung 12, 4.

Dem Teufel ist an dem jungen Volk, es zu verderben, ganz und gar gelegen. Wie ist's daher möglich und wie sollte er das zugeben, daß man es recht aufziehe? Ja, ein Narr wäre er, daß er das in seinem Reiche sollte lassen und aufrichten helfen, dadurch er auf's allergeschwindeste müßte zu Boden gehen, wie denn geschehe, wenn er das niedliche Bißlein, die liebe Jugend, verlöre. Darum tut er recht und weislich für sein Reich, daß ihm der junge Haufe bleibt. Wenn er denselben hat, so wächst er unter ihm auf und bleibt sein; wer will ihm etwas nehmen? Er behält die Welt denn wohl mit Frieden inne. Denn wenn ihm soll ein Schaden geschehen, der da recht beiße, der muß durch's junge Volk geschehen, das in Gottes Erkenntnis aufwächst und Gottes Wort ausbreitet und andere lehrt.

29. September

Tag des Erzengels Michael und aller Engel

Sind sie nicht allzumal dienstbare Geister, ausgesandt zum Dienst um derer willen, die ererben sollen die Seligkeit. Hebräer 1, 14.
Siehe, da traten die Engel zu ihm und dienten ihm. Matthäus 4, 11.

Solches ist uns zum Trost geschrieben, daß wir wissen, wie uns viele Engel wieder dienen, wo uns ein Teufel anficht, so wir ritterlich fechten; und so wir stehen, läßt uns Gott nicht Mangel leiden, es müßten eher die Engel vom Himmel kommen und unsere Bäcker, Kellner und Köche werden und uns in aller Notdurft dienen. Es ist Matth. Kap. 4 nicht um Christi willen geschrieben, der es nicht bedarf. Haben ihm die Engel gedient, so mögen sie uns auch dienen. Ich wollte auch lieber einen Engel um mich haben denn 24 türkische Kaiser mit aller ihrer Macht und Gewalt; wenn sie gleich hunderttausend Büchsen bei sich hätten, so ist's doch gegen einen Engel gar nichts. Da traten die Engel zu ihm und dienten ihm. Das muß leiblich zugegangen sein, daß sie leiblich erschienen sind und haben ihm Essen und Trinken gebracht und gleichwie zu Tische und aller Notdurft gedienet.

30. September

Des Gerechten Gebet vermag viel, wenn es ernstlich ist. Jakobus 5, 16.

Wenn wir beten, reden wir mit der großen Majestät. Wenn Gott allein kleine und geringe Dinge geben wollte, so hätte er uns solch eine große und herrliche Form und Weise zu beten nicht vorgeschrieben, daß er uns also heißt sagen: Unser Vater, der du bist im Himmel, dein Name werde geheiligt, dein Reich komme usw. Da legt er uns vor und bietet uns an große Güter und die allerhöchsten Gaben im Himmel und auf Erden und will haben, daß du dieselben von ihm bitten und darauf warten sollst. Denn in einer jeglichen Bitte, da wir im Vater Unser sagen: Dein Name werde geheiligt, dein Reich komme, dein Wille geschehe, unser täglich Brot gib uns heute, da wird Himmel und Erde und alles, was darinnen ist, begriffen; denn was ist's, daß sein Name geheiligt wird und sein Reich kommt und sein Wille geschieht? Antwort: Es ist so viel, daß man viel unzählige Teufel damit niederlegt und die ganze Welt in einem Gebet verschlingt.

1. Oktober

Er sättigt dich mit dem besten Weizen.
Psalm 147, 14.

Wenn wir Äcker mit Korn ansehen, sollten wir nicht allein Gottes Güte, sondern auch Gottes Macht erkennen und also denken: O du liebes Korn, wie gibt dich uns Gott so vollauf, aber auch mit was für großer Gewalt behütet er dich von der Stunde an, da du gesäet bist, bis du auf den Tisch kommst! Wie gar durch unzählige Gefahr alles Unglücks bist du gekommen? Wie gewaltig reißt er dich durch aller Teufel Finger und Hände, die nach dir greifen, schießen und schlagen, daß sie dich verderbten und uns mit Hunger töteten! Ja, ja, so sollten wir denken. Wir haben aber leider! anders zu tun, als solche Gnade und Kraft Gottes zu erkennen. Wir sind's, die am Korne das meiste getan haben; hätten wir nicht gearbeitet, so hätte Gott nicht geben können usw. Warum bitten wir, daß Gott uns das Brot geben wolle? Weil wir dasselbe nicht von uns selber haben, oder durch unsere Geschicklichkeit und Arbeit bekommen, sondern allein von Gott erbitten und erwarten müssen Ps. 104, 14: Du lässest Gras wachsen für das Vieh und Saat zu Nutz den Menschen, daß du Brot aus der Erde bringest.

2. Oktober

Ihrer waren bei viertausend, die da gegessen hatten.
Markus 8, 9.

Bei Christo waren diese so viel tausend Menschen schon längst, auch schon vom Anfang der Welt her gesättigt; denn er sieht und weiß die Sättigung und den Überfluß, gleich als wären sie schon vor tausend Jahren geschehen. Aber in den Augen der Jünger ist alles unmöglich, auch nach tausend Jahren und in Ewigkeit. Ach! Fleisch, du bist wohl Fleisch und bleibest Fleisch. Wenn keine Gefahr und Not vorhanden oder wenn du mit gegenwärtigen Gütern erfüllt bist, so glaubest du tapfer, aber wenn dir's am nötigen Unterhalt gebricht oder wenn Not vorhanden, so singest du oder heulest vielmehr aus Psalm 4: Jene haben viel Wein und Korn. So gar sehr vertieft sich das Fleisch und der Unglaube in die gegenwärtigen Dinge, und so gar sehr ist es in Unachtsamkeit auf die abwesenden oder zukünftigen Dinge ersoffen. Ps. 104, 27 - 28: Es wartet alles auf dich, daß du ihnen Speise gebest zu seiner Zeit. Wenn du ihnen gibst, so sammeln sie; wenn du deine Hand auftust, so werden sie mit Gut gesättiget.

3. Oktober

Sehet die Vögel unter dem Himmel an; sie säen nicht, sie ernten nicht, sie sammeln nicht in die Scheunen, und euer himmlischer Vater nähret sie doch. Seid ihr denn nicht viel mehr denn sie?

Matthäus 6, 26.

Es fliegen die Vögelein vor unsern Augen über uns zu kleinen Ehren, daß wir wohl möchten unsere Hütlein gegen sie abtun und sagen: Mein lieber, kleiner Herr Doktor, ich muß bekennen, daß ich die Kunst nicht kann, die du kannst. Du schläfst die Nacht über in deinem Nestlein ohne alle Sorge. Des Morgens fliegst du wieder aus, bist fröhlich und guter Dinge, setzest dich auf einen Baum und singest, lobest und dankest Gott; darnach suchest du dein Körnlein und findest es. Pfui, was habe ich alter Narr gelernt, daß ich's nicht auch tue, der ich doch so viele Ursachen dazu habe? Daher: Das Vögelein läßt sein Sorgen und hält sich in solchem Falle wie ein lebendiger Heiliger und hat doch weder Äcker noch Scheunen, weder Kasten noch Keller; es singt, lobt Gott, ist fröhlich und guter Dinge.

4. Oktober

Unser täglich Brot gib uns heute. Matthäus 6, 11.

Das heilige Wort Gottes hat viele Namen in der Schrift um seiner unzähligen Tugenden und Werke willen. Es heißt ein geistlich Schwert, daß man dem Teufel und allen geistlichen Feinden damit widerstreite. Es heißt ein Licht, ein Morgenregen, ein Abendregen, ein himmlischer Tau, Gold Silber, Arzenei, Kleider, Schmuck und dergleichen mehr. Also heißt es auch ein Brot, weil die Seele davon gespeiset, gestärket, groß und stark wird. Und man soll nicht allein das bloße Brot darunter verstehen; denn gleicherweise wie die Schrift durch das leibliche Brot ausdrückt allerlei Speisen des Leibes, wie köstlich sie immer sind, also auch durch das geistliche Brot alle Speisen der Seelen, die ganz unzählig sind. Denn mancherlei Seelen sind auf Erden und eine jegliche hat besonders nicht allezeit einerlei Notdurft und Geschicklichkeit, und doch gibt das Wort Gottes allen und einer jeglichen Notdurft überschwänglich satt. Denn wenn aller Könige Speisen, die je gewesen sind und noch sein mögen, auf einem Haufen wären, so könnten sie nicht dem geringsten Wort Gottes auch nur ein wenig verglichen werden. Darum nennt es der Herr Christus im Evangelium eine königliche Wirtschaft (Matth. 22,2 ff.) und durch Jesaja ein köstlich, erlesen und prächtig Mahl (Jes. 25,6). Das Brot, das Wort und die Speise ist niemand denn Jesus Christus, unser Herr selbst, wie er sagt Johannes 6, 51: Ich bin das lebendige Brot, das vom Himmel herabgestiegen ist, daß es die Welt lebendig mache.

5. Oktober

Ich rief in meiner Angst zu dem Herrn, und er antwortete mir. Jona 2, 3.

Zum Herrn, zum Herrn, und sonst nirgends hin, eben zu dem, der da zürnt und straft, und zu keinem andern! Es muß aber ein solches Schreien sein, dem Gott antworte. Das ist nichts anders, als mit rechtem Glauben des Herzens rufen, welches sich in der Not so aufrichtet, daß es durch des Geistes Beistand zu dem zornigen Gott läuft und unter dem Zorn Gnade sucht, läßt Gott strafen und darf sich dennoch zugleich seiner Güte trösten. Da merke du, welch ein scharfes Gesicht das Herz haben müsse, das mit lauter Zorn und Strafe umgeben ist und doch keine Strafe noch Zorn, sondern Gnade und Güte sieht und fühlt, das ist, es will sie nicht sehen noch fühlen, ob sie es gleich auf's höchste sieht und fühlt, und will die Gnade sehen und fühlen, ob sie gleich auf's tiefste verborgen ist. Siehe, ein solch großes Ding ist es, zu Gott zu kommen, daß man durch seinen Zorn, durch Strafe und Ungnade zu ihm brechen muß als durch lauter Dornen, ja durch lauter Spieße und Schwerter.

6. Oktober

Die Barmherzigkeit rühmet sich wider das Gericht.
Jakobus 2, 13.

Das heißt in dem Gnadenreiche bleiben, wenn ich nicht verzweifle an Gottes Gnade und an der Vergebung der Sünden, es sei die Sünde, wie groß sie wolle, sondern fest bleibe im Sinn und Gewissen, es sei noch Gnade und Vergebung da, wenn gleich Gottes und aller Kreaturen Zorn mich fressen wollte und mein eigenes Gewissen dazu selbst sagte, die Gnade wäre aus und Gott wolle nicht vergeben. Das heißt, Gottes Gnade über alle Dinge erheben. Wer das nicht kann, bei dem trotzt das Gericht wider die Gnade, und muß die Gnade zunichte werden und das Gericht allein herrschen zum Tode und zur Verdammnis. Wieder wo die Gnade trotzt, da muß das Gericht zunichte werden und die Gnade allein herrschen zum Leben und der Seligkeit ewiglich.

7. Oktober

Ob ihr auch leidet um der Gerechtigkeit willen, so seid ihr doch selig. Fürchtet euch aber vor ihrem Trotzen nicht und erschrecket nicht.

1. Petrus 3, 14.

Die Welt hat ihren Trotz und Mut, wenn sie Beutel und Kasten voll hat. Da ist ein solcher Stolz und Trotz, daß der Teufel mit keinem reichen Bauern könnte zurecht kommen. Ein anderer trotzt auf seinen Adel und Gewalt, Gunst und Ehre bei den Leuten. Ist jemand klug und weise, der trotzt auf seinen Kopf und reißt damit hindurch, daß ihm niemand wehren kann, und will keiner dem andern weichen, wer etwa mehr Gewalt, Ehre, Kunst, Geld oder Gut hat. Das ist aber nichts anders als Narren- und Kindertrotz. Aber Christen haben nichts, darauf sie sich verlassen, als Christum, ihren Herrn und Gott, daß sie um seinetwillen alle Dinge fahren lassen und sagen: Eher als ich meinen Christum verleugne und verlasse, eher fahre hin Hals und Bauch, Ehre und Gut, Haus und Hof, Weib und Kind und alles. Solcher Mut kann nicht falsch sein und verführen; denn er tröstet sich keines zeitlichen und vergänglichen Dinges auf Erden.

8. Oktober

Lasset uns ablegen die Sünde, die uns immer anklebt und träge macht. Hebräer 12, 1.

Es ist mir etliche Mal widerfahren, daß ich mir vorgesetzt habe, auf den oder den Tag zum heiligen Abendmahl zu gehen. Wenn derselbe Tag gekommen ist, so ist solche Andacht weg oder sonst ein Hindernis gekommen oder ich habe mich ungeschickt gedeucht, daß ich sprach: Wohlan, über acht Tage will ich's tun. Der achte Tag fand mich ebenso ungeschickt und gehindert als jener. Wohlan, abermals über acht Tage will ich's tun. Solcher acht Tage wurden mir so viel, daß ich wohl wäre bald davon gekommen. Als mir aber Gott die Gnade gab, daß ich merkte des Teufels Büberei, sprach ich: Wollen wir das, Satan? So habe dir ein gut Jahr mit deiner und meiner Geschicklichkeit, — und riß hindurch und ging hinzu, auch einigemal ungebeichtet (welches ich doch sonst nicht tue) zu Trotz dem Teufel.

9. Oktober

Da sprachen sie zu ihm: Wer bist du denn? Und Jesus sprach zu ihnen: Erstlich der, der ich mit euch rede. Johannes 8, 25.

Sie wollen erstlich wissen, wer er s e i , und nicht achten, was er r e d e ; so will er, sie sollen erstlich hören, so werden sie wissen, wer er sei. Es heißt: Höre und laß das Wort den Anfang sein, so wird das Wissen wohl folgen. Hörest du aber nicht, so wirst du nimmermehr nichts wissen. Denn es ist beschlossen, Gott will ungesehen, unerkannt, unbegriffen sein außer allein durch sein Wort. Darum ist's umsonst, was man vornimmt zur Seligkeit, außer seinem Wort. Er will's nicht tun, er will's nicht haben, er will's nicht anders leiden. Darum laß dir sein Buch, darin er mit dir redet, befohlen sein. Denn er hat's nicht umsonst lassen schreiben, daß man's da soll lassen liegen, als redete er mit den Mäusen unter der Bank oder mit den Fliegen auf dem Pult. Man soll es lesen, denken, reden und treiben und gewiß sein, daß er selbst, nicht Engel noch Kreatur, mit uns drinnen rede.

10. Oktober

Ich bin darum nicht von dir geflohen, mein Hirte, so habe ich Menschen-Tage nicht begehrt, das weißt du; was ich gepredigt habe, das ist recht vor dir. Jeremias 17, 16.

Wer im Predigtamte ist, der gedenke daran; der Teufel und die Welt werdens nicht lassen, sie werden dich anfechten. Sagst du die Wahrheit, so will die Welt toll und töricht werden, fängt an, dich zu verfluchen, zu verdammen und zu verfolgen, da mußt du leiden Hohn und Spott. Kann die Welt das Schwert über dir zucken, so wird sie es auch nicht unterlassen, und der Teufel als Meister hilft dazu, treibt solche giftige feurige Pfeile ins Herz, daß es zerschmelzen möchte. Wenn du nun solche Anfechtung fühlst, die Welt verflucht und verfolgt dich, spottet und lacht dein noch dazu, und der Teufel plagt dich; was sollst du denn tun? Sollst du ungeduldig werden, das Predigtamt fahren lassen, davon laufen und fluchen? Nein, sondern Geduld haben, auswarten, einen Mut fassen und sagen: Wohlan, mein Herr Christus hats zuvor gesagt, ihr werdet weinen und heulen, aber auch dazu gesetzt, über ein Kleines, so soll eure Traurigkeit in Freude verkehrt werden. Hat er mir nun nicht gelogen an dem Kleinen, daß ich ihn jetzt nicht sehe, sondern weinen und heulen muß, so wird er mir auch nicht lügen an dem andern Kleinen, daß ich ihn wieder sehen und mein Herz sich freuen soll.

11. Oktober

Rühme dich nicht wider die Zweige. Rühmest du dich aber wider sie, so sollst du wissen, daß du die Wurzel nicht trägst, sondern die Wurzel trägt dich. Römer 11, 18.

Ich hoffe, wenn man mit den Juden freundlich handelte und aus der Heiligen Schrift sie wohl unterrichtete, es sollten ihrer viele rechte Christen werden und wieder zu ihrer Väter, der Propheten und Patriarchen, Glauben treten, davon sie nur weiter geschreckt werden, wenn man ihr Ding verwirft und so gar nichts will sein lassen und handelt nur mit Hochmut und Verachtung gegen sie. Wenn die Apostel, die auch Juden waren, hätten so mit uns Heiden gehandelt wie wir Heiden mit den Juden, es wäre keiner ein Christ unter den Heiden geworden. — Wenn wir uns gleich noch so hoch rühmen, so sind wir dennoch Heiden, und die Juden von dem Geblüte Christi. Wir sind Schwäger (d.h. Gäste) und Fremdlinge; sie sind Blutsfreunde, Vettern und Brüder unsers Herrn. Darum, wenn man sich des Fleisches und Blutes rühmen sollte, so gehören ja die Juden Christo näher zu als wir. Römer Kap. 9.

12. Oktober

Auch aus euch selbst werden Männer aufstehen, die da verkehrte Lehre reden, die Jünger an sich zu ziehen. Darum seid wacker ...

Apostelgeschichte 20, 30 - 31.

Wenn die Rotten nicht wären, dadurch uns der Teufel aufweckt, würden wir zu faul, schliefen und schnarchten uns zu Tode, würden auch beide, Glauben und Wort, bei uns verdunkeln und verrosten, bis es gar alles verdürbe. Aber nun sind solche Rotten unsere Polierer, die wetzen und schleifen unsern Glauben und Lehre, daß sie glatt und rein wie ein Spiegel glänzen, lernen auch darüber den Teufel und seine Gedanken kennen und werden geschickt, gegen ihn zu streiten. Zum andern so wird auch das Wort selber dadurch desto mehr und heller an den Tag gebracht vor der Welt, daß viele durch solchen Krieg die Wahrheit erfahren oder darin gestärkt werden. Denn es ist ein geschäftig Ding um das Wort Gottes; darum gibt ihm Gott auch zu schaffen, hängt und hetzt daran beide, Teufel und Welt, auf daß seine Macht und Tugend offenbar und Lügen zu Schanden werden.

13. Oktober

So sind wir ja mit ihm begraben durch die Taufe in den Tod, auf daß, gleichwie Christus ist auferweckt von den Toten durch die Herrlichkeit des Vaters, also sollen auch wir in einem neuen Leben wandeln. Römer 6, 4.

Es stellen sich leider viele so, als möchten sie bleiben wie zuvor in der alten Haut und leben, wie sie gelüstet, und machen also die herrliche Taufe sich nur zu einem Schanddeckel, als wären sie darum berufen zum Reiche der Gnaden, daß sie Macht haben sollten zu tun, was sie wollten und gleichwohl darauf sich verlassen, daß Gott gnädig sei, und sich also beschönen: Ich bin ein gebrechlicher Mensch; Gott wird uns wohl zugute halten und vergeben. Nein, nicht also, lieber Bruder, den Weg habe ich dir nicht gewiesen, daß die Taufe soll Freiheit geben zu Sünden, sondern das Blut umgekehrt: Darum sind dir die Sünden erlassen und bist zu Gnaden gekommen, daß du nun ein anderes Leben führest und von Sünden lässest. Es reimt sich nicht miteinander, getauft sein und in Sünden bleiben. Es kann dir nicht helfen, daß du getauft bist, weil (= wenn) du deine Taufe nicht ehrst noch rein hältst, und magst wohl ein Christ heißen, aber hast gewiß Christum fahren lassen und hast nicht mehr als den Namen und Schein des Christentums, damit du dich selbst betrügst.

14. Oktober

Ein Samariter aber reiste und kam dahin, und da er ihn sah, jammerte ihn sein. Lukas 10, 33.

Du darfst nicht fragen, was du äußerlich tun sollst; siehe auf deinen Nächsten, da wirst du zu tun finden, wenn deiner tausend wären. Verführe dich nur selbst nicht; denke nur nicht, daß du mit Beten und Kirchengehen oder Stiften wirst gen Himmel kommen, wenn du an deinem Nächsten vorüber gehst. Gehest du hier an ihm vorüber, so wird er dort im Wege liegen, daß du mußt wieder vor der Himmelspforte vorüber gehen, wie der reiche Mann, der den Lazarus ließ liegen vor seiner Tür. Ein Christ soll in seinem Gewissen ein Arzt, von außen aber, im äußerlichen Lebenswandel, ein lastbares Tier sein, welches die Lasten und Brüder trage.

15. Oktober

In deine Hände befehle ich meinen Geist.

Psalm 31, 6.

Wenn Gott so mit uns handelte, daß er uns das Leben im Tode sehen ließe oder zeigte unserer Seele Stätte und Raum, Weg und Weise, wo sie auftreten und fußen und wo sie hinfahren und bleiben sollte, so wäre der Tod nicht bitter, sondern wäre als ein Sprung über einen flachen Strom, da man auf beiden Seiten einen gewissen Grund am Ufer sieht und fühlt. Aber nun zeigt er uns des keines, und wir müssen von dem gewissen Grund und Ufer dieses Lebens hinüber springen in den Abgrund, da kein Fühlen noch Sehen noch Fußen noch Stöhnen ist, sondern frei auf Gottes Berat und Enthalt wie Jonas aus dem Schiff in's Meer geworfen wird, da er keinen Grund fühlt und von allen Kreaturen verlassen allein auf Gottes Enthalt dahin fährt. (D.h.: Gott enthält uns das Wissen um den Abgrund, in den es im Tode zu springen gilt, vor.) Wenn ich auch schon dem Teufel im Rachen steckte, kann ich das Wort ergreifen, so muß ich wieder heraus, und muß bleiben, wo das Wort bleibt.

16. Oktober

Ringet darnach, daß ihr durch die enge Pforte eingehet; denn viele werden darnach trachten, wie sie hinein kommen, und werden's nicht tun können. (Das sind die ohne Glauben, mit Werken sich mühen gen Himmel zu kommen.)

Lukas 13, 24.

Ei, warum nicht? Darum, daß sie nicht wissen, welches die enge Pforte sei. Dies ist der Glaube, der den Menschen klein, ja gar zunichte macht, daß er an allen seinen Werken verzagen und nur an Gottes Gnade bloß haften, auch alle Dinge darüber fahren lassen muß. Aber die kainischen Heiligen (d.h. Werkheiligen, vgl. 1. Mose 4, 3 und 5) meinten, die enge Pforte seien die guten Werke; darum werden sie nicht klein, verzagen nicht an denselben, ja, sie sammeln sie mit großen Säcken, hängen sie um sich und wollen also hindurch und werden eben hindurch gehen, wie das Kameltier mit seinem großen Rücken durch das Nadelöhr gehen mag.

17. Oktober

Du wirst nimmermehr eins mit dem schädlichen Stuhl, der das Gesetz übel deutet. Psalm 94, 20.

Es fangen jetzt etliche Klüglinge zu flicken an, wollen den Sachen raten und den Hader (zwischen Christo und Belial = Teufel) schlichten. Geben vor, man solle auf beiden Seiten weichen und nachgeben. Die lassen wir zwar versuchen und machen, was sie können, gönnen ihnen der Mühe wohl. Werden sie aber den Teufel fromm und mit Christo eins machen, so sind sie die ersten. Ich halte es aber, es sei mit solchem Flickwerk eben wie Sirach 22 sagt, als wenn man wollte Scherben zusammen flicken, und sind bereits der Schuster viele gewesen, die sich's unterstanden, aber auch umsonst gearbeitet und beide, Draht und Stich, verloren haben. In andern Sachen, was unsers Tuns ist oder Zeremonien und dergleichen äußerliche Dinge betrifft, da mag man sich vergleichen und flicken, was man kann. Aber was den Glauben und Christi Reich belangt, da man seinen Szepter will beugen und ungerade machen, da will er kein Bessern noch Flicken haben, und ob man sich's untersteht, so macht man's damit ärger, daß man's gar verliert. Denn dies Szepter soll und muß ganz und gerade bleiben, ohne alle Brüche und Lücken als die Regel und das Maß, darnach man glauben und leben soll.

18. Oktober

Wohl dem, der nicht wandelt im Rat der Gottlosen.
Psalm 1, 1.

Das lautet gerade, als wären derer wenige auf Erden, die nicht im Rat der Gottlosen wandeln. Will doch jetzt niemand mehr Sünder sein noch Unrecht tun. Wo kommen denn die Gottlosen und deren so viele her? Es ist die Ursache, spricht er, sie heißen's Rat, Klugheit, Weisheit, recht und gut alles, was sie tun; niemand soll's anders nennen noch strafen. So gehet's denn nach dem Sprichwort:

Einem jeden gefällt seine Weise wohl,
darum ist die Welt der Narren voll.

Also ist die Erde voller Heiligen; allein der Himmel muß voller Sünder sein. Summa: Allein Gottes Sohn und die Seinen müssen Sünder sein; der Teufel und seine Welt ist heilig und wandelt in eitel Rat, Heiligkeit und Weisheit; so gehet's, so muß es gehen. Es wird aber zuletzt übel ausgehen, wenn das Ende dieses Psalms auch einmal wird angehen: Der Herr kennet den Weg der Gerechten; aber der Weg der Gottlosen vergeht.

19. Oktober

Mein Joch ist sanft, und meine Last ist leicht.
Matthäus 11, 30.

Es heißt: Seid getrost; ich habe die Welt überwunden. Wir sollen nun anders tun, als den Besieger der Welt, des Teufels, der Sünde, des Todes, des Fleisches, der Krankheiten und allerlei Übels an unserm Leibe tragen und verherrlichen. Es ist ja doch sein Joch sanft und seine Last süß. Aber unser Joch und Last, die er trug für uns, das war der Teufel und Gottes Zorn; davor behüte uns Gott. Ja, er hat uns schon davon erlöst, und wir tragen dafür seine liebe Last und süße Bürde. Der Wechsel ist mit Freuden anzunehmen. Er ist ein guter Kaufmann und gnädiger Händler, der uns Leben um Tod, Gerechtigkeit um Sünde verkauft und dafür eine Krankheit oder zwei eines Augenblicks lang zur Zinse auflegt, zum Zeugnis, daß er wohlfeiler gibt und freundlicher borgt, als die Händler auf Erden tun. Wohlan, Jesus Christus heißt und ist der rechte Mann, der da streitet in uns, siegt in uns, triumphiert in uns. Da wird nichts anders d'raus; laß zittern die Pforten der Hölle.

20. Oktober

Es sei denn, daß jemand geboren werde aus Wasser und Geist, so kann er nicht in das Reich Gottes kommen. Johannes 3, 5.

Das muß eine andere Geburt sein als von Vater und Mutter. Wohl ist's auch Gottes Werk, daß der Mensch natürlich geboren wird; doch tut Gott solches durch Vater und Mutter, und kommt solche Geburt aus ihrem Fleisch und Blut. Aber zu der Christen Geburt kann kein Mensch nichts geben und tun und muß heißen: Nicht vom Geblüte (noch von dem Willen eines Mannes), sondern aus Gott geboren, aus Wasser und heiligem Geist. Da siehest du wohl das Wasser der Taufe als den Tau (Psalm 110) und hörst das äußerliche, mündliche Wort als den Wind; den Geist aber und was da ausgerichtet wird, nämlich wie der Mensch aus der Taufe gereinigt und dem Priester in der Hand zum Heiligen und aus einem Kinde der Hölle ein Kind Gottes wird, das kannst du weder sehen, hören noch verstehen.

21. Oktober

Unsere Trübsal, die zeitlich und leicht ist, schaffet eine ewige und über alle Maßen wichtige Herrlichkeit. 2. Korinther 4, 17.

Weil wir denn wissen, daß es Gott so wohl gefällt, daß wir wollen leiden und Gottes Ehre sich unserm Leiden erzeigt und sehen läßt, besser als in keinem andern Stücke, und wir solche Leute sind, die ohne Leiden im Wort und Glauben nicht bestehen mögen, und haben doch daneben die edle teure Verheißung, daß unser Kreuz, das uns Gott zuschickt, nicht ein schlechtes Ding sei, sondern ein köstliches und edles Heiligtum, warum wollen wir uns denn zu leiden weigern? Wer nicht leiden will, der fahre hin. — Haben wir doch so viel Trost und Verheißung, daß er uns nicht will im Leiden stecken lassen, sondern heraushelfen, wenn gleich alle Menschen daran verzweifelten. Darum, ob es gleich wehe tut, wohlan, mußt du sonst etwas leiden, es kann nicht alle Wege gleich zugehen. Es ist ebenso gut, ja tausendmal besser, um Christi willen leiden, der uns Trost und Hilfe im Leiden zugesagt hat, als um des Teufels willen leiden und ohne Trost und Hilfe verzagen und verderben.

22. Oktober

Mose, was schreiest du zu mir? 2. Mose 14, 15.

Ach, man soll einen Christen nicht so gering achten wie einen Türken, Heiden oder gottlosen Menschen. Er ist teurer vor Gott geachtet und sein Gebet ein allmächtig großes Ding; denn er ist mit Christi Blut geheiligt und mit dem Geiste Gottes gesalbt. Was er ernstlich bittet, sonderlich mit dem unaussprechlichen Seufzen seines Herzens, das ist ein groß unleidlich Geschrei vor Gottes Ohren; er muß es hören, wie er zu Mose spricht: Was schreiest du zu mir? so doch Mose vor Sorgen und Zittern nicht wohl zischen konnte, als er in der höchsten Not war. Solch Seufzen seines Herzens zerriß auch das rote Meer, machte es trocken, führte die Kinder Israel durch, ersäufte Pharao mit aller seiner Macht. Das und noch viel mehr, kann tun und tut ein rechtes geistliches Seufzen (und Gebet).

23. Oktober

Der Friede Gottes, welcher höher ist denn alle Vernunft, bewahre eure Herzen und Sinne in Christo Jesu. Philipper 4, 7.

Dieser Friede Gottes ist nicht zu verstehen von dem Frieden, damit Gott bei sich selbst still und zufrieden ist, sondern den er uns gibt ins Herz, daß wir zufrieden sind. Die Vernunft weiß von keinem Frieden denn von dem, wenn das Übel (Böse) aufhört. Aber die in Gott sich freuen, lassen sich begnügen, daß sie mit Gott Frieden haben, bleiben männlich in Trübsal, begehren nicht den Frieden, den die Vernunft stimmet (gibt), nämlich des Übels aufhören, sondern stehen fest und warten der inwendigen Stärke durch den Glauben, fragen nichts danach, ob das Übel kurz, lang, zeitlich oder ewig sei und bleibe, denken und sorgen auch nicht, wie das Ende werden wolle, lassen's Gott walten immerhin. Siehe, das heißt der Friede des Kreuzes, der Friede Gottes, der Friede des Gewissens, der christliche Friede, der macht, daß der Mensch auch auswendig still und mit jedermann zufrieden ist und niemand verunruhet. Es ist ein Gotteswerk, das niemand bekannt ist denn dem, der es erfahren hat.

24. Oktober

Wir ermahnen euch, daß ihr nicht vergeblich die Gnade Gottes empfanget. 2. Korinther 6, 1.

Wider die Gnade sündigen geschieht auf zweierlei Weise. Die erste: Wenn ich gesündigt habe wider Gottes Gebot und ich zu der Sünde diesen teuflichen Zusatz tue und verzweifle oder verzage, daß ich glaube und ein Gewissen mir mache, als wollte mir Gott die Sünde nicht vergeben und sei keine Gnade mehr da. Da ist auch keine Gnade, sondern Gott mit aller Gnade ist verleugnet und zunichte geworden. Die andere Weise: Wenn ich gute Werke tue und ich zu denselben diesen teuflischen Zusatz mache und verlasse und tröste mich darauf, daß ich dadurch vor Gott bestehe und sei nicht Sünde da; damit mache ich mir die Gnade zunichte, als sei sie nicht not und nütze, weil solches die Werke mögen ausrichten. Da ist abermal Gott mit aller Gnade verleugnet.

25. Oktober

Ihr sollt das Heiligtum nicht den Hunden geben und eure Perlen sollt ihr nicht vor die Säue werfen.

Matthäus 7, 6.

Ja, lieber Herr, sie haben's bereits. Denn weil es eine öffentliche Predigt ist und in die Welt ausgeschüttet, so können wir nicht wehren, daß sie nicht d'rein fallen und zu sich reißen. Aber sie haben es darum noch nicht, und wollen's ihnen gottlob wohl wehren, daß sie das Heiligtum nicht kriegen. Die Schalen und Hülsen haben sie wohl, das ist die fleischliche Freiheit. Aber das sei ihnen gewehret, daß kein Hund noch Schwein einen Buchstaben vom Evangelio kriege, ob er gleich alle Bücher liest und alle Predigt hört und läßt sich dünken, er könne es überaus wohl. Wie geht's aber nun den Verfolgern und Tyrannen zuletzt? Was für einen Lohn kriegen sie? Was für eine greuliche Krankheit hat Gott über Herodes verhängt? — Es konnte niemand vor Gestank um ihn bleiben, denn es faulte ihm sein Unterleib und wuchsen Maden darin, und von unten auf schwoll er so scheußlich, daß er weder Tag noch Nacht Ruhe fand. Er ließ sich ins Wildbad führen, er ließ sich in Öl baden; aber da war keine Hilfe, so daß er zuletzt ein Messer forderte, als wollte er einen Apfel schälen, das stach er sich selbst in den Leib, die Schmerzen damit zu enden. Also soll es den Tyrannen und Verfolgern der Wahrheit gehen.

26. Oktober

In der Zeit meiner Not suche ich den Herrn.
Psalm 77, 3.

Das ist ein schalkhafter Teufel, der mich so wohl plagt als andere und mir oft solche Tücke bewiesen hat, wenn eine Anfechtung oder Bekümmernis angeht, es sei in geistlichen oder weltlichen Sachen, daß er den Kopf flugs hineinstecke und dahin bringe, daß man sich selbst damit fresse, damit er uns von dem Gebet reißt und den Kopf irre macht, daß man nicht daran gedenkt, und ehe man anfängt zu beten, hat man sich schon halb zu Tod gemartert; denn er weiß wohl, was das Gebet schafft und vermag. Darum wehrt und stört er, wie er immer kann, daß man ja nicht dazu komme. Darum sollten wir uns gewöhnen, so bald uns eine Angst und Not unter Augen stößt, nur flugs auf die Knie zu fallen und Gott die Not vorzulegen, so wäre uns geholfen. — Denn es ist eine sehr köstliche Arznei, die gewiß hilft und nimmer fehlt, wenn man sie nur braucht.

27. Oktober

Nicht um der Werke willen der Gerechtigkeit, die wir getan hatten, sondern nach seiner großen Barmherzigkeit machte er uns selig. Titus 3, 5.

Du mußt Leben und Wort weit von einander scheiden. Willst du das Leben ansehen, so will ich dir geben St. Petrus, Paulus oder St. Johannis Leben und wirst dennoch damit zu Schanden werden. Es muß Barmherzigkeit und Gnade, nicht Leben oder Werke sein. Welche allein sehen auf das ehrbare, scheinbare Leben, denen wäre es beser, daß sie Huren und Buben wären und im Kot lägen. Und dennoch will Gott nicht, daß wir ein schändliches, böses Leben führen; denn er leidet's nicht, und es ist verdammt. Führest du aber ein gut Leben, so willst du daran hangen. Das will er auch nicht leiden. Darum mußt du zusehen, daß du auf der mittelsten Steige bleibest, weder zur linken noch zur rechten Seite wankest, ein still, fein säuberlich Leben vor der Welt führen, aber nichts davon halten, nichts besser, denn ob ich schlafe oder wache und damit nicht den Himmel verdiene.

28. Oktober

Abraham ward nicht schwach im Glauben, sah auch nicht an seinen eigenen Leib, welcher schon erstorben war, weil er fast hundertjährig war, auch nicht den erstorbenen Leib der Sara.

Römer 4, 19.

Also hat Abraham seine Vernunft gefangen genommen und getötet, da er Gottes Wort glaubte, darin ihm verheißen ward, daß ihm Gott von seinem unfruchtbaren, erstorbenen Weibe, der Sara, einen Samen geben wollte. Denn solchem Worte der Verheißung tat gewißlich der Vernunft des Abraham nicht alsbald zu gefallen, sondern sie hat sich wider den Glauben gesträubt und es für närrisch, ungereimt und unmöglich Ding gehalten, daß Sara sollte einen Sohn gebären. Darum ist kein Zweifel, es haben sich Glaube und Vernunft in Abrahams Herzen über diese Sache weidlich überworfen und wohl auf einander gerannt; doch hat endlich der Glaube obgelegen und den Sieg behalten und diesen allergrausamsten und schädlichsten Feind Gottes, die Vernunft, überwunden und erwürgt. Also tun auch alle andern gläubigen Menschen, so mit Abraham in das Dunkel und verborgene Finsternis des Glaubens eingehen, erwürgen die Vernunft und sagen: Hörst du wohl, Vernunft, eine tolle, blinde Närrin bist du, verstehst von Gottes Sachen kein Spürlein nicht; darum mache mir nicht viel Possen mit deinem Widerbellen, sondern halte dein Maul und schweig; untersteh dich nicht, über Gottes Wort Richterin zu sein, sondern setze dich, höre, was dir dasselbige sage, und glaube ihm.

29. Oktober

Finsternis bedeckt das Erdreich und Dunkel die Völker. Jesaia 60, 2.

So wir denn göttlichen Geschlechts sind, sollen wir nicht meinen, die Gottheit sei gleich den güldenen, silbernen und steinernen Bildern, durch menschliche Gedanken gemacht.
Apostelgeschichte 17, 29.

Gott, wir warten deiner Güte in deinem Tempel.
Psalm 48, 10.

Darum ist das deutsche Sprichwort wahr: Finstere Kirchen und lichte Herzen. Denn eine solche Kirche hat Abraham gehabt, darin Gottes Wort und die rechten Gottesdienste gegangen sind. Dagegen sehen wir zu unserer Zeit sehr lichte Kirchen, die Herzen aber darin finster oder vielmehr gar blind. Daß also nicht Quadratsteine und herrliche Gebäude, auch nicht Gold und Silber eine Kirche schmücken oder heilig machen, sondern Gottes Wort und die reine Lehre oder Predigt. Denn wo man den Menschen Gottes Güte rühmt und offenbart und die Herzen aufgerichtet und ermuntert werden, daß sie auf Gott trauen und ihn in Nöten anrufen, da ist gewiß ein herrlicher Tempel; wenn es auch gleich ein finsterer Winkel, bloßer Hügel oder wilder Baum ist, wird er auch ein rechtschaffen Gotteshaus und des Himmels Pforte genannt, ob es schon unbedeckt und unter den Wolken und offenem Himmel steht.

30. Oktober

Alsdann werden sie einen neuen Mut nehmen, werden fortfahren und sich versündigen; dann muß ihr Sieg ihres Gottes sein. Habakuk 1, 11.

Wenn Tyrannen und Feinde der Wahrheit sehen, daß sie Glück haben und die Frommen Unglück, wissen aber nicht, daß der Verfolgten Gott und Sache recht ist und Gott sie in ihre Hände gegeben, wie er mit Christo selbst und allen Heiligen getan hat, da fahren sie fort, lästern und sprechen: Wo ist nun dein Christus? Laß ihn dir helfen! Aber es wird ein wüstes Ende mit ihnen nehmen und wird gar ein saurer Senf aufgehen, wenn sie nun ihren Honig ausgesäet haben. Denn weil sie Gott nicht fürchten in seinen Gerichten und Werken und sich nicht demütigen, läßt er sie getrost so anlaufen, daß sie Glücks und Sieges die Fülle haben, macht sie so zu Narren in ihrer Klugheit und Gutdünkel, daß sie ihre Sünde voll machen und sich verstocken, bis das Stündlein kommt, daß er mit ihnen umgehe wie mit Babyloniern, Juden und allen Tyrannen. Wo sind sie nun, die zu Christo sprachen: Er hat Gott vertraut, der erlöse ihn nun. Wo ist ihr Gott, dem sie den Sieg gaben? Christus ist geblieben; sie aber sind zerstoben und zerflogen wie Staub auf dem Felde.

31. Oktober

Gedenktag der Reformation

So halten wir es nun, daß der Mensch gerecht werde ohne des Gesetzes Werke, allein durch den Glauben. Römer 3, 28.

So hoch der Himmel von der Erde ist, so weit soll auch das Gesetz von der Rechtfertigung geschieden werden. Und im Handel der Rechtfertigung soll nichts gelehrt, geredet noch gedacht werden als allein das Wort der Gnade in Christo beweist. Das Gesetz dient und hilft gar nichts zur Gerechtigkeit, die vor Gott gilt, auch nicht im kleinsten Stücke. Wenn es recht verstanden wird, so macht's verzagt und richtet Verzweiflung an; wird's aber nicht recht verstanden, so macht es Heuchelei. Gleichwie das Evangelium, wenn es nicht recht verstanden wird, so macht es sichere, rohe Leute wieder; wenn es recht verstanden und geglaubt wird, so macht es fromme, gottselige Leute. Die christliche Gerechtigkeit, die unser einiger Schutz ist, nicht allein wider alle Gewalt und List der Menschen, sondern auch wider die Pforten der Höllen, ist, wie gesagt, daß wir gerecht und selig werden durch den Glauben an Christum, ohn alles Zutun aller Werke. (Römer 4, 5: Dem aber, der nicht mit Werken umgeht, (oder durch die Werke selig werden will), glaubet aber an den, der die Gottlosen gerecht machet, dem wird sein Glaube (das ist, die durch den Glauben ergriffene Unschuld und Gerechtigkeit Christi) gerechnet zu Gerechtigkeit.)

1. November

Der Herr Zebaoth ist mit uns; der Gott Jakobs ist unser Schutz. Psalm 46, 12.

(Aus einem Schreiben an den Churfürsten Friedrich, als Luther die Wartburg verlassen hatte.)

Solches sei Ew. Chur-Fürst. Gnaden geschrieben der Meinung, daß sie wissen, ich komme gen Wittenberg in gar viel einem höhern Schutz als des Churfürsten. Ich habe es auch nicht im Sinne, von Ew. Chur-Fürstl. Gnaden Schutz zu begehren. Ja, ich halte, ich wollte E.C.F.G. mehr schützen, als sie mich schützen könnte. Dazu, wenn ich wüßte, daß mich E.C.F.G. könne und wollte schützen, so wollte ich nicht kommen. Dieser Sache soll noch kann kein Schwert raten oder helfen; Gott muß hier allein schaffen ohne alles menschliche Sorgen und Zutun. Darum, wer am meisten glaubt, der wird hier am meisten schützen. Dieweil ich denn nun spüre, daß E.C.F.G. noch gar schwach im Glauben ist, kann ich keinerlei Wege E.C.F.G. für den Mann ansehen, der mich schützen oder retten könnte. Wenn E.C.F.G. glaubte, so würde sie Gottes Herrlichkeit sehen; weil sie aber noch nicht glaubt, hat sie auch noch nichts gesehen.

2. November

Sehet an die Exempel der Alten und merket sie; wer ist jemals zu Schanden geworden, der auf den Herrn gehofft hat? Sirach 2, 10 - 11.

Die Exempel von der Schwachheit der Heiligen sind uns nötiger und bringen mehr Trost als die Exempel der großen, vortrefflichen Stärke und anderer Tugenden, welche die Heiligen gehabt haben. Gleichwie ich dessen nicht viel gebessert werden kann, daß David den Goliath, Bären und Löwen erwürgt hat. Denn in solchen rittermäßigen Taten kann ich ihm nicht nachfolgen, sintemal solche alle meine Kräfte und Gedanken übertreffen. Denn durch solche große Taten werden die Heiligen gerühmt wegen ihrer Kraft und Stärke, die sie als tapfere Helden gehabt haben. Wenn uns aber die Exempel der Schwachheit, der Sünden, des Schreckens und der Anfechtungen, welche die Heiligen gehabt, vorgehalten werden, als wenn ich lese das Klagen, Seufzen, Schrecken und Zagen, welche David gehabt, das richtet mich sehr auf und gibt mir einen großen Trost. Denn da sehe ich, wie sie in ihrem Zagen und Schrecken nicht verdorben und umgekommen sind, sondern wie sie sich aufgerichtet und getröstet haben mit den Verheißungen; darum schließe ich, daß ich auch nicht verzagen soll.

3. November

Wer das lieset, der merke darauf! Matthäus 24, 15.

Das ist: Wer die Schrift will lernen, der soll sie verstehen. Auf deutsch sprechen wir also: Merk' auf, was du liesest! Oder: Willst du lesen, so merke wohl darauf, was du liesest. Denn du liesest nicht eines Menschen Wort, sondern Gottes, des Allerhöchsten Wort. Der will Schüler haben, die fleißig darauf achten und merken, was er sagt. Und so es wohl geredet ist, man solle Fürstenbriefe dreimal lesen darum, daß sie müssen bedächtig reden, damit sie nicht für Narren gehalten werden, wieviel mehr soll man Gottes Briefe, das ist die Heilige Schrift, drei-, vier-, zehn-, hundert-, tausend- und abertausendmal lesen. Denn er redet bedächtig und wichtig, ja, er ist die ewige Weisheit selbst. Wer dies tut, der wird gelehrter und besser aus der Schrift. Wer's nicht tut, der lernet nichts, ja, er wird ärger daraus; denn reine Tiere käuen wieder. Wiederkäuen aber heißt, Gottes Wort mit rechtem Ernst annehmen, es zu Herzen fassen, Liebe und Lust dazu haben, fleißig betrachten und fest daran halten. Das tun die Reinen, das ist, die rechten Christen, welcher Herzen durch den Glauben an's Wort gereinigt sind. Die andern, welche das Wort mit Ernst nicht meinen, bleiben unreine Tiere. Maria aber behielt alle diese Worte und bewegte sie in ihrem Herzen, Lukas 2.

4. November

Das Wenige, das ein Gerechter hat, ist besser denn das große Gut vieler Gottlosen. Psalm 37, 16.

Ein Christ scharrt nicht das Irdische zu sich; er hat seinen Schatz in den Himmel gelegt, in den Schoß Gottes, und spricht: Lieber Herr, ich weiß, daß du noch mehr hast; du hast viel mehr, als du je vergeben magst; es wird mir in dir nicht mangeln. Denn wenn es not wäre, die Himmel müßten Gulden regnen; sei du mein Kasten, Keller und Söller; in dir habe ich alle Schätze; wenn ich dich habe, so habe ich genug. Das sind rechte Christen. Wenn wir nur könnten glauben, so hätte es keinen Mangel. Unser Herr Gott ist ein guter Goldschmied; der kann aus einem Gulden mehr als hunderttausend schmieden; es liegt nicht an der Barschaft. Es kann einer mit tausend Gulden so weit nicht kommen mit ungläubigem Herzen als einer, der Gott vertraut, mit einem Gulden. An Gottes Segen ist alles gelegen.

5. November

Da aber die ersten kamen, meinten sie, sie würden mehr empfangen. Matthäus 20, 10.

Wir sollen wissen, daß ein jeglicher unter uns einen großen Werkheiligen in seiner Brust hat. Das ist, wir wollen alle gern solche köstliche Werke haben, welcher wir uns rühmen möchten und sagen: Siehe, das habe ich getan; ich habe heute meinen Gott bezahlt mit Beten und guten Werken; deshalb will ich nun desto mehr Ruhe im Gewissen haben. Mir widerfährt das auch, wenn ich meines Amtes gewartet und meinen Beruf fleißig ausgerichtet habe, daß ich viel fröhlicher bin, als wenn ich es nicht getan hätte. Diese Freude ist wohl an sich selbst nicht böse; doch ist sie ohne Glauben und nicht rein und eine solche Freude, welche das Gewissen fangen und irre machen will. Weil aber das Gewissen ein sehr zartes Ding ist, kann es wider das Laster der Vermessenheit nicht genug verwahrt sein. Deshalb lasset uns nicht sicher sein, sondern, da wir Christum bekennen, in Furcht leben und im Glauben zunehmen, auch wissen, daß ein jeder einen großen und häßlichen Mönch (Werkheiligen) in seinem Herzen bei sich trägt, das ist, daß wir uns auf unsere Werke verlassen, welches dem Glauben ganz entgegen ist.

6. November

Du sollst nicht begehren deines Nächsten Haus. — Du sollst nicht begehren seines Weibes, Knecht, Magd, Vieh, oder was sein ist.

2. Mose 20, 17; 5. Mose 5, 21.

In diesen zwei Geboten wird verboten, selbst der Zunder und die unüberwindliche Begierlichkeit, die in unserer Natur steckt, ja selbst die Wurzel der bösen Gedanken. Daß also im sechsten und siebenten Gebot des Herzens Verwilligung, Zeichen der Glieder, Worte des Mundes und Werke des bösen Leibes verboten wird; hier aber auch selbst die ersten Regungen, zugleich nebst dem Zunder und Wurzel, als deren Ursprung. Denn wir müssen also rein werden, ehe wir in das Himmelreich kommen, daß auch keine böse Regung, noch die Wurzel, die zum Bösen neigt, mehr in uns sei, sondern eine vollkommene Gesundheit des Leibes und der Seele, daß wir von allen Lastern rein sein. Das doch in diesem Leben nicht geschieht, und steht auch nicht in unserer Gewalt. Denn wer mag sich rühmen, daß er ein reines Herz habe? Wer mag auslöschen das grimmige Feuer der bösen Lust, das also tief in unsern Gliedern steckt, daß auch der heilige Paulus (Röm. 7) klagt wider dies Gesetz der Glieder und Gesetz der Sünden? Wir zähmen unsere Ohren, Augen und alle Sinne von innen und von außen, daß die Sünde in uns nicht herrsche, aber die böse Lust mag niemand dämpfen. Darum sind dies zwei Gebote, die von keinem Menschen, wie heilig er ist, einigermaßen mögen erfüllt werden. Die Frommen erfüllen alle andern Gebote, denn sie dämpfen die bösen Werke, Worte und Verwilligung; aber hier in diesen zwei Geboten bleiben sie verdammt und arme Sünder, dieweil sie nichts von diesen Geboten erfüllen, da ihnen eingewurzelt ist die böse Lust des Fleisches und der Geiz zu andern Dingen. Und also sündigen sie alle, und mangeln des Ruhm's Gottes. (Röm. 3, 23).

7. November

Aus denselben sind, die hin und her in die Häuser schleichen und nehmen die Weiblein gefangen.

2. Timotheus 3, 6.

Verführerische Geister schleichen nicht an Orte, da man dem Evangelio entgegen ist, sondern wo Christen und fromme Leute sind; denselben kriechen sie nach, hier in ein Haus, dort in ein anderes, durchreiten alles so lange, bis ihr Gift in alle Winkel unter dem Volke ausgelassen ist. Warum ziehen sie nicht unter die Gottlosen und bekennen ihre Lehre frei öffentlich, wie wir von Gottes Gnaden getan haben? Aber die zarten Märtyrer fürchten der Haut und fliehen die Gefährlichkeit. So lerne nun, daß es frommen Predigern gemeiniglich also zu gehen pflegt. Über dem, daß sie von der bösen, undankbaren Welt verfolgt werden, müssen sie noch leiden, daß, was sie mit großer Mühe und Arbeit schwer erbaut, von solchen falschen Geistern eingerissen wird. Also verhindert und hemmt der leidige Satan das liebe Evangelium zu beiden Seiten, zur Rechten und Linken; doch tut er zur Rechten mit seinem Bauen und Bessermachen viel größern Schaden als mit Verfolgen und Morden zur Linken.

8. November

Christus hat unsere Sünden selbst geopfert an seinem Leibe auf dem Holz, auf daß wir, der Sünde abgestorben, der Gerechtigkeit leben; durch welches Wunden ihr seid heil geworden.

1. Petrus 2, 24.

Alle Propheten haben zuvor im Geiste wohl gesehen, daß Christus der allergrößte Sünder sein würde, dergleichen auf Erden nie gekommen ist; denn indem er ein Opfer ist für die Sünde der ganzen Welt, ist er jetzt nicht mehr eine solche Person, die unschuldig und ohne Sünde ist. Ist nicht Gottes Sohn in Herrlichkeit, sondern ist ein Sünder und eine kleine Zeit verlassen, der da trägt und auf dem Halse liegen hat aller Menschen Sünde, als St. Pauli, der ein Gotteslästerer, Verfolger, Frevler gewesen ist, St. Petri, der Christum verleugnet hat, item (= ebenso) Davids, welcher ein Ehebrecher und Mörder war und machte, daß der Name des Herrn unter den Heiden verlästert ward. In Summa: Er ist die Person, die an ihrem Leibe trägt und auf sich geladen hat alle Sünde aller Menschen in der ganzen Welt, die je gewesen sind, noch sind und sein werden. Nicht also, daß er solche Sünde selbst getan hätte, sondern daß er sie von uns, die wir sie getan haben, auf seinen Leib genommen hat, auf daß er dafür mit seinem eigenen Blute genug täte.

9. November

Wer weiß, Gott möchte sich kehren und ihn reuen und sich wenden von seinem grimmigen Zorn, daß wir nicht verderben. Da aber Gott sah ihre Werke, daß sie sich bekehrten von ihrem bösen Wege, reuete ihn des Übels, das er geredet hatte, ihnen zu tun, und tat's nicht. Jona 3, 9 - 10.

Gott pflegt nicht zu zürnen, es sei denn gar keine Hoffnung der Besserung vorhanden. Darum, wenn du in Nöten, Angst oder Gefahr bist, so greif in den Busen und frage dein Herz, ob du Gott so feind bist, daß du auch gar nicht mehr wollest dich wieder zu ihm kehren. Ist nun das in deinem Herzen gewiß beschlossen, du wolltest dich gerne wieder zu ihm wenden und kommen, wenn er dich nur wollte wieder annehmen und deine Sünden, so du wider ihn getan hast, dir herzlich leid sind und von Herzen begehrest, davon abzustehen, so sollst du gar nicht zweifeln: Gott zürnet nicht, ja, er hat noch nicht angefangen zu zürnen, weil du noch nicht angefangen hast, an seiner Gnade und Barmherzigkeit zu verzweifeln.

10. November

Dr. Martin Luthers Geburtstag 1483

So einer sagt: Ich bin Paulisch, der andere aber: Ich bin Apollisch, — seid ihr denn nicht fleischlich? Wer ist nun Paulus, wer ist Apollo? Diener sind sie, durch welche ihr seid gläubig geworden.
1. Korinther 3, 4 - 5.

Ich bitte, man wolle meines Namens schweigen und sich nicht lutherisch, sondern Christen heißen. Was ist Luther? Ist doch die Lehre nicht mein. So bin ich auch für niemand gekreuzigt. St. Paulus wollte nicht leiden, daß die Christen sich sollten heißen Paulisch oder Petrisch, sondern Christen. Wie käme ich armer, stinkender Madensack dazu, daß man die Kinder Christi soll mit meinem heillosen Namen nennen? Aber wenn du es dafür hältst, daß des Luthers Lehre evangelisch sei, so mußt du den Luther nicht so gar hinwerfen; du wirfst sonst seine Lehre auch mit hin, die du doch für Christi Lehre erkennest. Wenn dem Timotheus genug gewesen wäre, daß er das Evangelium bekannt, hätte ihm Paulus nicht geboten, daß er sich sein auch nicht schämen sollte, nicht als der Person Pauli, sondern der um des Evangeliums willen gebunden war. Wenn nun Timotheus hätte gesagt: Ich halte es nicht mit Paulo noch mit Petrus, sondern mit Christo, — und wüßte doch, daß Paulus und Petrus Christum predigte, hätte er doch Christum selbst damit verleugnet. Denn Christus spricht Matth. Kap. 10: Wer euch aufnimmt, der nimmt mich auf; wer euch verachtet, der verachtet mich.

11. November

Wer ist wie der Herr, unser Gott, der sich so hoch gesetzt hat und auf das Niedrige sieht im Himmel und auf Erden? Psalm 113, 5 - 6.

Weil Gott der allerhöchste und nichts über ihm ist, mag er nicht über sich sehen, mag auch nicht neben sich sehen; weil ihm niemand gleich ist, muß er notwendig in sich selbst und unter sich sehen. Und je tiefer jemand unter ihm ist, je besser er ihn sieht. Aber die Welt- und Menschenaugen tun widersinnig; die sehen nur über sich und wollen hoch fahren zur Ehre, zur Gewalt, zum Reichtum, zur Kunst und gutem Leben. Und wo solche Leute sind, denen hängt jedermann an; da läuft man zu; da dient man gern und will der Höhe teilhaftig werden. — Aber in die Tiefe will niemand sehen, wo Armut, Schmach, Not, Jammer und Angst ist; da wendet jedermann die Augen ab; da flieht, da scheut, da läßt man sie und denkt niemand, ihnen zu helfen und beizustehen; da ist kein Schöpfer unter den Menschen, der aus dem Nichts wollte etwas machen. Darum bleibt Gott allein solches Ansehen, das in die Tiefe, in Not und Jammer sieht, und ist nahe denen, die in der Tiefe sind.

12. November

Als die Sterbenden und siehe, wir leben.
2. Korinther 6, 9.

Gott läßt seine Kinder oft kraftlos und unterdrückt werden, daß jedermann meint, es sei mit ihnen aus und habe ein Ende, und eben in denselben ist er am stärksten da. Denn wo Menschenkraft ausgeht, da geht Gottes Kraft ein, wenn der Glaube da ist und dessen wartet. Wieder läßt Gott seine Feinde sich groß und mächtig erheben. Er zieht seine Kraft heraus und läßt sie sich von eigener Kraft aufblasen. Denn wo Menschenkraft eingeht, da geht Gottes Kraft aus. Wenn nun die Blase voll ist und jedermann meint, sie liegen oben, haben gewonnen und sie auch selbst sicher sind und haben's an's Ende gebracht, so sticht Gott ein Loch in die Blase, so ist's gar aus. Die Narren wissen nicht, daß eben, indem sie aufgehen und stark werden, sie von Gott verlassen sind und Gottes Arm nicht bei ihnen ist.

13. November

So auch wir oder ein Engel vom Himmel euch würde Evangelium predigen anders, denn das wir euch gepredigt haben, der sei verflucht.

Galater 1, 8.

Du mußt dich so fest und gewiß auf Gottes Wort bauen, daß, wenn ich auch selbst zum Narren würde, da Gott vor sei, und widerriefe oder verleugnete meine Lehre, daß du darum nicht davon tretest, sondern sprechest: Wenn auch Luther selbst oder ein Engel vom Himmel anders lehrt, so sei es vermaledeit; denn du mußt nicht Luthers, sondern Christi Schüler sein und ohne Wanken empfinden, daß es Gottes Wort sei, wenn auch alle Welt dawider stritte. Du hast Sterben und Verfolgung vor dir; da kann ich nicht bei dir sein noch du bei mir; sondern ein jeder muß da für sich selbst streiten, Teufel, Tod und Welt überwinden. Wenn du denn wolltest zu der Zeit dich umsehen, wo ich bliebe, oder ich, wo du bliebest, und dich bewegen lassen, ob ich oder jemand auf Erden anders sagt, so bist du schon verloren und hast das Wort aus dem Herzen gelassen; denn du haftest nicht am Wort, sondern an mir oder an andern; da ist denn keine Hilfe.

14. November

So lasset euch nun weisen, ihr Könige, und lasset euch züchtigen, ihr Richter auf Erden. Dienet dem Herrn mit Furcht! Psalm 2, 10 - 11.

Warum läßt hier der Prophet den Pöbel (lat.: populus = das Volk) außen und spricht allein die Könige und Regenten an? Ohne Zweifel darum, daß, wo die Regenten Christo, dem Herrn, dienen und gehorsam sind, so kann der Pöbel nichts hindern. Wo sie aber Gottes Wort verfolgen oder verachten, da kann der Pöbel nichts helfen. Wo nun Kirchen und Schulen wohl stehen, da wird Christus der Obrigkeit wieder wohl wissen reichlich zu danken. Wo aber Kirchen und Schulen, ohne welche Gottes Wort nicht bleiben kann, versäumt werden, so wird es niemandes Schuld sein als der Obrigkeit und großer Herren. Denselben wird's auch gehen, wie er sagt in diesem Psalm, daß sie werden umkommen auf dem Wege in seinem Zorn.

15. November

Fasse meine Tränen in deinen Sack (Krug); ohne Zweifel, du zählest sie. Psalm 56, 9.

Das heißt wahrlich recht einen gnädigen Gott haben, der uns bewahrt und nicht zuläßt, daß ein Haar von unserm Haupte falle oder daß der Augapfel tröpfele oder doch jeder Tropfen, der aus den Augen fällt, zählt. Weinest du, so hat er ein goldenes Becken oder Schüssel und fängt die Tränen auf. Wer sind aber die, deren Tränen er so genau auffaßt? Antwort: Es sind arme, elende Sünder. Wer ist es denn, der sie sammelt? Das ist Gott, der Schöpfer aller Dinge. Dies sollte man oft bedenken, Glauben, Hoffnung und Liebe in uns zu erwecken, weil wir das Wort, dazu Beispiele und unsere selbsteigene Erfahrung der großen Güte Gottes vor uns haben. (Psalm 126: Die mit Tränen säen, werden mit Freuden ernten, sie gehen hin und weinen und tragen edlen Samen und kommen mit Freuden und bringen ihre Garben.)

16. November

Der Tod seiner Heiligen ist wert gehalten vor dem Herrn. Psalm 116, 15.

Wahre Gläubige, die sein Wort lieb haben und fest daran halten, auch in demselben sterben, sie mögen gehenkt, gerädert, verbrannt, ersäuft werden oder umkommen an der Pestilenz, am Fieber usw., die schließe nur in Christi Tod und Auferstehung ein und sprich flugs den Text über sie: Der Tod seiner Heiligen ist teuer und wert vor dem Herrn, daß er's hält für einen trefflichen Schatz und köstlich Kleinod auf Erden. Es würge dich der Teufel auf dem Bette oder der Henker am Galgen, so ist es beschlossen, daß solch ein Tod ein heiliger Tod ist und so teuer vor ihm geachtet, daß er's nicht will ungerächt lassen, sondern den Teufel, der dich ermordet, vor Gericht ziehen und mit ewiger Pein quälen, der Sünde den Kopf abschlagen und den Tod in die Hölle begraben und alles rächen, dadurch seine Heiligen haben sterben müssen. Und weil er sich ihrer so hoch annimmt, so will er sie gewißlich nicht im Tode bleiben lassen, sondern sie wieder hervorziehen, daß ihr Tod nicht ein Tod, sondern gar ein neues Leben sein soll mit Christo in ewiger Klarheit und Herrlichkeit.

17. November

Haben sie den Hausvater Beelzebub geheißen, wieviel mehr werden sie seine Hausgenossen also heißen. Matthäus 10, 25.

Wenn einen die Welt einen Ketzer, Verführer und Lügner, Aufrührer schilt, das ist ein gutes Zeichen, daß es ein rechtschaffener Mann ist und seinem Herrn Christo ähnlich; denn er mußte eben das sein und mit den Mördern gerichtet und gekreuzigt werden. Was läge mir daran, wenn ich ein Prediger wäre, daß mich die Welt einen Teufel hieße, wenn ich weiß, daß mich Gott seinen Engel heißt? Die Welt heiße mich einen Verführer, so lange sie will; indes heißt mich Gott seinen treuen Diener und Hausknecht; die Engel heißen mich ihren Gesellen; die Heiligen heißen mich ihren Bruder; die Gläubigen heißen mich ihren Vater; die elenden Seelen heißen mich ihren Heiland; die Unwissenden heißen mich ihr Licht, und Gott spricht Ja dazu, es sei also, die Engel auch samt allen Kreaturen. Ei, wie hübsch hat mich die Welt samt dem Teufel getäuscht mit ihrem Lästern und Schmähen! Ei, wie groß hat sie an mir gewonnen? Wie großen Schaden hat sie mir getan?

18. November

Lasset euch dünken, daß ihr dem Herrn dienet und nicht den Menschen. Epheser 6, 7.

Der Ehestand möchte wohl ein mühseliger Stand genannt werden, da Mühe und Arbeit genug inne ist, wenn du Gottes Geschöpf, Stiftung, Segen und Wort aus den Augen setzen willst. Darum lerne, wie man unserm Herrn Gott auch wohl im Hause dienen kann und nicht nötig sei, etwas sonderliches anzufangen. Denn ein Hausvater, der sein Haus in Gottesfurcht regiert, seine Kindlein und Gesinde zu Gottesfurcht und -erkenntnis, zu Zucht, und Ehrbarkeit erzieht, der ist in einem seligen, heiligen Stande. Also auch eine Frau, die der Kinder wartet mit Essen-, Trinkengeben, Wischen, Baden, die darf nach keinem heiligen, gottseligen Stande fragen. Knecht und Magd im Hause auch also; wenn sie tun, was ihre Herrschaft sie heißt, so dienen sie Gott. Und soferne sie an Christum glauben, gefällt es Gott viel besser, wenn sie auch die Stuben kehren oder Schuhe putzen, als aller Mönche (Werkheiligen,) Beten, Fasten, Messe halten und was sie mehr von hohen Gottesdiensten rühmen.

19. November

Ihr Kleingläubigen, warum seid ihr so furchtsam?

Matthäus 8, 26.

Als Petrus, der durch Christi Kraft auf dem Meere ging, einen starken Wind sah, wurde er im Glauben schwach, verlor das Wort Christi, das er gesagt hatte: Komm her!, in dessen Kraft er zwar aus dem Schiff in's Meer gesprungen, aber blieb nicht in derselben Kraft. Denn der Wind, den er sah, setzte ihm so heftig zu, daß er darüber das Gehör des Wortes „Komm her" verlor, daß er nicht an das Wort, sondern an den Wind gedachte, den er sah. Also tut das Auge dem Gehör allezeit Schaden, und die sichtbaren Sachen heben das Wort und die unsichtbaren Sachen auf. So lange Petrus das Wort „Komm her" hörte und nicht sah, wie ihn das Meer trug, darauf er ging, da ging er glücklich. Aber da er anfing, den Wind zu sehen, da verlor er das Gehör des Wortes „Komm her" und fing an zu sinken. So geht's, kommt Christus in das Schiff, so wird's nicht lange still bleiben, es wird ein Wetter und Ungestüm kommen. Denn so du willst ein Christ sein, so schicke dich auf dieses Ungewitter und diesen Unfrieden; das geht nicht anders, wer in Christo will gottselig leben, sagt Paulus, der muß Verfolgung leiden. Und je gewaltiger das Wort geht, desto zorniger und wütender wird der Teufel mit seinem Anhang darüber.

20. November

Die göttliche Torheit ist weiser denn die Menschen sind. 1. Korinther 1, 25.

Wenn Gott etwas heißt, sagt oder tut, so sollst du dein Maul zuhalten und auf deine Knie fallen, weiter nichts sagen noch fragen, sondern tun, was er dich heißt, hören, was er dir sagt und dir gefallen lassen, was er tut. Denn Gott will von uns ungemeistert sein, die wir von Natur Kinder des Zorns, Sünder und Lügner sind. Deshalb sein Rat, Wort und Werk uns viel zu hoch ist, als daß wir's verstehen sollten. Noch sind wir so blinde, vermessene Narren, die sich dünken lassen, daß sie es nicht allein verstehen, sondern auch wohl besser machen könnten. Weil wir nun solcher Unart von Natur sind, so sollten wir unsere Weisheit beiseite legen und in Gottes Gebot und Sachen also denken: Siehet es mich närrisch an, so ist es in der Wahrheit keine andere Ursache, als daß ich ein großer Narr bin, der die göttliche Weisheit nicht fassen noch verstehen kann; denn meine Torheit und Blindheit hindert mich.

21. November

Die Hohenpriester banden Jesum, führten ihn hin und überantworteten ihn dem Landpfleger Pontio Pilato. Matthäus 27, 2.

Pilatus hatte Christum wohl sein Lebetage predigen und Wunder tun lassen und nichts darnach gefragt. Aber die Hohenpriester, der geistlose Haufe, bringt so viel zuwege, daß Pilatus als ein Richter und Christus als ein Übeltäter zusammen geknüpft werden. Also geht es noch. Des Herrn Christi ärgste Feinde sind die geistlosen Geistlichen; wenn die beschlossen haben, es sei Ketzerei, was ihnen nicht gefällt oder wider sie ist, so trachten sie, wie sie die weltlichen Potentaten (d.h. Machthaber) wider das Evangelium hetzen. Die müssen ihre Henker werden und auf ihr Anklagen und Anhalten sich mit unschuldigem Blut besudeln wie Pilatus. Das leide, du frommer Christ. Mit deinem Herrn Christo hat man's auch also gespielt, und danke Gott, daß du so würdig bist, um seines Namens willen solches zu leiden. Die Scheinchristen halten uns mit Christo für Anführer und deuten unsere Lehre dahin, daß sie alles Unglück anrichte. Das muß man lernen und gewohnt werden. Da die Juden Christum ans Kreuz brachten, da sie Stephanus steinigten, mußten sie beide, Herr und Knecht, den Namen tragen, sie wären Aufrührer gewesen und hätten Gott gelästert. Solcher Exempel hat man in der Schrift vollauf.

22. November

Wo zwei oder drei versammelt sind in meinem Namen, da bin ich mitten unter ihnen.

Matthäus 18, 20.

Es geschehen viel mehrere und größere Sünden, wenn die Leute allein sind, als wenn sie sich zu anderer Leute Gesellschaft halten. Ich habe es an mir auch erfahren, daß ich nimmer in mehrere Sünden falle, als wenn ich allein bin. Wenn man allein ist, da denkt man einem Dinge emsiger nach. Und ist uns etwas Widerwärtiges geschehen, so bilden wir es uns desto heftiger ein, und machen es größer und ärger, als es an sich ist. Gedenken, es sei niemand unglückseliger, als wir sind, und träumen davon, als werde es ein böses Ende mit unsern Sachen nehmen. In Summa: Wenn wir allein sind, so haben wir wunderbare Gedanken, und legen ein Ding immer ärger aus, als es an ihm selbst ist, meinen dagegen, daß andere Leute viel glückseliger sind als wir, und tut uns dann sehr wehe, daß es andern also wohl geht, und wir dagegen in Trübsal und allerlei Not stecken.

23. November

Ich sage euch, daß der Männer keiner, die geladen sind, mein Abendmahl schmecken wird.

Lukas 14, 24.

Dies sind einfache, kurze, aber sehr ernste Worte, als sollte er sagen: Wohlan, mein Abendmahl ist auch etwas, und was gilt's, es soll besser sein als ihre Ochsen, Äcker und Häuser oder Weiber, ob sie es gleichfalls verachten und ihre Äcker, Ochsen und Häuser viel köstlicher halten. Und es soll das Stündlein kommen, wo sie ihre Äcker, Ochsen und Häuser lassen müssen, daß sie gern auch etwas wollen von meinem Abendmahl schmecken. Aber es soll denn auch heißen: Lieber, ich bin jetzt nicht daheim; ich kann der Gäste jetzt nicht warten. Gehet hin auf eure Äcker, zu euren Ochsen, in eure Häuser; die werden euch wohl ein besonderes Abendmahl geben, weil ihr mein Abendmahl so sicher und frech verachtet habt. Ich hatte wohl auf euch gekocht und viel darauf gewandt; das verschmähtet ihr; habt ihr's nun besser gekocht, so esset und seid fröhlich, allein, daß ihr mein Abendmahl nicht schmecket. Deshalb sollen wir solch Gedächtnis nicht überdrüssig werden. Wo gute Freunde zusammen kommen, die können eine ganze Nacht beieinander sitzen und schwätzen und des Schlafens dabei gar vergessen. Warum sollte man dessen müde werden, daß man predigen und lernen soll, wie teuer uns unser lieber Herr Christus erkauft hat?

24. November

Denn so hoch der Himmel über der Erde ist, läßt er seine Gnade walten über die, so ihn fürchten.

Psalm 103, 11.

Das ist die leidige Unart unserer Natur, daß, wenn auch Christus mit seiner Gnade und Trost zu ihr kommt, sie sich vor ihm scheut und flieht, dem sie doch billig sollte nachlaufen bloß und barfuß bis ans Ende der Welt, windet und ringet sich, sucht eigen Werk und wollte gern zuvor rein und würdig genug sein und durch sich selbst einen gnädigen Gott und Christum verdienen, damit Friede zu suchen und der Sünde zu entlaufen, daß er von Christo läuft und zuvor will etwas bei sich selbst finden, damit er sein wert werde, daß er zu ihm komme, und fällt doch damit nur tiefer in Schrecken und Zagen, bis ihn Christus wieder mit seinem Wort herausreißt. Darum mußt du ihm nicht die Unehre tun, daß du ihn von dir schlagest oder den Trost, den er dir bringt, dir selbst zum Schrecken und Verzweiflung wollest verkehren, sondern vielmehr mit aller Zuversicht zu ihm läufst, so wirst du auch bald hören das fröhliche, tröstliche Wort: Fürchte dich nicht, damit er dir und allen betrübten Gewissen in's Herz redet und die Absolution von allen Sünden spricht.

25. November

Welcher nun unwürdig isset und trinket, der isset und trinket sich selber zum Gericht, damit, daß er nicht unterscheidet den Leib des Herrn.

1. Korinther 11, 29.

Es muß der Glaube da sein, der sich darauf verlasse und fröhlich wage in solch Gotteszeichen und -zusagen. Was wäre das für ein Seligmacher oder Gott, der uns nicht möchte oder wollt von Tod, Sünd, Hölle selig machen? Es muß groß sein, was der rechte Gott zusagt und wirkt. So kommt dann der Teufel und bläst dir ein: Ja wie, wenn ich dann die Sakramente hätte unwürdig empfangen und mich durch meine Unwürdigkeit solcher Gnaden beraubt? Hier mach das Kreuz vor dich, laß dich Würdigkeit oder Unwürdigkeit nichts anfechten; schau nur zu, daß du glaubst, es seien gewisse Zeichen, wahre Worte Gottes, so bist du und bleibst wohl würdig. Glaube macht würdig; Zweifel macht unwürdig. Womit willst du deinen Glauben erwecken? Womit willst du dich reizen zu danken? Willst du harren, bis es dir selber ankommt oder der Teufel dir Raum dazu gebe oder dich sonst was dazu anhalte; daraus wird nie etwas. Am Sakrament mußt du dich wärmen und hinzu halten; dies ist ein Feuer, das die Herzen anzünden kann; da mußt du deine Not und Dürftigkeit bedenken und die Wohltat deines Heilandes hören und glauben, so wird dir dein Herz anders werden und andere Gedanken fassen.

26. November

Die Gesunden bedürfen des Arztes nicht, sondern die Kranken. Lukas 5, 31.

Dem Kranken ist der Arzt nütze und angenehm; die Gesunden achten seiner nicht, wie man an dem kananäischen Weiblein wohl siehet. Die fühlet ihre und der Tochter Not; darum lief sie Christus nach und wollte sich in gutem Vertrauen nicht lassen abweisen noch erschrecken. Also muß auch Moses vorhergehen und die Sünde fühlen lernen, auf daß die Gnade süß werde. Darum ist's vergeblich, daß Christus freundlich und lieblich vorgebildet werde, wenn nicht zuvor der Mensch durch Erkenntnis seiner selbst gedemütigt und nach Christus begierig wird, wie das Magnificat (Marias Lobgesang Lukas 1, 46 - 55) auch saget: Die Hungrigen füllet er mit Gütern und lässet die Reichen leer. Das ist alles uns zu Trost gesagt und den elenden, armen, bedürftigen, sündigen und verachteten Menschen geschrieben, daß sie in aller ihrer Not wissen mögen, zu wem sie fliehen, bei wem sie Trost und Hilfe suchen sollen. Aber o wie wehe tut das der Natur und Vernunft, daß sie sich soll so nackt ausziehen und alles verlassen, was sie fühlet, und allein am bloßen Wort hangen, da sie auch das Widerspiel fühlet! Gott helfe uns in Nöten und im Sterben zu solchem Mut und Glauben!

27. November

Lehre uns bedenken, daß wir sterben müssen, auf daß wir klug werden. Psalm 90, 12.

Weil unser Leben nichts anders als ein stets währender Gang zu dem Tode ist, so sollen wir auch das ganze Leben hindurch die Kunst, recht und wohl zu leben und zu sterben, studieren. Wer wohl gelebt hat, kann nicht übel sterben. Selten stirbt einer wohl, der übel gelebt hat. Wohl leben aber heißt nicht, täglich toll und voll sein, wie die Welt wohl lebt, sondern im Glauben des Sohnes Gottes leben Gal. 2, 20. Ich lebe aber, doch nun nicht ich, sondern Christus lebet in mir. Denn was ich jetzt lebe im Fleisch, das lebe ich in dem Glauben des Sohnes Gottes, der mich geliebet hat und sich selbst für mich dargegeben. Wohl sterben heißt gerne sterben; gerne sterben bringt der Glaube; wohl sterben bringen die Früchte des Glaubens. Wer da glaubt, daß er einen gnädigen Gott durch Christum hat, der stirbt gerne; denn er weiß, wo er hin soll; wer auch seinem Nächsten richtig unter die Augen geht und tut ihm, wie er ihm (d.h. sich selbst) wolle getan haben, der kann nicht übel fahren.

28. November

So jemand mein Wort wird halten, der wird den Tod nicht sehen ewiglich. Johannes 8, 51.

Wie ein groß und mächtig Ding ist's um einen Christen, der da glaubt. Dem muß auch der Tod, Sünde und Teufel weichen. Und er fängt auch hier in dieser Zeit das ewige Leben an. Das macht Christus, Gottes Sohn, an welches Wort er glaubt. Darum sollte ein Christ in diesem Reim

Ich lebe und weiß nicht, wie lange,
ich sterbe, weiß auch nicht wann,
ich fahr' von dannen, weiß nicht wohin,
mich wundert's, daß ich so fröhlich bin

die letzten zwei Verse ändern und mit fröhlichem Mund und Herzen so reimen:

ich fahr und weiß gottlob wohin,
mich wundert's, daß ich so traurig bin.

Gut wär's, daß unbußfertige, sichere Leute diesen Reim, wie er von altersher lautet, immer vor Augen hätten, ob sie dermaleinst, dadurch erinnert, klug wollten werden, das ist, in sich schlagen und bedenken, daß sie sterblich und keines Augenblicks ihres Lebens sicher wären und also bewegt würden, Gott zu fürchten, Buße zu tun und sich zu bessern. Wie denn Mose in seinem Psalm alle Adamskinder zu Gott also zu beten ernstlich ermahnt: Lehre uns, Herr, bedenken, daß wir sterben müssen, auf daß wir klug werden.

29. November

Das Mägdlein ist nicht tot, sondern es schläft.
Matthäus 9, 24.

Da lerne man den Unterschied zwischen fleischlichen Augen und Christen-Augen. Christen-Augen sind solche Augen, wenn sie in den Tod, Sünde und Hölle sehen, die gewiß sagen können: Ich sehe keinen Tod, ich fühle keine Sünde, ich bin nicht verdammt, sondern ich sehe durch Christum lauter Heiligkeit, Leben und Seligkeit. Also wenn ich arm bin, fühle ich keine Armut. Mich dünkt, ich habe alles genug. Denn ich habe Christum, der mir's alle Stunden geben kann, was ich bedarf, ob ich gleich nichts habe. Also, wenn du einen Christen sterben siehst, da sehen deine Augen einen toten Menschen; aber solche Augen tue zu und öffne die geistlichen Augen, die auf das Wort sehen, so wirst du finden, daß solcher Mensch nicht tot ist, sondern vor Gott lebt. Wie denn der Gläubigen Tod, so durchs Wort geheiligt sind, vor Gott teuer und wert gehalten werden, welcher doch sonst aller Welt über alle Maßen schrecklich ist.

30. November

Wer überwindet, dem will ich geben, mit mir auf meinem Stuhl zu sitzen. Offenbarung 3, 21.

Eine solche Verwunderung sollten wir über dem Evangelio haben, daß wir darüber hoffärtig und fröhlich würden und rühmten: Ich bin ein Christ und getauft, zweifle deshalb gar nicht, ich werde durch den Herrn Jesum ein Herr sein und bleiben über Sünde und Tod, daß der Himmel und alle Kreatur mir zu meinem Besten dienen soll. Wenn ich gleich des türkischen Kaisers Krone hätte, so ist's doch nichts gegen dem, daß ich teilhabe an der Erbschaft Christi und soll mit ihm in Ewigkeit leben. Aber wo findest du die, die es recht glauben und zu Herzen fassen? Allzumal können wir's und wissen's nachzureden. Aber daß wir nicht glauben, des sind wir bald zu überweisen (= überführen); denn wir verwundern uns nicht; sonst würden wir nicht allein fröhlich, sondern auch darauf hoffärtig sein. Denn ein Christ ist ein hoffärtiger, seliger Mensch, der weder nach dem Teufel noch nach allem Unglück fragt; denn er weiß, daß er durch Christum über solches alles ein Herr ist.

1. Dezember

Die Nacht ist vergangen, der Tag aber herbeigekommen. Römer 13, 12.

Diesen Tag macht die allerlieblichste Sonne, Jesus Christus; daher ihn Maleachi nennet eine Sonne der Gerechtigkeit und spricht Kap. 4: Euch, die ihr fürchtet meinen Namen, soll aufgehen die Sonne der Gerechtigkeit und das Heil unter seinen Flügeln. Denn alle, die an Christus glauben, empfangen von ihm den Glanz seiner Gnade und Gerechtigkeit und werden selig unter seinen Flügeln. Er ist selbst die Sonne, von dem der Glanz und der Tag, das ist das Evangelium, ausgehet und leuchtet in alle Welt. Und Psalm 19,2 beschreibt er auf's allerlieblichste beides, Sonne und Tag, Christum und das Evangelium, und spricht: Die Himmel verkündigen Gottes Ehre, das ist: gleichwie die leiblichen Himmel bringen die Sonne und den Tag und die Sonne ist in den Himmeln, also bringen und haben in sich die Apostel mit ihrem Predigen die rechte Sonne Christi. Das ist alles von diesem lieblichen Anbrechen des Tages, das ist vom Evangelium gesagt, welches die Schrift hoch und lieblich preiset; denn es macht auch lebendig, fröhlich, lustig, tätig und bringt alles Gute mit sich.

2. Dezember

Lasset uns auf sein und gen Bethel ziehen, daß ich daselbst einen Altar mache dem Gott, der mich erhöret hat zur Zeit meiner Trübsal, und ist mit mir gewesen auf dem Wege, den ich gezogen bin.
1. Mose 35, 3.

Opfern ist eigentlich anders nichts in der Wahrheit, als: Gott danken und loben, daß er unser Gott ist, der uns nach seiner Verheißung erhören wolle, und bei uns sein in der Trübsal, und uns aus dem Tode erretten. Denn das heißt, daß er unser Gott ist, und daß man ihm danke, daß er uns bisher versorgt und bewahrt hat, und hinfort auch versorgen will, wie wohl er uns läßt versucht werden schier über unser Vermögen. — Eben zu solchem Ende werden die Kirchen gebaut. Wenn aber diese rechten Opfer nicht da sind, so mögen's billiger Küh- und Schweine-Ställe genannt werden, als Altäre oder Kirchen. Denn dazu ist es verordnet, daß man in der Kirche zusammen kommt, daß wir darin die Leute von Gott also lehren und berichten sollen, daß er unser Gott sei, der uns läßt versucht werden, uns zu gute. Das ist die Predigt vom Glauben, von unserer Geduld, von Gottes Gnade, und wie er die Seinen führt und regiert. Wo diese Lehre nicht gehört wird, da sollst du es dafür nicht halten, daß es eine Kirche oder Altar sei.

3. Dezember

Erkennet doch, daß der Herr seine Heiligen wunderlich führet. Psalm 4, 4.

Als wollt er sagen: Was schwankt ihr hin und her, was sucht ihr Rat und Hilfe hier und dort, was liebt ihr diesen und jenen Trost? Es ist alles eitel, hilft euch nicht und sind Lügen, mit denen ihr euch selbst betrügt. Erkennet und wisset, höret und glaubet: Fest und unwandelbar steht der Satz: Wer ein Heiliger Gottes sein, wer seine Gnade erlangen und ihm angenehm und wohlgefällig sein will, der muß es leiden, daß Gott in ihm wunderlich ist. Er kann aber niemals wunderlich sein, wenn euer oder irgend einer Kreatur Rat und Hilfe euch helfen kann, denn das wäre nicht wunderlich, weil es nicht über euern Verstand hinaus geht. Aber wenn ihr an euch selbst und allem andern verzweifelt und die Sache allein dem göttlichen Willen befehlet, dann wird deine Gerechtigkeit hervor brechen wie das Licht und dein Recht wird er hervor bringen wie den Mittag, wie Psalm 37,6 geschrieben steht, aber dies alles auf eine Weise und zu einer Zeit, da es weder ihr noch sonst jemand denkt.

4. Dezember

Daran ist erschienen die Liebe Gottes gegen uns, daß Gott seinen eingeborenen Sohn gesandt hat in die Welt, daß wir durch ihn leben sollen.

1. Johannes 4, 9.

Hier ist alles auf's höchste, der Geber, die Liebe, und das Geschenk, welches uns aus lauter Liebe gegeben wird, nicht aus Verdienst, und also gegeben, daß es eine Gabe bleiben soll, und weder geborgt, geliehen, noch bezahlt heißen, da man nichts dafür gibt und nichts mehr tut, als daß man die Hand herhalte, und solchen Schatz willig und gern annehme. Aber Gott sei es geklagt, daß nicht Herzen und Hände da sind, welche solches Geschenk annehmen. — Denn wenn wir's recht bedächten, und nicht so kalt wären, sollten unsere Herzen so sehr in Freuden brennen, daß wir Gott nicht allein gern dienen, sondern auch alles um seinetwillen gern leiden, und dennoch dazu lachen sollten, weil wir einen solchen Schatz von ihm haben. Aber Dank habe unser Unglaube, der solche Freude in der Welt in des Teufels Namen umsieht, die doch alle umsonst und verloren ist.

5. Dezember

Das geschah aber alles, auf daß erfüllet würde, das gesagt ist durch den Propheten, der da spricht: Saget der Tochter Zion ... Mathhäus 21, 4.

Der Evangelist führt ihn (d.h. diesen Spruch) darum ein, daß wir sehen wie Christus nicht ist kommen um unsers Verdienstes willen, sondern um göttlicher Wahrheit willen, sintemal er verheißen ist so lange zuvor, ehe wir sind gewesen, zu denen er kommt. Darum wie Gott aus lauter Gnade hat das Evangelium verheißen, so hat er es auch erfüllet, zu beweisen seine Wahrheit, daß er halte, was er zugesagt, damit wir gereizt werden, getrost auf seine Zusagung zu bauen; denn er wird sie erfüllen. Und dies ist auch eine der Schriften, darin das Evangelium verheißen ist, davon St. Paulus sagt Römer 1, 2 und 3: Gott hat verheißen das Evangelium zuvor durch seine Propheten in der Heiligen Schrift von seinem Sohn Jesus Christus. Er spricht nicht: saget von der Tochter Zion; als sollte jemand anders von ihr glauben, daß sie Christum hätte; sondern zu ihr selbst sollt ihr sagen, sie soll es von sich selbst glauben und halten ohne allen Zweifel, daß ihr geschehe, wie diese Worte lauten. Das ist der Glaube, welcher allein der christliche Glaube heißt, wenn du glaubst ohne alles Wanken, Christus sei nicht allein St. Petro und den Heiligen ein solcher Mann, sondern auch dir selbst, ja dir selbst mehr, denn allen andern.

6. Dezember

Saget der Tochter Zion, dein König kommt zu dir sanftmütig. Matthäus 21, 5.

Fliehe und zage nicht! Er kommt nicht, wie er kam zu Adam, Kain, zur Sündflut, zu Babylonien, zu Sodom und Gomorrah, auch nicht, wie er kam zum Volk Israel auf dem Berge Sinai; er kommt nicht im Zorn, will nicht mit dir rechten noch Schuld fordern. Es ist aller Zorn abgelegt; eitel Sanftmut und Güte ist da. Er will einmal mit dir fahren, daß dein Herz Lust, Liebe und alle Zuversicht zu ihm haben soll, daß du dich hinfort ja so sehr und vielmehr zu ihm halten sollst und Zuflucht suchen, als du dich zuvor hast vor ihm entsetzt und geflohen bist. Es ist nicht genug, daß uns Christus erlöset von der Tyrannei und Herrschaft der Sünde, des Todes und der Hölle und unser König wird, sondern er gibt sich auch selbst uns zu eigen, daß es alles unser sei, was er ist und hat, davon St. Paulus Römer 8, 32 sagt: Er hat seinen eigenen Sohn nicht verschonet, sondern für uns alle gegeben, wie sollt er denn nicht alle Dinge uns mit ihm gegeben haben? Also hat die Tochter Zion von Christo zwiefältige Güter. Das erste ist der Glaube und der Geist im Herzen, davon sie rein und los wird von Sünden; das andere ist Christus selbst, daß sie sich mag über die gegebenen Güter rühmen von Christo, als wäre es auch alles ihr eigen, was Christus selbst ist und hat, daß sie sich auf Christum als auf ihr Erbgut mag verlassen, davon St. Paulus Römer 8, 34 sagt: Christus ist unser Mittler vor Gott. Ist er unser Mittler, so nimmt er sich unser an, und wiederum nehmen wir uns seiner an als des unseren.

7. Dezember

Freuet euch in dem Herrn allewege, und abermal sage ich: Freuet euch! Philipper 4, 4.

Diese Freud ist eine Frucht und Folge des Glaubens; denn es ist nicht möglich, daß sich ein Herz sollt in Gott freuen, das nicht zuvor an ihn glaubt. Wo nicht Glaube ist, da ist eitel Furcht, Flucht, Scheu und Traurigkeit, wenn nur Gottes gedacht und genennet wird. Ja, Haß und Feindschaft wider Gott ist in solchem Herzen. Das macht die Ursach, daß das Herz sich findet schuldig in seinem Gewissen, und hat nicht die Zuversicht, daß ihm Gott gnädig und günstig sei, dieweil es weiß, daß Gott der Sünde feind ist und sie greulich straft. Darum ist diese Epistel nicht den Sündern geschrieben, sondern den Heiligen. Den Sündern muß man zuvor sagen, wie sie der Sünde los werden und einen gnädigen Gott überkommen; so folget die Freude von selbst, wenn sie des bösen Gewissens los sind. Siehe, von solcher Freude redet hier St. Paulus. Da ist keine Sünde, keine Furcht des Todes noch der Hölle, sondern eine fröhliche, allmächtige Zuversicht gegen Gott und seine Huld. Und abermals sage ich: freuet euch. Das Wiederholen des Apostels stärkt seine Vermahnung; das ist wohl auch not; ob wir gleich zuweilen in Sünde fielen, daß wir doch die Freude in Gott lassen stärker sein, denn die Traurigkeit in den Sünden.

8. Dezember

Und alsdann werden sie sehen des Menschen Sohn kommen in der Wolke mit großer Kraft und Herrlichkeit. Lukas 21, 27.

Hier magst du die Kraft deuten auf die Scharen der Engel, der Heiligen und aller Kreaturen, die mit Christo zum Gericht kommen werden, was ich als den rechten Verstand achte, oder auf die Gewalt und Stärke, daß diese Ankunft Christi sei so viel gewaltiger, soviel die erste krank und gering gewesen ist. Er spricht auch nicht allein, e r wird kommen, sondern, s i e werden ihn kommen sehen. Denn nach der leiblichen Geburt ist er auch gekommen, ward aber von niemandem gesehen. Er kommt auch noch täglich durch's Evangelium geistlich in die gläubigen Herzen; das siehet auch niemand. Aber diese Ankunft wird öffentlich geschehen, daß ihn jedermann sehen muß und also sehen, daß kein anderer, es sei denn der leibliche Mensch Christus in leiblicher Gestalt, wie er ist von Maria geboren und auf Erden gewandelt. Denn wenn er sagt, sie werden des Menschen Sohn sehen, ist's klar ausgedrückt, daß es eine leibliche Ankunft, ein leiblich Sehen in leiblicher Gestalt sei, doch in großer Gewalt, mit großen Scharen der Engel und mit aller Herrlichkeit und wird sitzen auf einer lichten Wolke und alle Heiligen mit ihm. Von dem Tage sagt die Schrift viel und ist auch alles darauf gerichtet.

9. Dezember

Da wird dann der König sagen zu denen zu seiner Rechten: Kommet her, ihr Gesegneten meines Vaters; ererbet das Reich, das euch bereitet ist von Anbeginn der Welt! Denn ich bin hungrig gewesen, und ihr habt mich gespeiset usw.

Matthäus 25, 34 - 35

Hier siehe du nun zu, daß du seiest bei denen, die da um Christi willen hier gütig und barmherzig sind oder leiden, so kannst du mit Freuden des Jüngsten Tages erharren und darfst dich nicht vor dem Gericht fürchten; denn er hat dich allbereits heraus gezogen und geordnet unter die, so zu seiner Rechten stehen sollen. Denn wir, so Christen sind, sollen ja des hoffen und von Herzen begehren, daß dies Gericht komme, wie wir denn auch darum beten: Dein Reich komme, und dein Wille geschehe, erlöse uns von dem Bösen — auf daß wir den fröhlichen, lieben Spruch hören: Kommet her, ihr Gebenedeieten, in meines Vaters Reich! Des Urteils gewarten wir; denn wir ja auch darum Christen sind, um eben um dieser Hoffnung willen so trefflich gedrückt zu werden, erstlich vom Teufel und unserm eigenen Fleische, welche uns dies nicht lassen glauben und freuen, darnach auch von der Welt Tyrannei und Feindschaft, und müssen allenthalben sehen und hören den Mutwillen, so der Teufel und Welt treiben wider das Evangelium und so viel Jammers auf Erden, daß wir ja dieses Lebens sollten müde werden und schreien: Komm, lieber Herr, komm und erlöse uns!

10. Dezember

Von diesem Jesu zeugen alle Propheten.
Apostelgeschichte 10, 43.

Darum, wer die Schrift recht nützlich lesen will, der sehe, daß er Christum darin suche, so findet er gewiß das ewige Leben. Wiederum, wenn ich in der Schrift Mose und die Propheten nicht also studiere und lerne, daß Christus um meines und aller Menschen Heils willen vom Himmel gestiegen, Mensch geworden, gelitten, gestorben, begraben, auferstanden, gen Himmel gefahren ist, daß ich durch ihn Versöhnung mit Gott, Vergebung aller Sünde, Gnade, Gerechtigkeit und das ewige Leben habe, so hilft mir mein Lesen in der Schrift zur Seligkeit lauter nichts. Ich kann wohl aus dem Lesen und Studieren der Schrift ein gelehrter Mann werden und andern davon predigen; aber es hilft mir doch alles nichts. Denn wenn ich Christum nicht finde noch kenne, so finde ich weder Seligkeit noch ewiges Leben, ja, ich finde den bittern Tod; denn es ist beschlossen bei unserm lieben Gott, daß kein anderer Name den Menschen gegeben sei, selig zu werden, als in dem Namen Jesu (Apostelgeschichte 4).

11. Dezember

Ich will Feindschaft setzen zwischen dir und dem Weibe und zwischen deinem Samen und ihrem Samen. Derselbe soll dir den Kopf zertreten, und du wirst ihn in die Ferse stechen. 1. Mose 3, 15.

Dieses sind die Worte, so eigentlich des Satans Urteil betreffen und darinnen für alle Frommen ein fester Trost enthalten ist. Dem Teufel wird der Sohn Gottes entgegengestellt, und dieses Schutzes halben ist die Kirche in Sicherheit. Aber noch lässet der Satan nicht ab von solcher Grausamkeit, Haß und Feindschaft wider diesen Samen des Weibes. Als Christus in der Wiege liegt, stellt er ihm durch Herodes nach, also, daß er in Ägypten unter den Heiden leben muß. Nach dem versuchet er alles wider ihn, bis er ihn letztlich den Juden im Garten überantwortet, ihn greifen und an das Kreuz bringen lässet. Eine solche heftige Feindschaft führt er wider den Sohn Gottes. Weil er aber nun siehet, daß er zur rechten Gottes sitzet und allen seinen Pfeilen entgangen ist, legt er sich mit aller Wut wider die arme Kirche. Die liebe Kirche muß wohl unfriedlich sein, wenn sie den Feind ihres Herrn Jesu Christi nicht hören will. Wie soll sie ihm anders tun? Der Fersenbeißer, der Teufel, will nicht ruhen, noch seinem Kopftreter Friede lassen. So will der Kopftreter, unser Herr, solchen Fersenbeißer nicht leiden. Sei du nun klug, und menge dich nicht in diesen Hader, was gilt's, du sollst Scheidemanns-Lohn darüber kriegen, daß dich Christus verdammt und der Teufel zerreißt. Darum laß gehen, wie es geht, menge dich nicht zwischen Tür und Angel, du wirst Christum und Belial nicht vertragen, die Feindschaft ist zu hart aneinander geschworen. Einer muß zuletzt untergehen, und der andere bleiben, anders wird nichts daraus. Es ist der Welt größte Torheit eine, wenn sie Christum und Belial, Fromme und Gottlose vereinigen will.

12. Dezember

Das Gesetz ist durch Mose gegeben; die Gnade und Wahrheit ist durch Jesum Christum worden.

Johannes 1, 17.

Wenn das Gesetz zu deinem angsthaften Gewissen sagt: Dies und das ist dir geboten; das hast du nicht getan; darum mußt du herhalten. In solchem Kampf und Todesangst ist hohe Zeit und Not, daß sich der Glaube ermanne und mit ganzer Macht hervorbreche und dem Gesetz unter die Augen trete und ihm getrost zuspreche: Ei liebes Gesetz, bist du allein Gottes Wort? Ist das Evangelium nicht auch Gottes Wort? Hat denn die Verheißung ein Ende? Hat Gottes Barmherzigkeit aufgehört? Darum, wenn mich das Gesetz beschuldigt, ich sei ein Sünder und in Gottes Schuldregister geschrieben, so muß ich bekennen, es sei wahr; aber die Folgerede: Darum bist du verdammt, — muß ich nicht einräumen, sondern mich mit starkem Glauben wehren und sagen: nach dem Gesetz bin ich wohl ein armer, verdammter Sünder; aber ich appelliere vom Gesetz zum Evangelio. Denn Gott hat über das Gesetz noch ein Wort gegeben, dieses heißt Evangelium, welches mit seiner Gnade Vergebung der Sünden, Gerechtigkeit und Leben schenkt.

13. Dezember

Christus kommt her aus den Vätern nach dem Fleisch, der da ist Gott über alles, hochgelobt in Ewigkeit. Römer 9, 5.

Es ist keines heiligen Mannes, er heiße, wie er wolle, auch nicht Gabriels Werk, Sünde, Tod und Fluch zunichte zu machen und dagegen Gerechtigkeit, Leben und Segen von Gott zu schaffen. Weil nun die Schrift solche Werke allzumal Christo zuschreibt, so folgt gewiß, daß er der rechte, wahrhaftige Gott selbst sei. Denn wenn ich das glaube, daß allein die menschliche Natur für mich gelitten hat, so ist mir der Christus ein schlechter Heiland; so bedarf er wohl selbst eines Heilandes. Wenn ich aber den Schatz und das Gewicht daran hänge, daß Christus beide, wahrhaftiger Gott und Mensch, für mich gestorben ist usw., das wiegt und schlägt weit über alle Sünde, Tod, Hölle und allen Jammer und Herzeleid.

14. Dezember

Und er heißt: Wunderbar, Rat, Kraft, Held ...
Jesaja 9, 6.

So heißt nun Christus ,,Wunderbar'' darum, daß alles wunderbar und seltsam ist, was er an seiner christlichen Kirche tut. Die christliche Kirche hat, wie gesagt, eine wunderbare Gerechtigkeit und Heiligkeit, die aller Vernunft verborgen ist. Wenn's aber zum Kreuz kommt, da gehts viel wunderbarlicher und seltsamer zu. Denn ein Christ, der getauft ist und Christum bekennt, muß in der Welt leiden und verfolgt werden, um Christi und des Evangeli willen. Und er heißt ,,Rat'', darum, daß er ein getreuer Ratgeber ist und guten Rat geben kann in allen Nöten, da man Rats, Verstandes und Trostes bedarf. Denn wie er seine heilige Kirche wunderlicherweise führt und regiert, unter Sünde, Kreuz, Trübsal, Schmach, Schande und Verfolgung, damit sie zugedeckt ist: also führt und regiert er sie auch mit gutem, treuem Rat, damit er ihr beisteht und zur Hilfe kommt in allerlei Leiden. Er heißt auch ,,Kraft'' darum, daß wenn er uns hat in alles Unglück geführt, und uns inwendig durch den Teufel und auswendig durch die Welt plagen lassen, und im Leiden durch seinen treuen Rat und heiliges Wort gestärkt hat, er's auch einmal kräftig hinausführen will. Weiter heißt er ,,Held'', d.h. Krieger. Wir Deutschen heißen einen Riesen, der geschickt und stark ist zum Streit, der um sich schlägt und niederwirft, hier einen Haufen, dort einen andern. Mit diesem Namen zeigt der Prophet an, wie sich dieser König und Herr schickt wider seine Feinde.

15. Dezember

Dieser nimmt die Sünder an und isset mit ihnen.
Lukas 15, 2.

In der Linie oder Geschlechtsregister Christi ist zu merken, daß der Evangelist vier Weiber darin anführt, die in der Schrift sehr berüchtigt sind, als Thamar, Rahab, Ruth, Bathseba; aber der wohlberüchtigten Weiber als Sara, Rebecca, Lea und Rahel, deren ist verschwiegen. Ich halte, daß es darum geschehen ist, weil sie Sünderinnen gewesen sind, und daß Christus in dem großen Geschlechte hat wollen geboren werden, da Huren und Buben darin sind, damit anzuzeigen, was für Liebe er zu (bußfertigen) Sündern trage. Denn rechte Heiligkeit, je heiliger sie ist, je näher sie sich zu den Sündern macht. Wenn Christus ein Pharisäer gewesen wäre, so hätte er sich ihrer nicht gerühmt, ja, sie hätten vor ihm sinken müssen, und er hätte die Nase gerümpft; aber weil er heilig war, mußten sie unter seine Großmütter gezählt werden.

16. Dezember

Es ist eine Stimme eines Predigers in der Wüste: Bereitet dem Herrn den Weg; machet auf dem Gefilde eine ebene Bahn unserm Gott.

Jesaja 40, 3.

Das ist nun die Bereitung des Weges Christi und das eigentliche Amt des Johannes, daß er alle Welt demütigen sollte und sagen, daß sie allzumal Sünder, verlorene, verdammte, arme, dürftige, elende Menschen seien, und daß kein Leben, kein Werk, kein Stand so heilig, schön oder gut scheine, der nicht verdammlich sei, wo nicht Christus, der Herr, drinnen wohnet, wirkt, wandelt, lebt und alles ist und tut durch seinen Glauben, daß sie also allzumal Christi bedürfen und sich seiner Gnade mit aller Begierde teilhaftig machen. Siehe da, wo nun solches gepredigt wird, daß aller Menschen Werk und Leben nichts ist, da ist die rechte Stimme des Johannes in der Wüste und die lautere, reine Wahrheit christlicher Lehre. Das heißt nun wahrhaftig den Weg des Herrn richten, Raum geben und Platz machen.

17. Dezember

Den Armen wird das Evangelium gepredigt.
Matthäus 11, 5.

Mosis Reich ist auch unsers Herrn Gottes Reich, und die Predigt, die er führt, ist Gottes Wort, wie auch das weltliche Regiment mag Gottes Reich genannt werden. Es ist aber nur das Reich der linken Hand, da er Vater, Mutter, Kaiser, Könige, Richter, Henker einsetzt und ihnen das Regiment befiehlt. Sein rechtes Reich aber ist, wo er selbst regiert, wo er nicht Vater, Mutter, Obrigkeit und Stockmeister hinsetzen darf, sondern wo er selbst ist, und den Armen das Evangelium predigt. Darum lerne, wenn es dahin kommt mit dir, daß deine Frömmigkeit nimmer helfen kann, daß du sprechest: Ich habe getan, was ich konnte. — Aber wo nun aus, das wird nicht helfen? Da ist Not, daß du weiter sprechest: Ich habe gehört, daß der König, mein lieber Herr Jesus Christus, habe sechserlei Wunderzeichen, die ihm niemand nachtun kann. Unter denselben ist eines, daß den Armen das Evangelium gepredigt wird, und er dazu geordnet ist, daß er die erschrockenen Herzen trösten soll. Deswegen verzage und verzweifle nicht. Die göttliche Zusage aller Gnaden und Trost in Christo und durch Christum angeboten und vorgelegt, daß wer da glaubt, dem sollen alle Sünden vergeben, das Gesetz erfüllt, das Gewissen erlöst und endlich ewiges Leben geschenkt sein. Was möchte ein arm, elend Herz und bekümmert Gewissen tröstlichere Worte und Zusagen hören? Sünde, Tod, Hölle, Welt und Teufel und alles Übel ist verachtet, wenn ein arm Herz solchen Trost göttlicher Zusagung empfängt und glaubt. Blinde sehend machen und Tote auferwecken ist ein gar schlichtes Ding gegen das Evangelium, das den Armen verkündigt wird.

18. Dezember

Dies wird sein Name sein, daß man ihn nennen wird: Herr, der unsere Gerechtigkeit ist.

Jeremia 23, 6.

Weil der Mensch von Natur in allen seinen Werken, womit er Gott gefallen will, ungewiß ist und im Zweifel steht, so kann er kein rechtes Herz zu Gott haben, sich zu ihm kehren und ihn anrufen, sondern ist schüchtern und flieht und muß zuletzt in Gotteshaß und Verzweiflung fallen. Denn wenn es zum rechten Kampf kommt, da er vor Gericht stehen soll, da fühlt und sieht er, daß er mit Leben und Werken vor Gottes Zorn nicht bestehen kann, sondern muß mit alledem in den Abgrund sinken. Sollen wir nun in solchen Nöten bestehen und überwinden, so müssen wir einen andern Grund haben als unsere oder des Gesetzes Gerechtigkeit, nämlich diese ewige Gerechtigkeit Christi, welche da steht an dem Orte zur Rechten des Vaters, da sie der Teufel nicht umstoßen und Gottes Gericht nichts dawider klagen kann. Mich kann der Teufel umstoßen, wenn er will, mit all meinem Leben und Werken, mit Vorhalten göttlichen Gerichts und Zorns, und das alles hinwegblasen wie der Wind eine Feder. Aber wenn ich ihn von mir und meinen Werken weise zur rechten Hand des Vaters, da mein Herr Christus sitzt, der mir seine Gerechtigkeit schenkt, den wird er wohl unangefochten lassen müssen.

19. Dezember

Sie wird einen Sohn gebären, des Namen sollst du Jesus heißen; denn er wird sein Volk selig machen von ihren Sünden. Matthäus 1, 21.

Kein feindseligerer Name ist auf Erden, denn eben Jesus Christus, nicht daß man ihn nicht nennen oder hören nennen könnte. Ja eben die ärgsten und bittersten Feinde dieses Namens führen und rühmen ihn wohl am allermeisten, heißen sich dazu die christliche Kirche und Gottes Volk, uns aber lästern und verdammen sie als Ketzer und ärgste Feinde Gottes. Warum? darum, daß wir diesen Namen nicht einen schlechten Namen lassen bleiben mit ledigen Buchstaben geschrieben, wie meiner und deiner, sondern glauben, predigen und bekennen, daß die Person, so Jesus Christus heißt, ihrem Namen nach sei der einzige Heiland der Welt, der von Sünden selig mache, der einzige Hohepriester, der die Sünder mit Gott versöhne, der einzige Herr und König, der aus aller Angst und Not helfe, und daß er allein die, die ihn dafür erkennen, von Sünden und Tod erlöst und sie Gnade und ewige Seligkeit erlangen. Lieber, laß mir den nicht einen schlechten Doktor der Heiligen Schrift sein, der den Namen Jesus Christus recht nennen kann.

20. Dezember

Also hat Gott die Welt geliebt, daß er seinen eingeborenen Sohn gab, auf daß alle, die an ihn glauben, nicht verloren werden, sondern das ewige Leben haben. Johannes 3, 16.

Dies geht also dich so wohl an als St. Peter und Paul, weil du ein Mensch und ein Teil der Welt bist. Darum denke nicht: Wer weiß, ob ich auch unter denen sei, welchen der Sohn geschenkt und das ewige Leben durch ihn verheißen ist; denn das heißt unsern Herrn Gott zum Lügner gemacht. Darum, wenn solche Gedanken dir einfallen, so schlage das Kreuz vor dich, als wäre der Teufel selber da, und laß dich solche Gedanken nicht betrügen, sondern sprich: Was frage ich darnach, daß ich nicht Petrus noch Paulus bin. Wenn Gott diesen Schatz nur ihnen und ihresgleichen hätte geben wollen, die es würdig gewesen wären, würde er ihn den Engeln gegeben haben, welche reine und unbefleckte Geister sind, oder der Sonne und dem Mond. Aber hier steht, er habe ihn der Welt gegeben; dieselbe ist's würdig. Darum, ob ich gleich weder Petrus noch Paulus bin, will ich dennoch von diesem Geschenk unausgeschlossen sein, ja ebenso viel daran haben als David und alle Apostel.

21. Dezember

Es ist erschienen die heilsame Gnade Gottes allen Menschen und züchtigt uns, daß wir verleugnen das ungöttliche Wesen und die weltlichen Lüste und züchtig, gerecht und gottselig leben in dieser Welt. Titus 2, 11 - 12.

Wer züchtig, gerecht und gottselig leben will, der muß sich begeben aller Feindschaft und das Kreuz auf sich nehmen. Er muß sich nicht lassen beirren, ob er gleich allein wie Loth zu Sodom und Abraham zu Kanaan unter eitel vollen, trunkenen, unzüchtigen, ungerechten, falschen, ungöttlichen Menschen leben sollte. Es ist die Welt und bleibt die Welt; der muß er sich (ent)äußern und nicht für sie leben, sie (vielmehr) strafen in ihren weltlichen Begierden. Siehe, das heißt mitten im Schenkhause nüchtern, mitten im Hurenhause züchtig, mitten im Tanzhause göttlich, mitten in der Mordgrube rechtfertig leben. Solche Welt macht denn dies Leben enge und verdrießlich, daß der Mensch wünscht, schreit und ruft nach dem Tode und Jüngsten Tage und wartet desselben mit großem Sehnen. Ein solch schweres Leben muß die Gnade führen. Natur und Vernunft ist hier verloren.

22. Dezember

Wir predigen Christum, göttliche Kraft und göttliche Weisheit. 1. Korinther 1, 24.

Alle Weisheit der Welt ist lauter Kinderwerk, ja Torheit zu rechnen gegen die Erkenntnis Christi. Denn was ist wunderbarlicher, denn das große, unaussprechliche Geheimnis zu wissen und zu erkennen, daß der Sohn Gottes, des ewigen Vaters Ebenbild, menschliche Natur an sich genommen hat und an Gebärden gleich geworden ist wie ein anderer Mensch? Das ist aber das nötigste Stück, daß wir Christen mit höchstem Fleiß lernen und wissen sollen, daß der Sohn des ewigen Gottes sich so tief heruntergelassen hat, so arm und elend geboren und solches getan hat um unsrer Sünde willen und seine Majestät uns zugut so lange verborgen hat. Derhalben, wer dies Kind recht fassen will, der muß gedenken, daß keine höhere Weisheit ist denn Christum erkennen und sich nicht daran kehren noch ärgern, daß die Welt die Predigt von Gottes Sohn, der Mensch geworden, gekreuzigt, gestorben ist, für die größte Torheit und Ärgernis hält, sondern wissen, daß sie uns Gläubigen eine göttliche Weisheit und Kraft ist, dadurch wir selig werden, daran auch die lieben Engel Lust und Freude haben.

23. Dezember

Selig ist, der sich nicht an mir ärgert.

Matthäus 11, 6.

Das ist wahrlich ein seltsames Ärgernis, da sich die Welt an Christo ärgert, der Tote auferweckt, Blinde sehend macht, Taube hörend und den Armen (im Geiste) das Evangelium predigt. Wer solchen Heiland für einen Teufel hält, was will der für einen Gott haben? Aber da liegt's, er will das Himmelreich geben, so will die Welt das Erdreich haben. Er will gewisse, unvergängliche, ewige, selige und himmlische Güter schenken, so will die Welt irdische, vergängliche haben, da sie mehr Sorge und Angst als Lust und Freude davon hat. Darüber scheiden sie sich, da ärgert sich's. Ich bitte und vermahne treulich einen jeglichen frommen Christen, daß er sich nicht ärgere noch stoße an den einfältigen Reden und Geschichten, so in der Bibel stehen, und zweifele nicht daran; wie schlecht und albern es immer sich ansehen lässet, so sind's doch gewiß eitel Worte, Werke, Geschichten und Gerichte der hohen göttlichen Majestät, Macht und Weisheit. In diesem Buch findest du die Windeln und Krippen, darinnen Christus lieget, dahin auch der Engel die Hirten weiset. Es sind wohl schlechte und geringe Windeln; aber teuer ist der Schatz Christus, so darinnen liegt.

24. Dezember

Christi Geburt

Und sie gebar ihren ersten Sohn und wickelte ihn in Windeln und legte ihn in eine Krippe. Lukas 2, 7.

Ich hab's oft gesagt und sag es noch: Wer Gott erkennen und ohne Gefahr von Gott spekulieren will, der schaue in die Krippen, hebe unten an und lerne erstlich erkennen der Jungfrau Maria Sohn, geboren zu Bethlehem, so der Mutter im Schoß lieget und säuget; darnach wird er fein lernen, wer Gott sei. Solches wird alsdann nicht schrecklich, sondern auf's allerlieblichste und tröstlichste sein. Und hüte dich ja vor den hohen, fliegenden Gedanken, hinauf in den Himmel zu klettern ohne diese Leiter, nämlich des Herrn Christus in seiner Menschheit, wie ihn das Wort fein einfältig vorschreibt. Bei dem bleibe und laß dich die Vernunft nicht davon abführen. So ergreifest du Gott recht. Weil unser lieber Herr gelitten hat Frost, Hunger und Kummer, sonderlich aber ging's elend und armselig zu, wie gesagt, da er auf Erden kam und geboren ward; da war weder Gefäß noch Stube, weder Kissen, Windeln noch Bettgewand; er mußte in einer Krippe liegen vor den Kühen und Ochsen: — so denn mein Vetter, ja auch mein Bruder, der König Himmels und der Erden und aller Kreaturen drinnen, so elend sich daher legt: pfui dein mal an, warum bin ich so stolz? Warum will ich so herrlich sein und gar nichts leiden? So der König der Ehren um meinetwillen so leidet, wer bin ich denn? Ist's nicht wahr, ich bin ein armer Sünder und nicht wert, daß ich auf einer Hechel liegen sollte, liege dennoch da auf einem weichen Bette, da mein Herr auf dem harten Stroh und in der Krippe liegt.

25. Dezember

Heiliges Christfest

Und der Engel sprach zu ihnen: Fürchtet euch nicht; siehe, ich verkündige euch große Freude, die allem Volk widerfahren wird, denn euch ist heute der Heiland geboren, welcher ist Christus, der Herr, in der Stadt Davids. Lukas 2, 10 - 11.

Des Engels Predigt lautet, daß dies Kindlein unser Heiland sei, an dem wir allen Trost und Freude haben sollen als an dem höchsten Schatz; wo der ist, da sehen alle Engel und Gott selber hin. Solchen Schatz aber legt er nicht allein der Mutter in den Schoß, sondern mir und dir und sagt: Er soll dein eigen sein; du sollst sein genießen, und alles, was er hat im Himmel und auf Erden, das soll dein sein. Wer nun solches hört, doch keine Freude davon hat, der ist wert, daß ihn der Donner neun Ellen unter die Erde schlage. Derhalben sollen wir Gott um seine Gnade danken und bitten, daß er diese Engelpredigt selbst in unsere Herzen reden und schreiben wolle, auf daß wir uns dieses Heilandes recht trösten und durch ihn Tod und Teufel überwinden mögen. Das helfe uns unser lieber Herr und Heiland Christus. Amen.

26. Dezember

Zweiter Christfeiertag

Da sie es aber gesehen hatten, breiteten sie das Wort aus, welches zu ihnen von diesem Kinde gesagt war. Lukas 2, 17.

Wenn ein Christ anfängt, Christum zu kennen als seinen Herrn und Heiland, durch welchen er ist erlöst aus dem Tode und in seine Herrschaft und Erbe gebracht worden, so wird sein Herz gar durchgöttert, daß er gern wollte jedermann auch dazu helfen. Denn er hat keine höhere Freude als an diesem Schatz, daß er Christum erkennt. Darum fährt er heraus, lehrt und ermahnt die andern, rühmt und bekennt dasselbe vor jedermann, bittet und seufzet, daß sie auch möchten zu solcher Gnade kommen. Das ist ein unruhiger Geist in der höchsten Ruhe, das ist in Gottes Gnade und Friede, daß er nicht kann stille und müßig sein, sondern immer darnach ringt und strebt mit allen Kräften, als der allein darum lebt, daß er Gottes Ehre und Lob weiter unter die Leute bringt.

27. Dezember

Dritter Christfeiertag

Da aber erschien die Freundlichkeit und Leutseligkeit Gottes und unsers Heilands Jesu Christi. Titus 3, 4.

Ich darf sagen, daß ich in der ganzen Heiligen Schrift nicht lieblichere Worte gelesen habe von Gottes Gnade als diese zwei, Freundlichkeit und Leutseligkeit. So siehe denn zu, daß du dir diese Worte läßt gesagt sein, daß Gottes Freundlichkeit und Leutseligkeit jedermann geoffenbart und angeboten ist, und auf diese Worte deinen Glauben bauest, täglich daran übest und stärkest, ohne allen Zweifel dafür haltest, es sei also und Gott sei und wolle dir freundlich und holdselig sein; so ist er dir gewiß also, magst alsdann bitten und begehren mit aller Zuversicht, was du willst, was dich dringt, was dir und andern not ist. Wenn du aber nicht also glaubst, wäre es viel besser, du hättest es noch nie gehört; denn mit dem Unglauben machst du diese teuren, tröstlichen, gnadenreichen Worte zur Lüge, stellst dich damit, als achtest du sie nicht für Wahrheit, was gar eine hohe, große Unehre und Mißbieten gegen Gott ist, daß freilich keine größere Sünde von dir geschehen mag. Glaubst du aber, so ist's nicht möglich, daß davon dein Herz nicht sollte vor Freuden in Gott lachen, frei, sicher und mutig werden.

28. Dezember

Das Wort ward Fleisch und wohnete unter uns, und wir sahen seine Herrlichkeit, eine Herrlichkeit als des eingeborenen Sohnes vom Vater, voller Gnade und Wahrheit. Johannes 1, 14.

Hier drückt Johannes aus, wer „das Wort" sei, davon er und Mose bisher geredet, nämlich der einige Sohn Gottes, der alle Herrlichkeit hatte, die der Vater hat. Darum nennet er ihn den einigen, eingeborenen, daß er ihn sondere über alle Gotteskinder, die nicht natürliche Kinder sind wie dieser einige. Und damit ist abermal seine wahre Gottheit angezeigt; denn wo er nicht Gott wäre, könnte er nicht vor den andern der eingeborene Sohn heißen, welches da so viel ist gesagt: Er und keiner mehr ist Gottes Sohn, welches nicht kann gesagt werden von den heiligen Engeln und Menschen; denn ihrer keiner ist allein Gottes Sohn, sondern sind alle Brüder und gleich geschaffene Kreaturen, erwählte Kinder aus Gnaden, nicht geboren aus Natur.

29. Dezember

Kündlich groß ist das gottselige Geheimnis: Gott ist offenbaret im Fleisch. 1. Timotheus 3, 16.

Christum erkennen, daß er Mensch geworden und so tief sich geniedriget hat, daß er anzusehen gewesen ist als der allerverachtetste und unwerteste Mensch, von Gott geplaget und geschlagen, und solches um unserer (Sünde) willen getan hat, das ist die rechte güldene Kunst der Christen und ihre höchste Weisheit. Man kann auch dem Teufel nicht wehren noch größer Leid tun, denn so man von Jesu Christo und seiner Menschwerdung lehret, prediget, singet und saget. Derhalben gefällt mir's sehr wohl, wenn man laut und fein langsam in der Kirchen singet: Et homo factus est; et verbum caro factum est (d.h. und er ist Mensch geworden, und das Wort ward Fleisch). Diese Worte kann der Teufel nicht hören, muß über etliche Meilen davor fliehen; denn er fühlet wohl, was sie in sich haben. Wenn wir so herzlich über diesen Worten fröhlich würden „Das Wort ist Fleisch oder Mensch geworden", so sehr der Teufel davor erschrickt und erzittert, es stünde sehr wohl um uns. Aber die Welt verachtet alle Werke und Worte Gottes, weil sie mit so schlichten, einfältigen Worten ihr vorgetragen werden.

30. Dezember

Wieviele ihn aufnahmen, denen gab er Macht, Gottes Kinder zu werden, die an seinen Namen glauben, welche nicht vom Geblüt noch von dem Willen des Fleisches noch von dem Willen eines Mannes, sondern von Gott geboren sind.

Johannes 1, 12 - 13.

Ein Christ soll sein ein solcher Mensch, der es von Geburt habe. Es läßt sich nicht schnitzen noch flicken mit Werken wie Mosis Schüler und alle Werkheiligen, die es mit Gebieten tun wollen und hier ein Werk, dort ein Werk heraustreiben und doch nichts ausrichten, sondern es gehören neue Menschen dazu, die da heißen: geborene Gotteskinder, die da glauben an den Namen Christi, das ist, die mit dem Herzen hangen an dem Worte, das ihnen Gott durch Christum die Sünde vergebe und sie zu Gnaden annehme. Christus redet von zweierlei Geburten: von der fleischlichen Geburt aus Vater und Mutter, und von der geistlichen Geburt aus dem Wasser und Geist. Die fleischlich geboren werden, heißen Menschen, haben Leib und Seele, Vernunft und Sinne, Augen, Ohren und andere Gliedmaßen, die zu einem Menschen gehören. Die geistlich geboren werden, heißen Christen und kommen in das Reich Gottes. Sonderlich predigt er dem Nicodemus von der neuen Geburt und spricht: Wer ein Christ sein und in das Reich Gottes kommen will, der muß eine andere Geburt haben, denn die erste fleischliche Geburt. Die alte, fleischliche Geburt tut es nicht. Wer da will ein Christ sein, der muß den alten Adam gar ausziehen, eine andere Geburt suchen und von neuem geboren werden.

31. Dezember

Gutes und Barmherzigkeit werden mir folgen mein Leben lang, und ich werde bleiben im Hause des Herrn immerdar. Psalm 23, 6.

Weil der Teufel nimmermehr aufhört, die Gläubigen zu plagen, inwendig mit Schrecken, auswendig mit List der falschen Lehrer und Gewalt der Tyrannen, bittet er hier am Ende mit Ernst, daß Gott, der ihm diesen Schatz (des Evangeliums) gegeben hat, ihn auch dabei bis an's Ende erhalten wolle, und spricht: Ach, der liebe Gott gebe ja Gnade, daß Gutes und Barmherzigkeit mir folgen mein Leben lang. Er zeigt auch gleich an, was er mit „Gutes und Barmherzigkeit" meint, nämlich er möge bleiben im Hause des Herrn immerdar. Als wollt er sagen: Herr, du hast die Sache angefangen; du hast mir dein heiliges Wort gegeben und mich unter die angenommen, die dein Volk sind, dich erkennen, loben und preisen; so gib nun fortan Gnade, daß ich bei dem Wort bleiben und mich nimmermehr von deiner heiligen Christenheit scheiden möge. So bittet er auch im 27. Psalm: Eins bitte ich vom Herrn, das hätte ich gerne, daß ich im Hause des Herrn bleiben möge mein Leben lang, zu schauen die schönen Gottesdienste des Herrn und seinen Tempel zu besuchen.

Gründonnerstag

Nehmet, esset, das ist mein Leib ...
Trinket alle daraus; das ist mein Blut des Neuen Testaments, welches vergossen wird für viele zur Vergebung der Sünden. Matthäus 26, 26 - 28.

Demnach kannst du fröhlich zu Christo reden, beide, an deinem Sterben und im Jüngsten Gericht also: Mein lieber Herr Jesu Christe, es hat sich ein Streit über deinen Worten im Abendmahl (nämlich: das i s t mein Leib, das i s t mein Blut) erhoben; etliche wollen, daß sie anders sollen verstanden werden, denn sie lauten. Aber dieweil sie mich nichts Gewisses lehren, sondern allein verwirrt und ungewiß machen und ihren Text in keinem Wege wollen und können beweisen, so bin ich blieben auf deinem Text, wie die Worte lauten. Ist's etwa finster darin, so hast du es wollen so finster haben; denn du hast keine andere Erklärung darüber gegeben noch zu geben befohlen. Der große Kirchenvater Augustinus sagt: Die ganze heilige Schrift ist gleichsam mit dem Blute Christi geschrieben. Und abermals, es schmeckt einem die Schrift alten und neuen Testaments nicht, solange man nicht Christus darinnen schmecket. Aus dem Kleinen Katechismus D. Martin Luthers, 5. Hauptst., 1. Frage: Was ist das Sakrament des Altars? Es ist der wahre Leib und Blut unseres Herrn Jesu Christi, unter dem Brot und Wein uns Christen zu essen und zu trinken von Christo selbst eingesetzt.

Karfreitag

Fürwahr, er trug unsere Krankheit und lud auf sich unsere Schmerzen ... Er ist um unserer Missetat willen verwundet und um unserer Sünde willen zerschlagen. Die Strafe liegt auf ihm, auf daß wir Frieden hätten, und durch seine Wunden sind wir geheilt. Jesaja 53, 4 - 5.

Es ist über die Maßen fein und tröstlich von Christo, unserm Heiland, gepredigt; wir können's mit Worten, ja auch mit unsern Gedanken nimmermehr erlangen. In jenem Leben werden wir in Ewigkeit unsere Freude und Lust daran haben, daß der Sohn Gottes sich so tief herunter läßt und nimmt meine Sünde auf seinen Rücken, ja nicht allein meine Sünde, sondern auch der ganzen Welt, die von Adam an bis auf den allerletzten Menschen getan ist; die will er getan haben und auch dafür leiden und sterben, damit ich ohne Sünde sei und das ewige Leben und Seligkeit erlange. Wer kann doch nach Notdurft davon reden oder denken, nämlich, daß die ganze Welt mit aller ihrer Heiligkeit, Gerechtigkeit, Macht und Herrlichkeit unter die Sünde geschlossen sei und gar vor Gott nichts gelte, und wenn jemand wollte selig und seiner Sünde los werden, daß er wisse, daß seine Sünde alle auf des Lammes Rücken gelegt sind. Deshalb weist Johannes seinen Jüngern dies Lamm und spricht: „Siehe, das ist Gottes

Lamm, welches der Welt Sünde trägt." Willst du wissen, wo da sind die Sünden der Welt hingelegt, daß sie vergeben würden? Siehe nicht auf das Gesetz Moses noch laufe sonst zum Teufel; denn da wirst du Sünde finden, davor du erschrickst und verdammt wirst. Aber willst du wissen und finden einen Ort, da die Sünden der Welt getötet und weggenommen worden sind, so siehe: An das Kreuz und auf den Rücken dieses Lammes hat der Herr alle unsere Sünden gelegt und sonst auf niemand anders.

Heiliges Osterfest

Ich lebe, und ihr sollt auch leben. Johannes 14, 19.

Jesus Christus ist von den Toten auferstanden, dazu gehört ein starker, fester Glaube, der uns diesen Artikel: „Niedergefahren zur Hölle, am dritten Tage auferstanden von den Toten, aufgefahren gen Himmel, sitzend zur rechten Hand Gottes, des allmächtigen Vaters, von dannen er kommen wird zu richten die Lebendigen und die Toten" stark und fest mache. Daher soll man diese Worte: „Christus ist von den Toten auferstanden" wohl merken und mit so großen Buchstaben schreiben, daß ein Buchstabe sei so groß als der Turm, ja als Himmel und Erden, daß wir nichts anders sehen, hören, denken, wissen denn diesen Artikel. Glaubten wir solches, so hätten wir gut leben und sterben. Denn Christus hat nicht allein für seine Person den Tod überwunden und ist von den Toten auferstanden, sondern du mußt es so aneinander hängen, daß es auch uns gelte und auch wir in dem „Auferstanden" stehen und gefaßt sind und um und durch dasselbe auch auferstehen und mit ihm ewiglich leben.

Fest der Himmelfahrt Christi

Du bist in die Höhe gefahren und hast das Gefängnis gefangen; du hast Gaben empfangen für die Menschen, auch die Abtrünnigen, daß Gott der Herr dennoch daselbst bleiben (wohnen) wird. Psalm 68, 19.

Das mag ein König heißen; der ist in die Höhe gefahren, und hat sich gesetzt über die Wolken, zur Rechten der Majestät im Himmel, und das Gefängnis gefangen. Er ist nicht mit Kinderspiel und Dreckwerk auf Erden umgegangen; sondern hat einen ewigen Feind und ein hoch Gefängnis gefangen. Die Sünde und den Teufel, der die ganze Welt gefangen hat, die hat er wieder gefangen; daß ob nun schon Sünde und Teufel wider mich sind und mich plagen wollen, dennoch, so ich mich zu Christo halte, sollen sie mir nichts können anhaben. Das heißt ja nicht gepredigt, daß die Leute sollen faul sein und nichts Gutes tun; wie die Papisten uns lästern und sprechen, wir seien süße Prediger. Aber wären sie in diesem Gefängnis gesteckt, so würden sie viel anders reden. Wenn sie dermaleinst zur Linken in Angst und Schrecken kommen werden, so werden sie es wohl fühlen. Darum ist dies nicht eine Predigt für Fleisch und Blut, daß dem erlaubt würde Freiheit, zu tun, was es gelüstet; sondern des Herrn Christi Himmelfahrt und Reich dient dazu, daß die Sünde gefangen werde, daß der ewige Tod uns nicht in seine Bande bringe und darin behalte. Soll aber die Sünde gefangen sein, so muß ich, der ich an Christum glaube, also leben, daß mich nicht überwältige Haß und Neid wider den Nächsten und andere Sünde; sondern daß ich wider die Sünde streite, und sage: Hörest du es, Sünde? Du willst mich reizen, daß ich soll zürnen, neiden, ehebrechen, stehlen, untreu sein usw. Nein, nicht also. Item (desgleichen), wenn die Sünde mich zur Linken angreift, und will mich schrecken, daß ich sage: Nein; denn du Sünde bist mein Knecht, ich bin dein Herr. Hast du nie gehört das Liedlein von meinem Herrn Jesu Christo, welches David gesungen hat: „Du bist in die Höhe gefahren" usw? Bisher bist du mein Henker und Teufel gewesen, hast mich gefangen; aber nun ich an Christum glaube, sollst du nicht mehr mein Henker sein. Ich will von dir unverklagt sein; denn du bist meines Herrn und Königs Gefangener, der hat dich in den Stock gelegt und dich unter meine Füße geworfen. Darum soll man es recht verstehen. Christus mit seiner Himmelfahrt und Predigt des Glaubens will nicht faule und lasche Christen machen, die da sagen: Wir wollen nun leben, wie es uns gelüstet, nichts Gutes tun, Sünder bleiben und der Sünde folgen, als Knechte und Gefangene. Welche also sagen, die haben die Predigt des Glaubens nicht recht verstanden. Man predigt Christum und die Gnade nicht dazu, daß man in Sünden bleiben möge. Sondern die christliche Lehre sagt also: Das Gefängnis soll dich frei lassen, nicht daß du nun tun mögest, was dich gelüstet, sondern daß du nicht mehr sollest sündigen. Darum, wenn dich die Sünde anficht zur Rechten mit dem Neid, Haß, Geiz usw., oder zur Linken mit Schwachheit des Glaubens, mit Traurigkeit oder Verzweiflung, sollst du sagen: Hörest du es, du gefangener Schalk? Ich will's nicht tun. Oder weißt du nicht, daß du in meines Herrn Christi Ketten gefangen liegst? Derselbe hat mich erlöset und frei gemacht, daß ich dir nicht folgen solle, wie du mir's eingibst, es sei zur Rechten oder zur Linken. Solches soll Christus durch seine Himmelfahrt von oben herab in uns wirken; und wir sollen solch sein Werk in uns fühlen und empfinden, auf daß die Himmelfahrt Christi und der Glaube uns nicht allein schwebe auf der Zunge; sondern daß es in mir und dir und in einem jeglichen sich erzeige im Werk und in der Tat. Also, daß wenn mich die Sünde will schrecken, ich getrost und unerschrocken sei, und spreche: Sünde, du gehörst an den Galgen, laß mich unverworren. Item (desgleichen), wenn sie mich reizen will, Böses zu tun, daß ich ihr nicht folge, und sage: Sünde, du lockst mich wohl; aber ich will nicht tun, was du willst, sondern mich in Gottes Gehorsam halten. Also bleibe ich auf rechter Bahn, und treffe die Mittelstraße; werde nicht lasch noch faul, wie die zur Rechten, welche die Sünde über sich herrschen lassen; werde auch nicht verzagt, wie die zur Linken, die da verzweifeln. Und ob uns schon die Sünde zuweilen noch fängt, so halten wir uns doch an den König, unsern Herrn Jesum Christum, der das Gefängnis gefangen geführt und seinen Sieg uns geschenkt hat. Demselben ewigen König, samt dem Vater und Heilgen Geist, sei Lob und Dank in Ewigkeit. Amen.

Heiliges Pfingstfest

Und es geschah schnell ein Brausen vom Himmel ... und sie wurden alle voll des heiligen Geistes und fingen an zu predigen mit andern Zungen, nach dem der Geist ihnen gab auszusprechen.

Apostelgesch. 2, 2 und 4.

Auf dies heilige und fröhliche Pfingstfest danken wir unserm lieben Herrn Gott für die große unendliche Wohltat, die er auf Erden erzeiget hat damit, daß er uns armen Menschen vom Himmel herab hat offenbaren lassen sein heiliges, liebes Wort. Denn auf diesen Tag hat das Reich Christi angefangen. Christus hat wohl in seiner Person sein Reich von Ewigkeit gehabt; aber heut am Pfingsttage ist es von dem heiligen Geiste durch die Apostel geoffenbaret der ganzen Welt. Und ist solche Offenbarung geschehen mit großem Mut, Trotz und Freude der elenden Fischer, der Apostel, die Christum zuvor aus Furcht verleugnet und verlassen hatten. Heutzutage, da der heilige Geist kommt mit seinem Sausen und Brausen und wehet sie an, macht er ihnen das Herz so keck und die Zunge so heilig, daß ein jeglicher öffentlich auftritt und predigt. Also hat die Christenheit angefangen mit dem Wort der armen Fischer und mit dem elenden und verachteten Werk Gottes, das da heißt: Jesus von Nazareth, an's Kreuz gehenkt. Dieser Pfingstpredigt sollen wir nimmermehr vergessen, sondern immerdar gedenken, und allezeit Gott dafür danken, daß sie von den Aposteln durch den heiligen Geist zu uns gekommen ist und durch desselben Kraft auch in der Welt bleiben wird bis ans Ende. Denn wo der heilige Geist bis daher dieselbe nicht erhalten hätte, so wüßten wir nichts davon, der Teufel hätte sie lange weggerissen und zu Grunde vertilgt. Nun sie aber der heilige Geist für und für kräftiglich erhält, so ist das liebe Pfingsfest und die tröstliche, fröhliche Pfingstpredigt geblieben und auch zu uns gekommen. Obschon viel Rotten und Sekten sich dawider gelegt haben, und sich unterstanden, dieselbe auszurotten und zu dämpfen; dennoch haben sie sie nicht können unterdrücken noch dämpfen. Worin steht nun dieselbe Gewalt und Kraft? Nirgends anders, denn im Wort und Geist. Siehe, welche Gewalt Petrus hat! und zwar Petrus nicht allein, sondern die andern allesamt. Unser lieber Gott und Vater wolle uns durch seinen Heiligen Geist bei dieser Pfingstpredigt erhalten, und uns ein dankbar Herz geben, auf daß wir dabei mögen bleiben, um Jesu Christi, unsers Herrn, willen. Amen.

Fest der heiligen Dreieinigkeit (Trinitatis)

Ich will von einer solchen Weise predigen, daß der Herr zu mir gesagt hat: Du bist mein Sohn; heute habe ich dich gezeuget. Psalm 2, 7.

Der Herr sprach zu mir: Du bist mein Sohn; heute habe ich dich gezeuget. In diesem Spruch ist das Bekenntnis enthalten, daß Gott ein Gott in drei unterschiedlichen Personen sei. Die erste ist der Vater, der spricht zu seinem Messias: Du bist mein Sohn, heute habe ich dich gezeuget. Die andere ist Messias der Sohn. Der spricht von seinem Vater: Der Herr sprach zu mir. Die dritte ist der heilige Geist, der solchen Spruch und den ganzen Psalm durch David ausspricht, wie (2. Sam. 23, 2) geschrieben steht: Der Geist des Herrn hat durch mich geredet, und seine Rede ist durch meine Zunge geschehen. Und doch ist allein Messias der Sohn Mensch geworden und als Davids Sohn geboren. Der Spruch kann auch sonst auf keinen Engel noch Menschen bezogen werden, wie Hebr. 1, 5 geschrieben steht: Zu welchem Engel hat er jemals gesagt: Du bist mein Sohn; heute habe ich dich gezeuget? Diese drei Personen trennen sich nicht von einander, wie zwei oder drei Brüder oder Schwestern, sondern bleiben in einerlei, ewigem, ungeteilten und unzertrennlichen Wesen. Solches ist nicht, sage ich, durch menschliche Vernunft erforschet, erklettert oder erstiegen, sondern oben vom Himmel herab offenbaret; darum können auch allein die Christen davon reden, beide, was da sei die wesentliche Gottheit in ihr selbst, dazu auch, wie er von außen, in seinen Kreaturen, sich erzeige, und was er im Sinne habe gegen die Menschen, daß sie selig werden. Denn das hören sie alles von dem heiligen Geist, der es durchs Wort offenbaret und verkündiget. Glaube es, so wirst du selig.

Buß- und Bettag

Johannes sprach: Tut Buße; das Himmelreich ist nahe herbeigekommen. Matthäus 3, 2.

Jesus sprach: Die Zeit ist erfüllet, und das Reich Gottes ist herbeigekommen. Tut Buße und glaubet an das Evangelium. Markus 1, 15.

Johannes kommt als die Stimme des Rufenden und predigt allen eine Taufe der Buße und stellt es durch solche Predigt unaufhörlich fest als d i e Wahrheit, daß alle Menschen Sünde haben. Die einen glauben Johannes als der Stimme des Evangeliums; sie halten solche erschütternde Predigt für wahr und stehen also geniedrigt und zitternd im Gehorsam; sie anerkennen, daß sie Sünder sind; sie mögen sich selbst etwas bewußt sein oder nicht, so glauben sie doch Johannes mehr als sich selbst. Und die sind fähig, die Gnade zu fassen; sie hungern nach der Gerechtigkeit; um Trost ist ihnen bange; sie sind geistlich arm, gelassen und willig, sich führen zu lassen. Darum kommt Christus, das Reich der Himmel, in sie, er, der da kommt, die Sünder selig zu machen. Die andern aber, die um ihre eigene Gerechtigkeit wissen, glauben nicht, daß es wahr ist noch sie selbst etwas angeht, wenn da gefordert wird: Tut Buße! Sie werfen vielmehr ein: wir s i n d gerecht; wir wissen von keiner Sünde. Sie wollen nicht hören den fremden Klang des Evangeliums, daß sie Sünde tun und Toren sind; vielmehr glauben sie, das Evangelium sei falsch und eine Lüge ... Die Sünden werden nur denen vergeben, die sich in ihnen nicht wohl fühlen; das nämlich heißt Buße tun. Da unser Meister und Herr Jesus Christus spricht: Tut Buße usw., will er, daß das ganze Leben seiner Gläubigen auf Erden eine stete oder unaufhörliche Buße sein soll. (Luther in der 1. der 95 Thesen.)

Also ist's geschrieben, und also mußte Christus leiden, und auferstehen von den Toten am dritten Tage, und predigen lassen in seinem Namen Buße und Vergebung der Sünden unter allen Völkern, und anheben zu Jerusalem. Lukas 24, 46.

Buße predigen heißt nichts anderes, denn die Leute als Sünder schelten und sagen, sie sollen sich bessern. In summa, Buße predigen heißt den Leuten vorhalten, daß sie in einem verdammlichen Stand und Wesen seien, da es unmöglich sei, daß sie können selig werden, wo sie sich nicht bekehren und anders werden. Weil nun Christus will, daß solche Bußpredigt soll gehen unter alle Völker, so will er keinen Menschen auf Erden entschuldigt noch ausgenommen haben, sondern will, daß sie sich alle für

Sünder beschuldigen. Ja, weil er will, daß solche Predigt zu Jerusalem, unter dem Volk Gottes und an dem heiligsten Ort soll angehen, so schilt er auch als Sünder die, so sich heilig dünken, und will, daß man auch den Pharisäern (und Schriftgelehrten) sagen soll, daß sie sich bessern; denn sie machen's ärger denn Huren und Buben, sintemal sie sich noch für fromm und heilig achten, als bedürften sie solcher Bußpredigt nicht. Darum verdammt der Herr Christus mit diesem Befehl die ganze Welt, und schilt alle Menschen Sünder, Juden und Heiden und will, so wir begehren selig zu werden, daß ein jeder auf seine Knie fallen, seine Hände aufheben und sagen soll: Herr, ich bin ein Sünder; mir ist not, daß ich mich bessere. Ich kann aber nicht. Darum, Herr, sei mir gnädig und hilf mir. Wer solches tut, und an all seinem Leben und Tun verzagt, da kommt denn das andere Stück, das da heißt: Vergebung der Sünden. Dieselbe, will der Herr, daß man auch soll predigen, daß es also vornehmlich darum zu tun ist, daß wir erkennen, daß wir Sünder sind, und danach um Gnade bitten. Amen.

Verzeichnis der Bibelstellen

Matthäus	16, 18	1. Juli
	17, 5	19. Februar
	18, 20	22. November
	19, 29	9. Juni
	20, 10	5. November
	20, 16	14. Februar
	21, 4	5. Dezember
	21, 5	6. Dezember
	23, 37	6. Februar
	24, 15	3. November
	25, 34-35	9. Dezember
	26, 10	6. August
	26, 26-28	Gründonnerstag
	27, 2	21. November
	28, 19	1. Juni
Marcus	1, 15	Bußtag
	8, 9	2. Oktober
	9, 23	4. Juni
	10, 13	19. Juni
	10, 14	17. September
Lukas	1, 38	25. März
	1, 41-45	2. Juli
	1, 46-47	3. Juli
	1, 51	4. Juli
	1, 56	5. Juli
	2, 7	24. Dezember
	2, 10 - 11	25. Dezember
Lukas	2, 17	26. Dezember
	2, 21	1. Januar
	2, 34	2. Februar
	5, 31	26. November
	7, 4 - 5	8. April
	10, 33	14. Oktober

Lukas	12, 32	10. Juli
	13, 24	16. Oktober
	14, 24	23. November
	15, 2	15. Dezember
	16, 22	17. April
	18, 7-8	14. Juni
	21, 27	8. Dezember
	23, 18	13. März
	23, 42	31. Juli
	24, 38	3. März
	24, 46	Buß- und Bettag
Johannes	1, 12-13	30. Dezember
	1, 14	28. Dezember
	1, 17	12. Dezember
	1, 36	24. Juni
	3, 5	20. Oktober
	3, 16	20. Dezember
	4, 39+41	13. August
	4, 50	2. April
	5, 39	23. Mai
	6, 54	7. August
	6, 63	8. Februar
	6, 68	5. September
	8, 21	9. März
	8, 25	9. Oktober
Johannes	8, 19	9. Januar
	8, 47	30. Juli
	8, 51	28. November
	8, 52	16. Juli
	10, 12	4. März
	10, 28	23. April
	10, 29	18. Juli
	11, 25	8. Juli

Johannes	12, 35	16. Februar
	14, 6	5. Juni
	14, 9	11. Juni
	14, 19	Ostern
	14, 26	7. Juni
	14, 27	5. März
	15, 7	11. April
	15, 16	27. Juli
	16, 2	3. August
	16, 13	18. September
	16, 21-22	28. August
	16, 23	17. März
	16, 33	4. April
	17, 24	28. Juli
	20, 29	26. Juni
Apostelgeschichte	2, 2 u.4	Pfingsten
	3, 23	1. August
	4, 19-20	11. März
	8, 30	26. September
	10, 43	10. Dezember
	16, 9-10	25. April
	17, 29	29. Oktober
	20, 20	27. September
	20, 30-31	12. Oktober
	24, 5	14. August
Römer	1, 17	24. Mai
	3, 28	31. Oktober
	3, 31	18. Mai
	4, 5	30. Juni
	4, 17	7. Februar
	4, 19	28. Oktober
	4, 20	27. Juni
	4, 25	21. Februar

1. Timotheus	1, 15	10. März
	1, 15-16	29. Juni
	3, 16	29. Dezember
	4, 16	11. September
	6, 6	14. September
2. Timotheus	2, 11-12	11. Februar
	3, 6	7. November
	3, 16	19. Juli
	4, 4	11. Juli
	4, 5	2. September
Titus	2, 11-12	21. Dezember
	2, 14	23. Juli
	3, 4	27. Dezember
	3, 5	27. Oktober
	3, 14	19. Januar
1. Petrus	2, 9	23. März
	2, 11	26. März
	2, 24	8. November
	3, 12	16. Mai
	3, 14	7. Oktober
	4, 1	14. Mai
	4, 8	20. Juni
	4, 19	28. Mai
	5, 7	29. Januar
	5, 8	18. Februar
2. Petrus	1, 20	7. September
1. Johannes	1, 8	21. Januar
	1, 9	29. Februar
	2, 1	13. Februar
	2, 2	2. August
	3, 18	14. Januar
	3, 23	8. Juni

1. Johannes	4, 9	4. Dezember
	4, 16	13. Januar
	5, 5	26. Februar
2. Johannes	9	20. September
Hebräer	1, 3	2. März
	1, 14	29. September
	2, 11-12	25. Februar
	4, 2	27. März
	5, 7	15. März
	11, 3	3. Mai
	11, 8	15. April
	12, 1	8. Oktober
	12, 6	29. Juli
	12, 24	7. März
Jakobus	1, 18	4. Februar
	2, 13	6. Oktober
	2, 17-18	15. Januar
	4, 7	17. Juni
	5, 16	30. September
	5, 17	5. Januar
Offenbarung	1, 5-6	28. April
	3, 21	30. November
	12, 4	28. September